地図と写真から見える!

京の都

歴史を愉しむ!

西東社

◎アクセスは公共機関で行きやすいと思われる方法を紹介しましたが、路線の変更などもあるため、事前に必ずご確認ください。

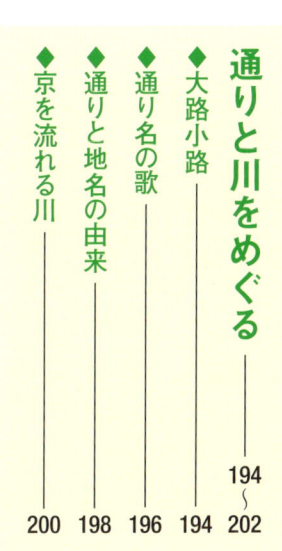

京都を見る

平安京遷都から明治維新にいたるまで、千年ものあいだ日本の都であり続けた京都。歴史の遺構がそこかしこに残る京都の地理的概要と、本書に登場する主なスポットを紹介する。

貴船神社
鞍馬寺 P73, 211
寂光院
宝泉院 P193
三千院 P211
瓢箪崩山
左京区
延暦寺
P177
道風神社
主要部 P8
北区
比叡山
愛宕神社 P25
高山寺 P181
右京区
162
金閣寺
下鴨神社
367
清涼寺 P210
大覚寺
上京区
鴨
川
常寂光寺 P215
大文字山
天龍寺
P35, 87, 93, 189
山陰本線
中京区
東山区
西芳寺（苔寺）P93
西京区
1
下京区
桂
京都駅
9
川
山科区
171
南区
名神高速道路
随心院 P205
1
醍醐寺
24
城南宮 P46
藤森神社 P35, 59
伏見区
御香宮神社 P46, 119
東海道本線
寺田屋 P130
伏見奉行所跡 P46
東海道新幹線
長岡京駅
宇治川
萬福寺 P178
京滋バイパス
天王山
淀城 P44
宝積寺 P35
宇治駅
興聖寺
P178, 193
妙喜庵 P117
平等院
P65, 71, 213
石清水八幡宮
奈良線
木津川

京都主要部
正伝寺 ➡P193
源光庵 ➡P192
上賀茂神社 ➡P166
大将軍神社 ➡P59
MAP 1 ➡ P9
MAP 2 ➡ P10
MAP 3 ➡ P11
大報恩寺千本釈迦堂 ➡P22
鹿苑寺（金閣） ➡P87, 93
龍安寺 ➡P87, 93
平野御土居 ➡P113
仁和寺 ➡P19
北野天満宮 ➡P105, 113, 115, 184
大将軍八神社 ➡P59
長泉寺 ➡P219
慈照寺（銀閣） ➡P87, 93
吉田神社 ➡P219
東北院 ➡P205
東福寺 ➡P189
吉祥院天満宮 ➡P185
宝ケ池
国際会館駅
宝ケ池駅
三宅八幡駅
松ケ崎駅
修学院駅
北山駅
高野川
一乗寺駅
茶山駅
元田中駅
叡山電鉄本線
大徳寺
北大路駅
船岡山
賀茂川
下鴨神社
鞍馬口駅
今出川駅
出町柳駅
吉田山
地下鉄烏丸線
京都御所
京福電気鉄道北野線
龍安寺駅
妙心寺駅
等持院駅
御室仁和寺駅
花園駅
神宮丸太町駅
京阪鴨東線
平安神宮
丸太町駅
二条城
蚕ノ社駅
太秦天神川駅
二条駅
烏丸御池駅
京都市役所前駅
東山駅
南禅寺
蹴上駅
山ノ内駅
西大路三条駅
山陰本線
三条駅
三条京阪駅
地下鉄東西線
嵐電天神川駅
烏丸駅
大宮駅
阪急京都線
河原町駅
祇園四条駅
八坂神社
西院駅
京福電気鉄道嵐山本線
四条大宮駅
四条駅
鴨川
京阪本線
清水五条駅
丹波口駅
五条駅
清水寺
西京極駅
西本願寺
東本願寺
豊国神社
七条駅
東海道本線
京都駅
東海道新幹線
東寺
東寺駅
東福寺駅
桂川
十条駅

MAP 1

大宮御土居 P113
北山駅
北山通
京都府立植物園
堀川通
今宮神社 P187
北大路駅
北大路通
大徳寺総見院 P97
大徳寺 P93, 107, 117, 181
烏丸通
賀
下鴨本通
雲林院 P210
紫式部の墓 P205
茂
船岡山 P22, 57
川
下鴨神社 P166
妙覚寺 P107
鞍馬口駅
上御霊神社 P20, 186
櫟谷七野神社 P210
下鴨神社糺の森 P210
今日庵 P117
河合神社 P217
不審菴 P117
367
相国寺 P21, 189, 215
高
野
川
薩摩藩邸門 P135
山名宗全邸址 P21
幸神社 P58
首途八幡宮 P83
今出川通
大聖寺 P86
今出川駅
冷泉家住宅 P215
出町柳駅
晴明神社 P65, 69
大久保利通邸跡 P143
官休庵 P117
聚楽屋敷 P117
寺町通
京阪鴨東線
一条戻橋 P69, 117
小松帯刀
寓居参考地 P144
地下鉄烏丸線
京都御所
聚楽第址 P104
盧山寺 P205, 206, 210
蛤御門 P36
梅雨の井跡 P107
法成寺址 P64
松林寺 P107
二条御所跡 P97, 101
千本通
菅原院天満宮神社 P185
神宮丸太町駅
鴨
九條邸跡 P36
下御霊神社 P187
丸太町通
横井小楠遭難の地 P144
丸太町駅
二条城
川

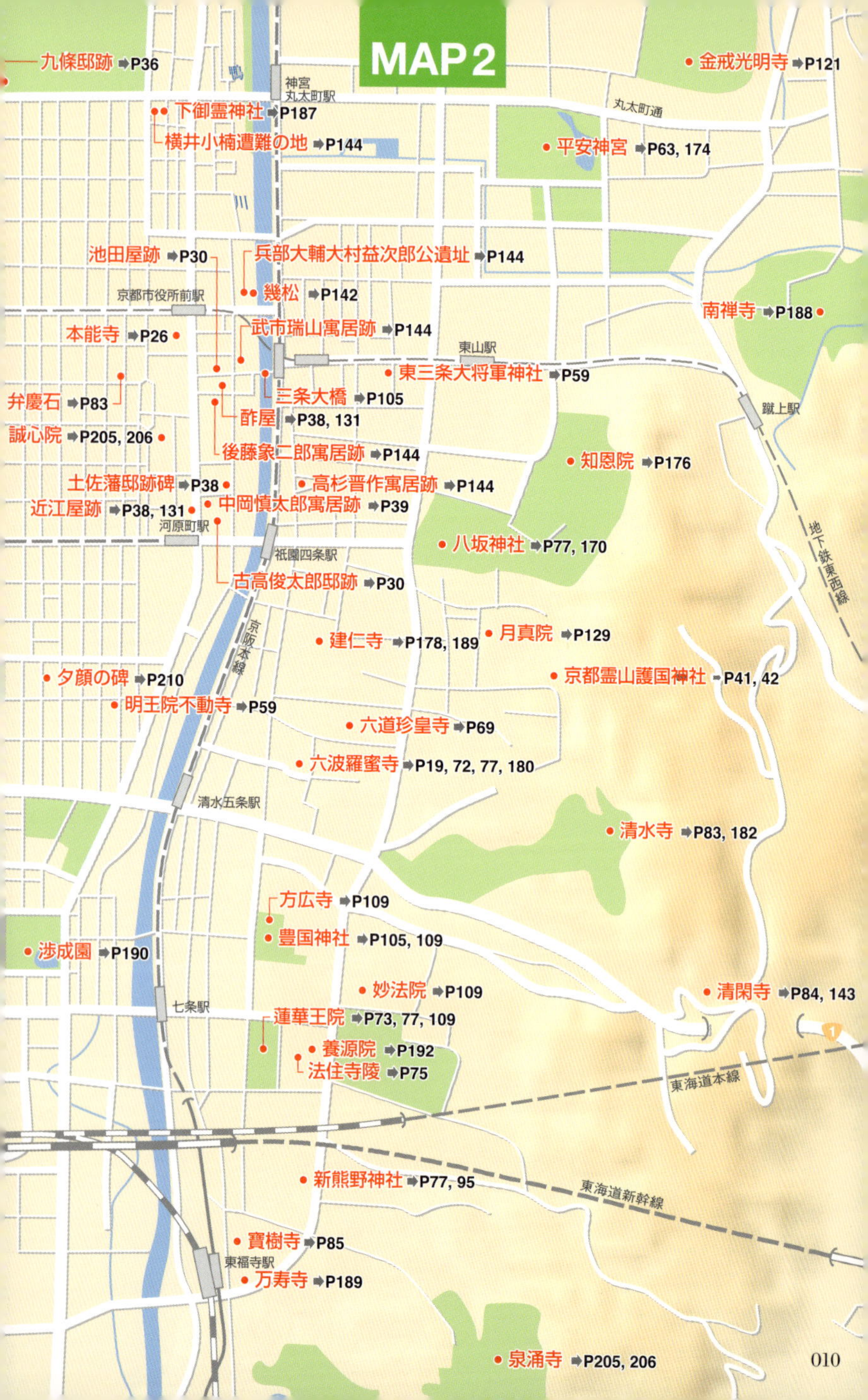
MAP 2
九條邸跡 ➡P36
鴨川
神宮丸太町駅
下御霊神社 ➡P187
横井小楠遭難の地 ➡P144
金戒光明寺 ➡P121
丸太町通
平安神宮 ➡P63, 174
池田屋跡 ➡P30
兵部大輔大村益次郎公遺址 ➡P144
幾松 ➡P142
京都市役所前駅
南禅寺 ➡P188
本能寺 ➡P26
武市瑞山寓居跡 ➡P144
東山駅
東三条大将軍神社 ➡P59
弁慶石 ➡P83
三条大橋 ➡P105
蹴上駅
酢屋 ➡P38, 131
誠心院 ➡P205, 206
後藤象二郎寓居跡 ➡P144
知恩院 ➡P176
土佐藩邸跡碑 ➡P38
高杉晋作寓居跡 ➡P144
近江屋跡 ➡P38, 131
中岡慎太郎寓居跡 ➡P39
河原町駅
祇園四条駅
八坂神社 ➡P77, 170
地下鉄東西線
古高俊太郎邸跡 ➡P30
京阪本線
建仁寺 ➡P178, 189
月真院 ➡P129
夕顔の碑 ➡P210
京都霊山護国神社 ➡P41, 42
明王院不動寺 ➡P59
六道珍皇寺 ➡P69
六波羅蜜寺 ➡P19, 72, 77, 180
清水五条駅
清水寺 ➡P83, 182
方広寺 ➡P109
豊国神社 ➡P105, 109
渉成園 ➡P190
妙法院 ➡P109
清閑寺 ➡P84, 143
七条駅
蓮華王院 ➡P73, 77, 109
養源院 ➡P192
法住寺陵 ➡P75
東海道本線
新熊野神社 ➡P77, 95
東海道新幹線
寶樹寺 ➡P85
東福寺駅
万寿寺 ➡P189
泉涌寺 ➡P205, 206

MAP 3
越前藩邸跡
➡P131
妙顕寺城跡
➡P105
丸太町駅
朱雀門址 ➡P61
二条城 ➡P101
東三条殿址
➡P64
二条城前駅
妙覚寺跡 ➡P99
神泉苑 ➡P53
二条駅
二条御新造跡 ➡P26, 99, 101
烏丸御池駅
高松神明神社 ➡P75
西大路三条駅
山陰本線
南蛮寺跡 ➡P97
本能寺跡 ➡P97, 99
錦小路通 ➡P198
大宮駅
阪急京都線
四条駅
西院駅
京福電気鉄道
嵐山本線
四条大宮駅
旧前川邸 ➡P30
八木邸 ➡P121
壬生寺 ➡P120
西洞院通
➡P198
菅大臣神社 ➡P185
五条天神社 ➡P83
烏丸通
五条通
丹波口駅
五条駅
本圀寺跡 ➡P96
島原大門 ➡P125
角屋 ➡P121
東本願寺 ➡P179, 190
西本願寺
➡P107, 179, 190
油小路七条
➡P129
七条通
西大路通
不動堂村屯所跡 ➡P123
京都駅
東海道本線
若一神社 ➡P17, 77
東海道新幹線
西寺跡 ➡P53
東寺 ➡P53, 99, 177
東寺駅

各時代の御所

平安宮は平安時代に桓武天皇が、花の御所は室町時代に将軍足利義満が造営して住んだところ。二条城は江戸時代に徳川家康が宿舎として造営。京都御所は平安時代に里内裏（内裏が火事などにあったときに移り住んだところ）となり、明治時代初頭まで天皇が住んだ。

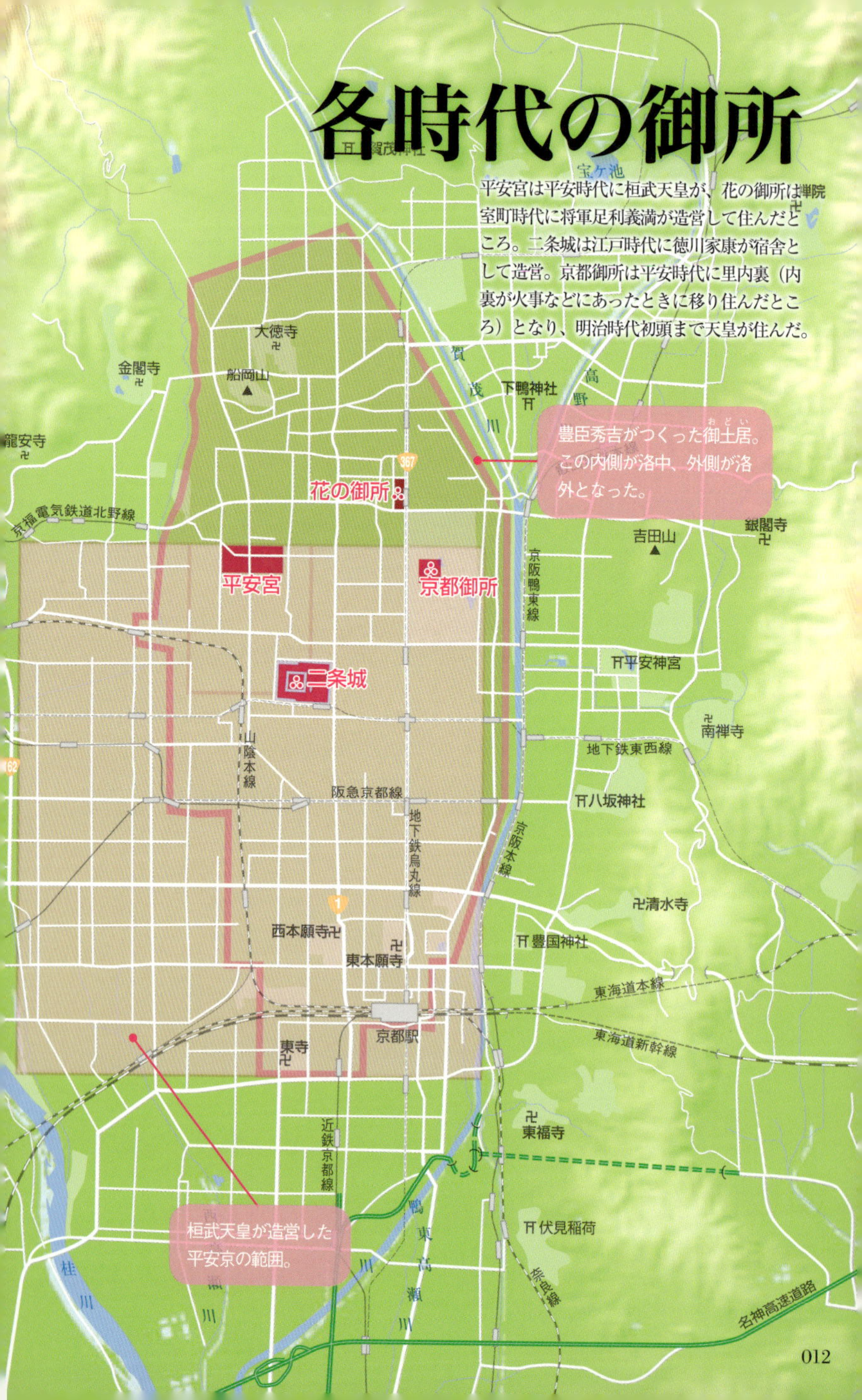

1章
京都7大重大事件

京都7大重大事件の舞台

京都で起こった7つの代表的な事件をピックアップ。それぞれの掲載ページと、その事件の舞台を紹介する。

事件6　坂本龍馬暗殺　➡P38～41

1867年（江戸時代）

坂本龍馬は、暗殺を企てる数名らによって命を狙われ、隠れていた近江屋で中岡慎太郎とともに殺害された。

事件1　保元・平治の乱　➡P16～19

1156年（平安時代）

皇位継承問題がきっかけとなり、朝廷内が後白河天皇側と崇徳上皇側に分かれて戦った保元の乱後、平清盛をひいきした信西に対し、源氏が藤原信頼らとともに反乱を起こした。

事件2 応仁の乱 ➡P20～23
1467年(室町時代)
将軍の後継者問題や有力守護大名らの家督争いなどが原因で始まり、京都が焼け野原になった。
事件5 禁門の変 ➡P34～37
1864年(江戸時代)
京都を追放された長州藩が、会津藩・薩摩藩に対して挙兵し、京都の市街地で激戦を繰り広げた。
事件3 本能寺の変 ➡P24～29
1582年(安土桃山時代)
明智光秀の謀反により、本能寺にいた織田信長が襲撃に遭い、自害した。
事件4 池田屋騒動 ➡P30～33
1864年(江戸時代)
池田屋にいた尊攘過激派の志士を、京の治安を任されていた新選組が襲撃した。
事件7 鳥羽・伏見の戦い ➡P44～47
1868年(江戸時代)
旧幕府軍が倒幕派の薩長軍に対して、鳥羽・伏見で挙兵したが、あえなく大敗した。
鞍馬山
上賀茂神社
宝ケ池
賀茂川
高野川
叡山電鉄
下鴨神社
金閣寺
仁和寺
北野白梅町駅
京福電気鉄道北野線
出町柳駅
銀閣寺
鴨川
山陰本線
広隆寺
京福電気鉄道嵐山本線
二条城
二条駅
京阪鴨東線
清水寺
東寺
京都駅
東福寺駅
東海道本線
東海道新幹線
伏見桃山城
桃山駅
中書島駅
367
171
24

後白河勢が、先手を打ち夜襲をかける。
白河北殿
保元の乱勃発
保元の乱のときに崇徳上皇側の拠点となるが、後白河天皇軍の奇襲により焼失する。
鴨川
六波羅
清水寺
平氏政権の中心地。平家一門の邸宅が軒を連ねていた。平治の乱のときには、二条天皇を一時的にかくまう。
法住寺殿
平治の乱ののち、後白河上皇の院政の拠点となる。

事件1 保元・平治の乱

保元元（1156）年7月・平治元（1159）年12月

東山区・左京区・中京区・下京区

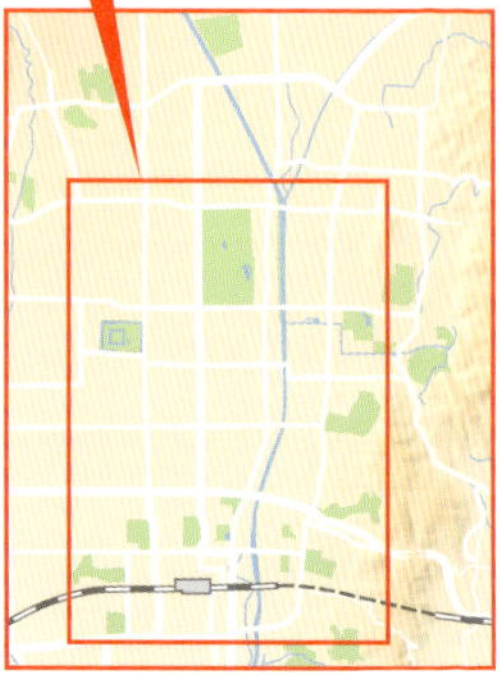

平安後期、堀河《ほりかわ》・鳥羽《とば》・崇徳《すとく》の3天皇の間、43年間も**院政**をしき絶対的な権力を誇った**白河上皇**《しらかわじょうこう》。鳥羽上皇はそれを見習い、正妻・藤原璋子《ふじわらのしょうし》の子の崇徳天皇に譲位させ、側室・藤原得子《ふじわらのなりこ》が生んだ幼い近衛《このえ》天皇を立て、院政をしく。

だが、近衛天皇は若くして亡くなり、崇徳の弟にあたる雅仁親王《まさひとしんのう》が皇位に就き**後白河《ごしらかわ》天皇**となる。**崇徳**は我が子の重仁《しげひと》親王が皇位に就けず、院政をしく機会も失い、不満を募らせていく。

また、**藤原《ふじわら》摂関家**でも長男の関白忠通《ただみち》と弟・頼長《よりなが》の間に**家督争い**が起っていた。

保元・平治の乱の関連地MAP
1156～1159年
内裏
平安宮
二条《にじょう》天皇の御所で、**平治の乱**のとき、源氏軍が二条天皇と後白河上皇の身柄を拘束し、一時占拠した。
東三条殿
高松殿
保元の乱のとき、後白河天皇側の拠点となり、ここに平清盛や源義朝ら有力な武士が集まった。
朱雀大路（現千本通）
五条大路（現松原通）
西八条殿
上洛時の平清盛の別宅。平清盛死後、平氏滅亡とともに焼き払われた。
東寺
平安京の復元模型
（京都市制作　京都市歴史博物館蔵）

若一《にゃくいち》神社 ➡P77

西八条殿の鎮守社として建てられたと伝わり、境内にある樹齢800年の大楠は平清盛が植えた木といわれる。

保元の乱の対立関係

後白河天皇側		崇徳上皇側
藤原忠通	VS	藤原頼長
平清盛		平忠正
源義朝		源為義
源義康		源為朝

保元元（1156）年7月2日、鳥羽上皇が死去。すると翌日から、崇徳と頼長が源為義《みなもとのためよし》・為朝《ためとも》や平忠正《たいらのただまさ》らを集める。後白河側は源義朝《よしとも》や平清盛《きよもり》らに守りを固めさせた。そして11日未明、**後白河勢が先に攻撃を仕掛ける**。これが**保元の乱**で、後白河勢は崇徳勢を短時間で壊滅させた。

後白河天皇は、皇位を二条天皇に譲り、側近に**信西《しんぜい》（藤原通憲《みちのり》）**らを用いて院政を始める。だが源義朝は、信西が平清盛ばかりを好遇したため、不満を持つ。

平治元（1159）年12月9日、**清盛**が熊野詣《くまのもうで》で京を離れた留守をねらい、**義朝**は信西と対立する信頼《のぶより》と手を結び、上皇と天皇を閉じ込め、**信西を殺害**。清盛は急ぎ京に戻って天皇と上皇を救出、義朝軍を打ち破った。この**平治の乱**が平家の世の幕開けとなり、武士が政治を支配する時代へと導いた。

平治の乱の対立関係

平氏軍		源氏軍
信西	VS	藤原信頼
平清盛		源義朝
平重盛		源義平
平頼盛		源頼朝

仁和寺 ➡P48

藤原信頼は、六条河原の合戦の翌日、後白河上皇を頼って仁和寺に逃げ込むが、すぐに六条河原へ連行されて殺された。

平氏軍の行動

1 熊野詣へ出発

12月4日

平氏一族は熊野詣へ出かける。

2 六波羅へ帰還

12月16日

旅の途中、清盛は京で起きた襲撃の知らせを聞くやいなや参拝を中止し、急いで六波羅へ戻る。

3 二条天皇を六波羅へ脱出させる

12月25日

御所にかくまわれている二条天皇を救出するため、信頼《のぶより》に対して服従を誓う名簿を提出する。その夜信頼らが油断したところを見計らい、天皇を女房用の車に乗せて六波羅の清盛邸へ逃がす。後白河上皇も仁和寺《にんなじ》へ逃げる。

4 内裏を襲い、源氏軍を誘い出す

12月26日午前

平氏軍は信頼、源氏軍の占拠する内裏3門を襲撃する。しかし内裏が戦場となることを防ぎたいと考えた平氏は、そこでいっせいに兵を引くことで、源氏軍を六波羅へおびきよせた。

5 六条河原《ろくじょうがわら》の合戦

平氏の勝利

12月26日午後

六波羅で守りを固めて待ち構えていた平氏は、まんまと罠にかけられた源氏軍数十騎を取り囲んでの圧勝であった。

源氏軍の行動

1 三条東殿を襲撃

12月9日

熊野詣へ出かけている清盛の不在のすきをねらい、信西と、信西が側近として仕えていた後白河上皇のいる三条東殿を襲撃する。

2 二条天皇と後白河上皇を幽閉

後白河上皇を内裏東側にある一本御所へ連れて行き、内裏にいた二条天皇とともに、ふたりを幽閉する。

3 信西邸を襲撃

信西殺害

12月10日～14日

三条東殿に信西は見つからず、追って信西邸を襲撃したときにはすでに信西は脱出していた。しかし宇治田《うじた》原《わら》で追い詰め、処刑する。

六波羅蜜寺 ➡P180

六波羅蜜寺のある界隈は、平家一門の邸が建ち並んでいた。清盛の像を所蔵し、清盛の塚が本堂側にある。

事件 2

応仁の乱

文正2（1467）～文明9（1477）年

上京区

京の町を焼け野原にした戦いは、文正2（1467）年1月17日、**管領畠山《はたけやま》家**の家督争いをきっかけに、**上御霊《かみごりょう》の森**で火ぶたを切った。将軍家を巻き込んだ足かけ**11年**の長い戦いは、**戦国時代の幕開け**につながった。

乱の始まった文正2年は、3月5日に応仁《おうにん》に改元された。そのため**応仁の乱**の名があるが、応仁3年にも改元されて文明となり、11年間の乱のうち9年ほどが文明時代にあたるため、「**応仁・文明の乱**」とも呼ばれる。

1 上御霊神社《かみごりょう》 ➡P186

広い境内には木立が生い茂っていた。その森で畠山家の家督争いが起こったが、これは宗全と勝元の争いの前哨《ぜんしょう》戦であった。鳥居側に、応仁の乱勃発地の小さな石碑がある。

応仁の乱の対立関係

（1467年勃発時）

西軍		東軍
足利義尚《あしかがよしひさ》		足利義視《あしかがよしみ》
山名宗全《やまなそうぜん》		細川勝元《ほそかわかつもと》
斯波義廉《しばよしかど》	VS	斯波義敏《しばよしとし》
畠山義就《はたけやまよしなり》		畠山政長《はたけやままさなが》
大内《おおうち》、一色《いっしき》		赤松《あかまつ》、京極《きょうごく》
ほか		ほか

応仁の乱の経過 1

① 将軍家の対立

寛正6（1465）年

早く隠居したい8代将軍足利義政《あしかがよしまさ》は、男児に恵まれず、弟の義視を跡継ぎに決めた。ところが妻の日野富子《ひのとみこ》に義尚が誕生。次期将軍の座をめぐって細川勝元を後見人とする義視と、山名宗全を頼る富子・義尚が対立した。

② 上御霊の戦い

文正2（1467）年1月

管領畠山家では、山名宗全が応援する義就と、細川勝元の後ろ盾を得た政長が跡目争いをしていた。宗全らが将軍義政に迫り、義就を後継者と認めさせた。その結果、京から追放されることになった政長は、春日《かすが》万里小路《までのこうじ》の自邸に火を放ち、17日未明、上御霊神社境内に陣を張って、戦乱の口火を切った。

応仁の乱勃発

応仁の乱の被災地MAP
1467年

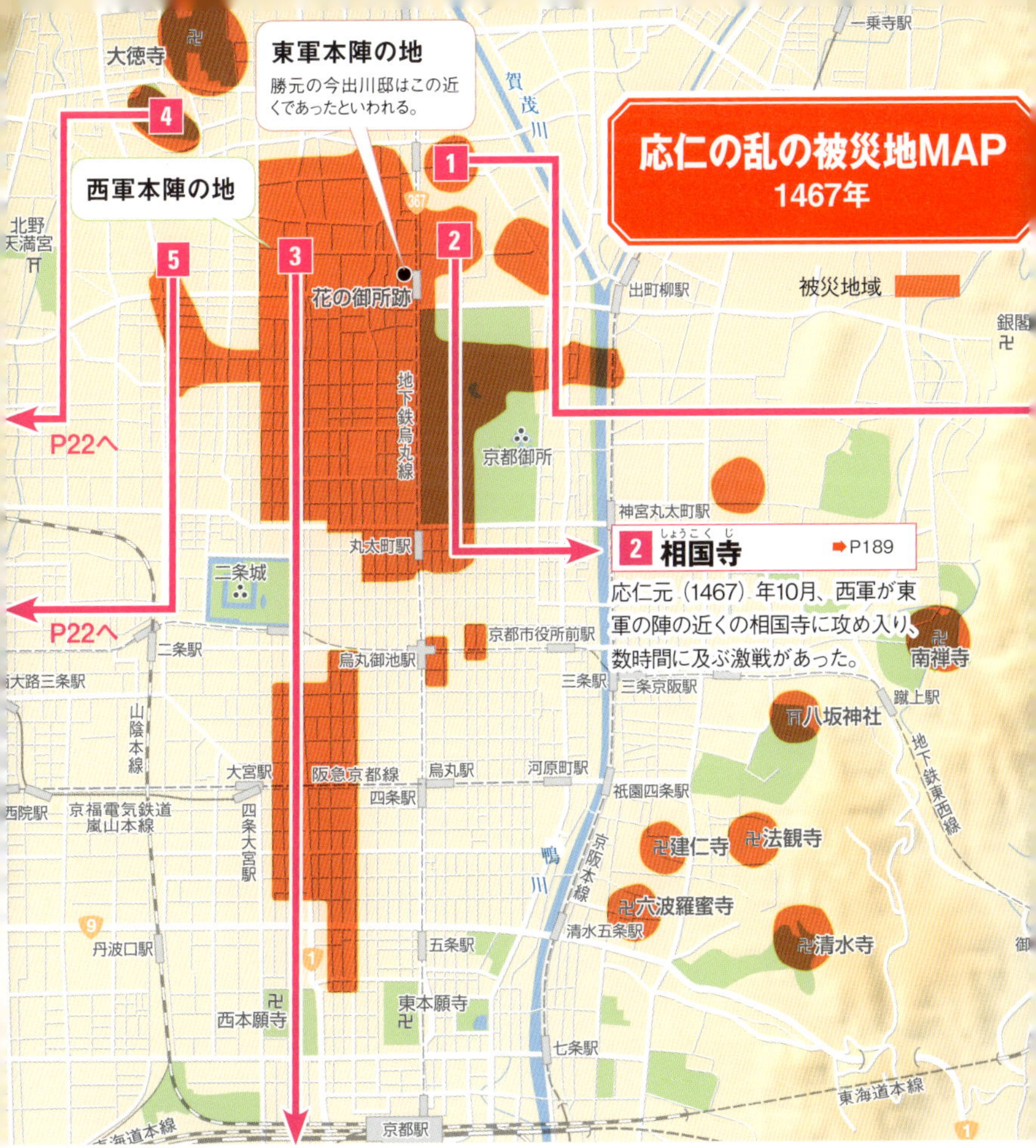

東軍本陣の地
勝元の今出川邸はこの近くであったといわれる。
西軍本陣の地
被災地域
大徳寺
北野天満宮
花の御所跡
地下鉄烏丸線
京都御所
賀茂川
一乗寺駅
出町柳駅
銀閣
神宮丸太町駅
丸太町駅
二条城
二条駅
京都市役所前駅
烏丸御池駅
三条駅
三条京阪駅
蹴上駅
南禅寺
八坂神社
地下鉄東西線
大宮駅
阪急京都線
烏丸駅
河原町駅
四条駅
祇園四条駅
西院駅
京福電気鉄道嵐山本線
四条大宮駅
山陰本線
建仁寺
法観寺
京阪本線
鴨川
六波羅蜜寺
清水五条駅
清水寺
丹波口駅
五条駅
東本願寺
西本願寺
七条駅
東海道本線
京都駅
P22へ
P22へ

2 相国寺《しょうこくじ》

➡P189

応仁元（1467）年10月、西軍が東軍の陣の近くの相国寺に攻め入り、数時間に及ぶ激戦があった。

3 山名《やまな》宗全《そうぜん》邸址《ていあと》

➡P48

西軍の総大将山名宗全の邸址の石碑は、西陣の町家に囲まれ、山名町という町名が西軍本陣の場所を偲ばせている。これが西陣の地名の由来でもある。

P22へ続く

3 東軍・西軍が陣を構える

応仁元（1467）年5月

宗全と勝元の対立は激化、それぞれを支持する大名らが局地戦を始め、互いに勢力を京へ集めた。5月20日、宗全は五辻通大宮東《いつつじどおりおおみやひがし》の自邸を陣として戦う体勢に入った。26日、勝元は花の御所を押さえて将軍を確保、今出川《いまでがわ》邸に陣を置いた。この場所の東西から宗全側を西軍、勝元側を東軍と呼ぶ。やがて全国から大名が集結し、京は焼け野原になっていった。

平安京造営の基点ともなった小高いこの山は、戦いの要衝地として東西の勢力が争奪戦を繰り広げた。応仁2(1468)年に西軍の大内政《おおうちまさ》弘《ひろ》らが陣を構え、東軍と戦っている。中腹に「応仁永正戦跡」の石碑がある。

4 船岡山《ふなおかやま》

京都市内で最古の木造建築。応仁の乱で京都の町は焼け野原になったが、唯一焼けずに残った寺。柱には応仁の乱の際の刀や槍の傷跡が残っている。

所在地● 上京区今出川通七本松上ル溝前町
アクセス● 京都駅からバスで25分「上七軒」下車徒歩3分

5 大報恩寺《だいほうおんじ》　千本釈迦堂《せんぼんしゃかどう》

応仁の乱の経過 2

4 義視が西軍に寝返る
応仁2(1468)年
将軍義政が義尚の支持を打ち出すと、勝元は義視擁立《ようりつ》をあきらめた。すると宗全の西軍が比叡山《ひえいざん》にいた義視を将軍格として迎える。

戦いは、焦土と化した京から地方へと広がっていく

5 宗全、勝元の死
文明5(1473)年
山名宗全、細川勝元の両軍総大将が相次いで死亡。暮れには、義政は将軍を義尚に譲り、花の御所を出て念願の隠居生活を始める。

6 終結
文明9(1477)年
両軍が解体し、11年に及ぶ戦乱は終わった。

応仁の乱発祥時の勢力分布MAP
1467年

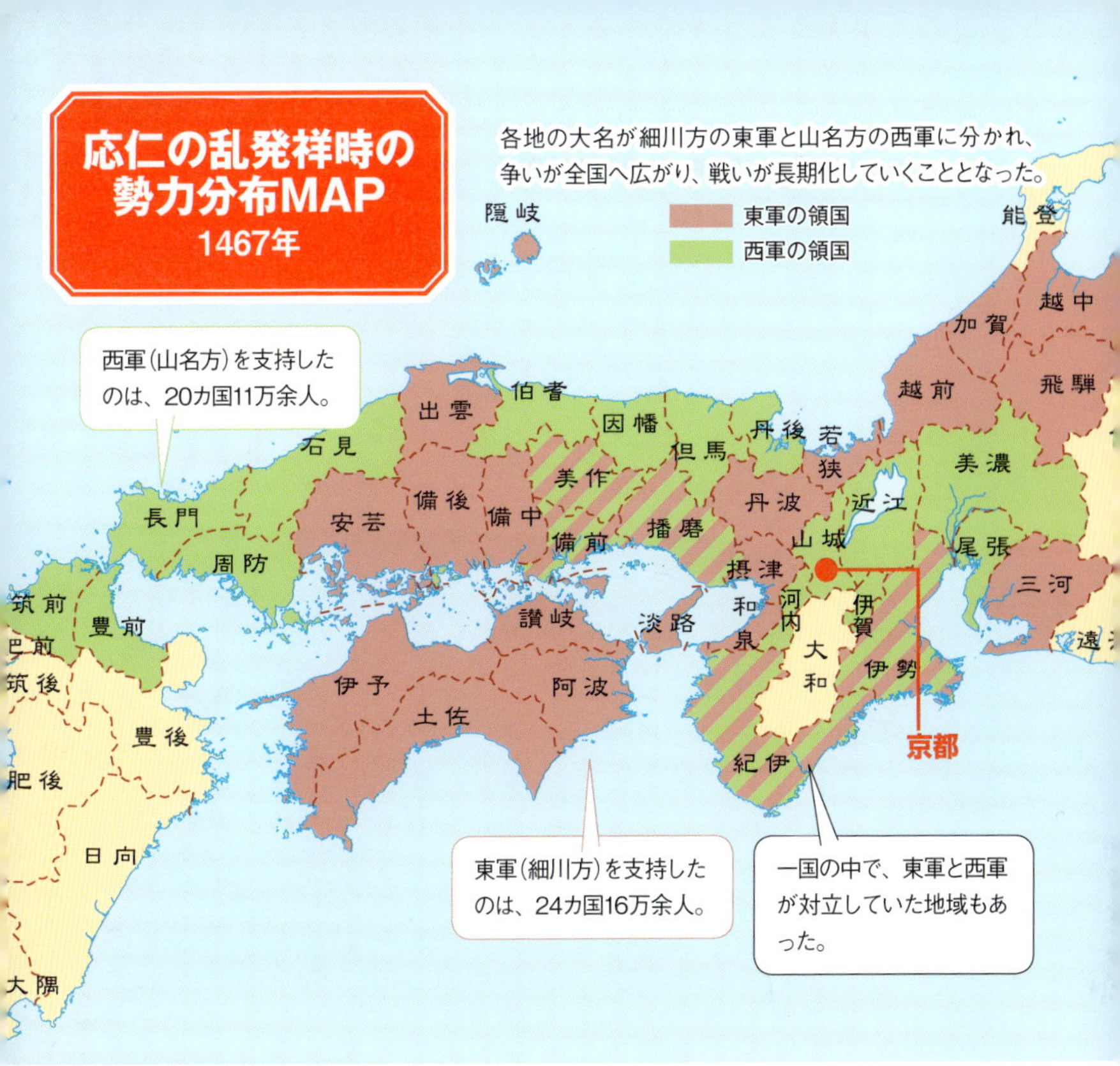

畠山家の内紛から始まった戦いは、足利将軍家の跡継ぎ問題にまで及び、**山名宗全**の西軍と**細川勝元**の東軍が入り乱れての天下の大乱となった。京の町はいたるところが戦場と化し、多くの民家や寺社は跡形もなく燃え尽きている。

元号が文明と変わるころ、京での戦いは散発的になり、戦いの場は**山城《やましろ》・丹波《たんば》**などへと移る。さらに守護大名の領地がある**中国**、**九州**へと戦場が拡大。戦闘が長引くにつれて膠着《こうちゃく》状態になり、両軍ともに厭戦《えんせん》気分が漂い始めた。

文明5（1473）年、宗全と勝元が相次ぎ死亡。**義政は将軍を義尚に譲り、隠居**。やがて両軍は和睦、文明9年に戦闘が終結し、大乱は幕を閉じた。

この乱は、**室町幕府の弱体化**をあらわにした。各地の守護代や国人の勢力を強める結果ともなり、**下剋上**を引き起こし、戦国時代へと導くものとなった。

事件3

天正10（1582）年6月

本能寺の変

中京区

「敵は本能寺《ほんのうじ》にあり」。天正10（1582）年6月2日未明、**明智光秀《あけちみつひで》**の軍勢は天下をかけた戦いを挑んで**本能寺**を攻めた。**織田信長《おだのぶなが》**から**羽柴秀吉《はしばひでよし》**の援軍を命ぜられ、備中（岡山県）に向かうはずであった光秀勢は、進路を変えて桂《かつら》川を渡り、無防備な状態の都に楽々と攻め入る。

前夜、光秀は亀山城を出発、老ノ坂《おいのさか》の峠道を越えていった。それは元弘3（1333）年、鎌倉幕府に反旗を翻した**足利尊氏が、京の六波羅探題へ攻め入ったルート**で、都と天下人への近道だった。

明智光秀の行動 1
1 秀吉の援軍を命じられる
5月15日
安土城で徳川家康の接待をしていたが、急きょその任を解かれ、備中高松城(毛利軍)を攻める羽柴秀吉の援軍を命ぜられる。
1
滋賀県
安土城
天正7（1579）年から織田信長が住んだ城。本能寺の変以降もしばらく織田氏の居城として残ったが、天正13(1585)年に廃城。
明智光秀の行動MAP
1582年5月15日～6月2日

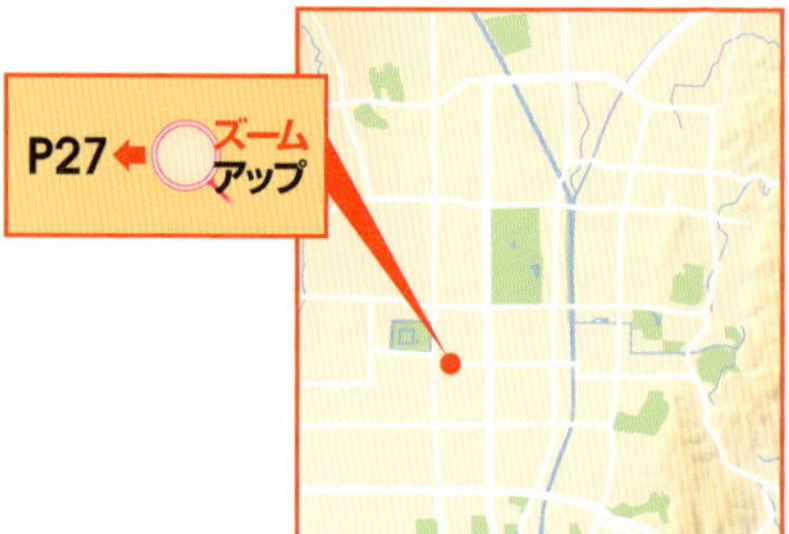

P27 ← ズームアップ

❷ 坂本城に入る

5月17日

安土城を発った光秀は、この日、居城の坂本城に着いた。

❸ 亀山城に入る

5月26日

出陣に備え、丹波亀岡にある亀山城に入り、軍装を整える。

❹ 愛宕神社参拝

5月27日～28日

愛宕《あたご》神社に参拝祈願し、おみくじを何度も引いた。そこで開かれた連歌会で「時は今　天《あめ》が下知《したし》る　皐月かな」という意を決したような句を詠んだ。

❺ 亀山城を出発

6月1日

夜、備中へ行くと見せかけ、1万3千の兵を率いて城を出発、老ノ坂《おいのさか》を越えた。

❻ 桂川にて「敵は本能寺にあり」

6月2日未明

備中への道をとらず、逆方向の京を目指す。桂川で初めて全軍に謀反の決意を告げる。

P26へ続く

そのとき織田信長は…

本能寺にて茶会を行う

公卿の近衛前久《このえさきひさ》や博多の豪商の島井宗室《しまいそうしつ》らを招き、名物開きの茶会を催す。その後、子の信忠《のぶただ》らも加わり酒宴となった。

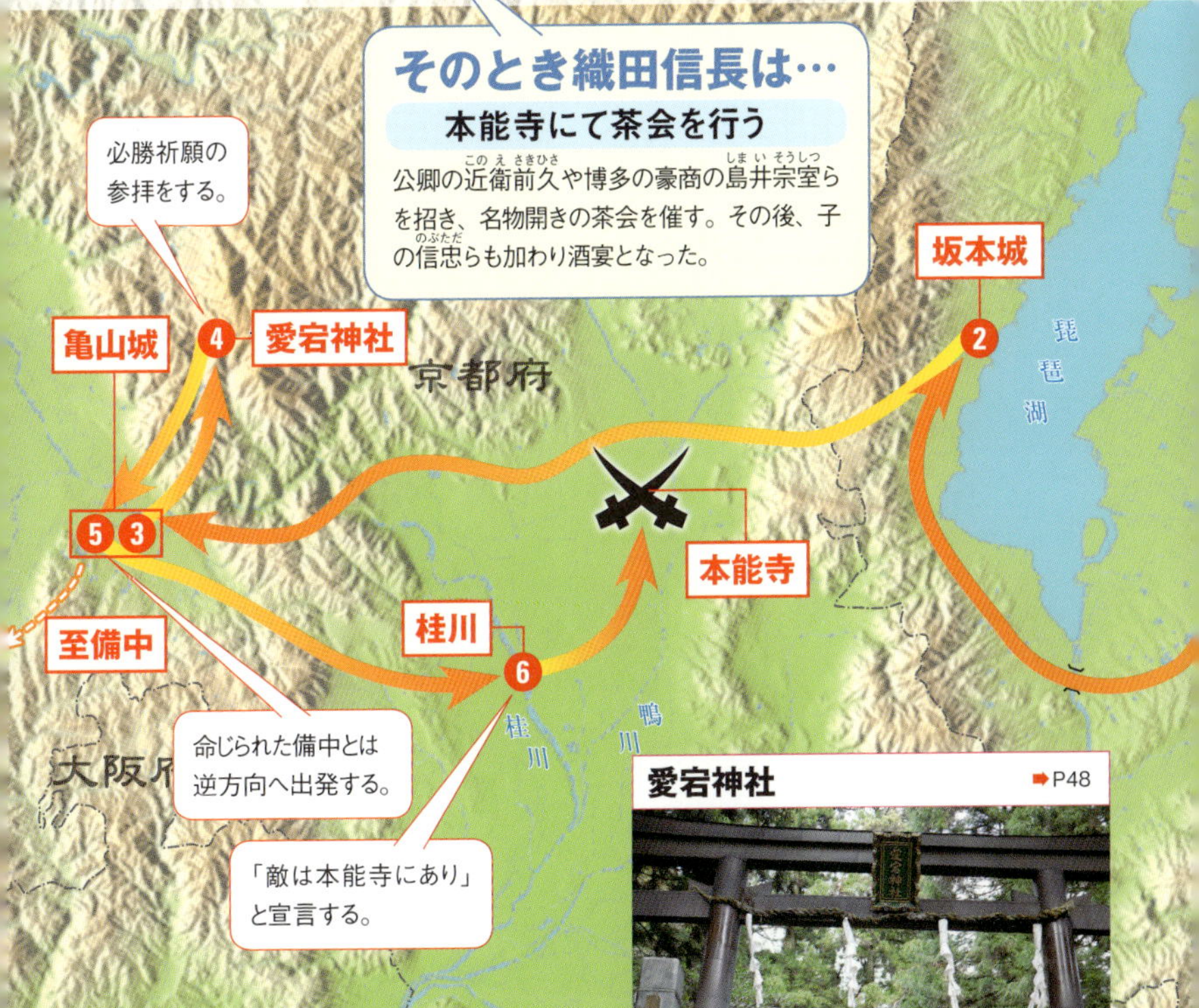
必勝祈願の参拝をする。
亀山城
❹
愛宕神社
京都府
坂本城
❷
琵琶湖
❺❸
本能寺
至備中
桂川
❻
桂川
鴨川
大阪府
命じられた備中とは逆方向へ出発する。
「敵は本能寺にあり」と宣言する。

愛宕神社 ➡P48

京と丹波の境にある愛宕山山頂にある神社。火伏せ・防火の霊験で有名だが、かつては愛宕大権現の本地仏の勝軍地蔵を祀っており、武神でもあった。

本能寺 ➡P48

現在京都市役所前にある本能寺。天正15（1587）年に豊臣秀吉により移設されたもので、当時の本能寺の跡地には石碑が残る(➡P97)。

二条御新造跡 ➡P99

京都国際マンガミュージアム前にある二条御新造跡の碑。本能寺の変で織田信忠が自害したときに、建物も焼失した。

明智光秀の行動 2

7 本能寺を襲撃

6月2日午前4～6時

油小路《あぶらこうじ》六角《ろっかく》にあった本能寺を包囲。100名にも満たない信長勢を撃滅した。信長は燃えさかる御堂の中で割腹して果てた。

信長自害

8 二条御新造を襲撃

6月2日午前8時

本能寺が焼けると、全軍を信忠のいる二条御新造に差し向けた。信忠は奮戦するが、多勢に無勢で自害するしかなかった。

信忠自害

そのとき織田信忠は…

1 本能寺の異変を聞きつける

宿所の妙覚寺《みょうかくじ》にいた信忠は、襲撃の知らせを聞き、救援のため本能寺へ向かおうとしたが、側近の村井貞勝《むらいさだかつ》らにとめられ、断念した。

2 妙覚寺から二条御新造へ移動

守りに不向きな妙覚寺を逃れ、軍備が多少整った二条御新造へ入った。

光秀は出発に際し、配下には信長に軍の陣容を見せに行くのだと言っている。桂川を前にした西国街道との分岐点に来たとき、重臣たちに初めて目指す敵は本能寺にいる信長だと伝えた。

午前6時、光秀の軍勢は一気に本能寺に攻め込む。**森蘭丸**《もりらんまる》から敵が光秀だと聞いた信長は、「是非に及ばず」と言い放ち、弓と槍を持って戦うが、多勢に無勢、燃えさかる御堂の中で**自刃して果てた**。

本能寺が燃え落ちて信長を倒したとみるや光秀の軍勢は、信長の跡継ぎの**信忠**《のぶただ》がこもる**二条御新造**《にじょうごしんぞう》を襲撃。光秀軍の1万3千名に比べ、500名ほどの軍勢だった信忠は、あえなく**自害**という最期をとげた。

安土城へ向かったが、途中、瀬田橋を焼かれて坂本城に帰った光秀は、5日には**安土城**へ、主として入る。こうして光秀は、天下取りへと進み始めた。

信長を襲う明智光秀

明智軍の突然の襲撃に不意をつかれた信長は、家臣に逃げるように言われたが「是非に及ばず」と言い放ち、弓を持って自ら戦った。

「本能寺焼討之図」楊斎延一画／愛知県図書館蔵

福井県
岐阜県
愛知
滋賀県
京都府
大阪
奈良県
三重県
1 京を出て安土へ向かうが、信長の家臣であった山岡《やまおか》氏の抵抗で瀬田橋を焼かれ、坂本城に一時帰城。
明智光秀の動き
坂本城
安土城
京都
山崎
瀬田橋
2 瀬田橋を修復し、安土に入る。信長の財宝を家臣や京の寺に寄進。
3 入洛して朝廷工作を始めるが、秀吉の動きを聞き、勝龍寺城（長岡京市）へ向かう。
山崎の戦い

小畑川
桂川
鴨川
山科川
小栗栖
勝龍寺城
宇治川
小泉川
4 坂本城に逃げる途中で落ち武者狩りに遭い、死亡。
山崎
淀川
木津川

瀬田橋（唐橋）

琵琶湖にかかる橋。「唐橋を制するものは天下を制す」とまでいわれたほど、京都へ通じる軍事や交通のかなめとなっていた日本三名橋のひとつ。

6月9日、光秀は安土城を出て上洛。**秀吉は備中から引き返し**、4万もの兵を率いて京へと向かっていた。

光秀は迎え撃つため**勝龍寺城**《しょうりゅうじ》付近に陣を置く。だが13日、勢いに乗る秀吉の軍勢に負け、敗走。闇に紛れ坂本城を目指したが、途中で残党狩りの兵が突き出した槍にあえなく倒れた。**三日天下**と呼ばれる、わずか数日の天下取りであった。

明智藪 ➡P48

光秀は小栗栖《おぐるす》の竹が続く小道で刺され、配下に首を打たせた。民家の奥に小さな石碑が立つ。

山崎の戦いまでの秀吉と光秀の行動MAP
1582年6月3日～13日

姫路城
秀吉が播磨の国で毛利方を降伏させたあと、天正8(1580)年に姫路城主より譲り受けた城。

本能寺の変後、10日間の流れ

羽柴秀吉の行動		明智光秀の行動
① 備中高松攻めの最中、信長の死を知る	6月3日	① 坂本城に帰城
毛利軍と和睦し、備中高松を出発	6月5日	② 安土城に入り、兵力を集めようとするが失敗
② 姫路城に一泊し、翌朝出発	6月9日	③ 上洛して朝廷工作中、秀吉の動きを知る
兵力4万 山崎の町を占領し、天王山（山崎城）に陣取る	6月13日 山崎の戦い	兵力1万6千 勝龍寺城を拠点に、陣を置く
明智軍を破る	6月13日 深夜	④ 坂本城へ逃げる途中で死亡

事件 4

池田屋騒動

元治元（1864）年6月5日

中京区
三条河原町

幕末、京の治安を任された**新選組**《しんせんぐみ》は、過激な行動に走る尊王攘夷の志士らの動きに眼を光らせていた。案の定、京を追われていた**長州藩尊攘過激派**がひそかに京へ上り、挙兵の混乱に乗じて孝明《こうめい》天皇を長州へ移そうとする計画が持ち上がっていることがわかる。

情報を得た**近藤勇**《こんどういさみ》と**土方歳三**《ひじかたとしぞう》に率いられた新選組は、祇園祭《ぎおんまつり》でにぎわう京の町中を探索に走る。祇園、木屋町《きやまち》と探り、やがて三条大橋《さんじょうおおはし》西にあった旅館**池田屋**《いけだや》へと向かった。

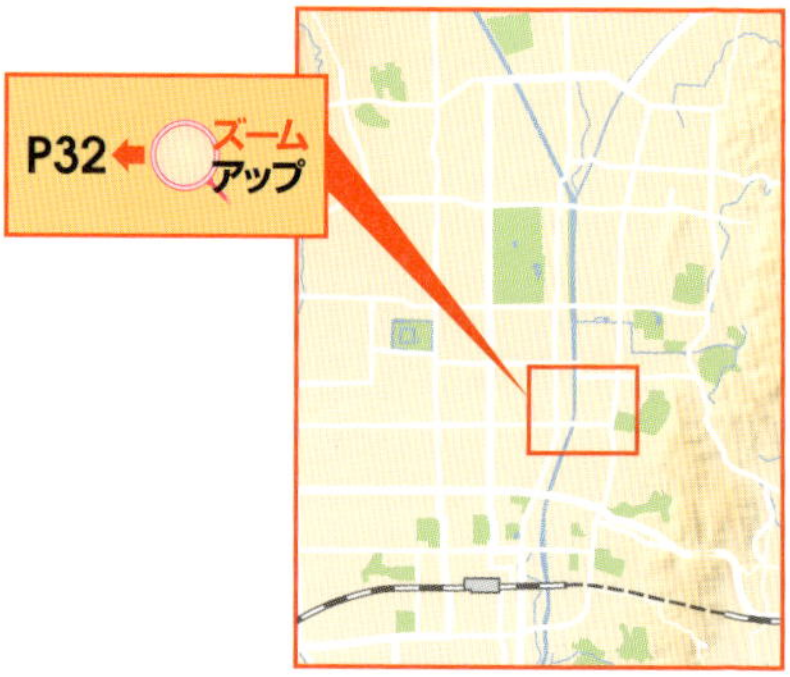

1 池田屋跡 ➡P48

東海道の往来でにぎわった三条通に面した旅館。藩邸が近いので長州藩士がよく利用していたという。事件当日は長州の吉田稔《とし》麿《まろ》や肥後の宮部鼎《てい》蔵《ぞう》らが多数集結していた。現在は居酒屋となり、石碑が立つ。上の写真は昭和初期の室内。

東京大学史料編纂所蔵

2 古高俊太郎邸跡《ふるたかしゅんたろうていあと》 ➡P48

馬具商（古道具屋、薪炭商）の桝屋《ますや》を営んでいた古高俊太郎が、土蔵に武器や火薬類を隠していたという。河原町通と木屋町通の間のにぎやかな飲食街の一角。現在は料理屋。

3 旧前川邸《きゅうまえかわてい》 ➡P48

壬生の屯所のひとつ。土蔵に吊り下げられた滑車で古高俊太郎が土方の拷問を受けたと伝えられる。

幕末京都地図
1868年
「改正京町御絵図細見大成」
京都府立総合資料館蔵
薩摩藩邸
禁裏
京都守護職屋敷
京都所司代屋敷
二条城
金戒光明寺
長州藩邸
1
三条通
酢屋
土佐藩邸
近江屋
2
四条通
3
高台寺
五条通
角屋

池田屋騒動 行動MAP 1864年6月5日

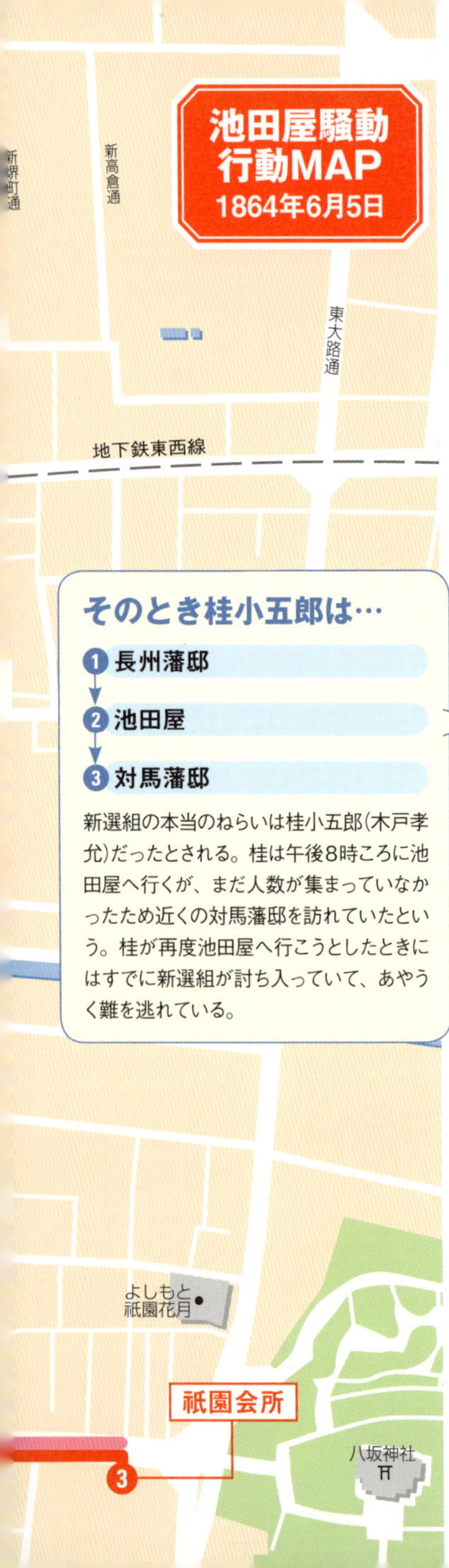

そのとき桂小五郎は…

1. 長州藩邸
2. 池田屋
3. 対馬藩邸

新選組の本当のねらいは桂小五郎(木戸孝允)だったとされる。桂は午後8時ころに池田屋へ行くが、まだ人数が集まっていなかったため近くの対馬藩邸を訪れていたという。桂が再度池田屋へ行こうとしたときにはすでに新選組が討ち入っていて、あやうく難を逃れている。

新選組の行動

1 古高俊太郎邸に踏み込む　朝

桝屋《ますや》に怪しげな者が出入りしているとの情報を得、6月5日未明(4日の説もあり)、沖田、永倉ら20数名で急襲。桝屋喜右衛門を名乗る古高俊太郎を捕らえて壬《み》生《ぶ》の屯所へ連行。

2 前川邸で取り調べを行う

土蔵にある滑車に逆さ吊りにし尋問するが、古高は口を割らない。土方は足に5寸釘を打ち込み、ろうそくをたらすという拷問にかける。すると耐えかねて計画を自白したという。

3 祇園会所に集合　夕方

普段の見回りと変わらぬ様子で壬生の屯所を出、祇園の会所に集合。武装を整えて応援の会津藩兵を待ったが、約束の午後8時に藩兵は来なかった。

4 旅籠改めを始める　午後8時すぎ

隊士だけで出動。四国屋（場所は定かでない）か池田屋が有力候補だったため、近藤は、沖田、永倉、藤堂、原田、養子の近藤周平、谷万太郎ら7名（5名説も）で三条の池田屋へ、土方率いる20数名の一隊は祇園の町へと向かった。

5 近藤らが池田屋襲撃　午後10時すぎ

池田屋に着くと入り口の槍と鉄砲を押収し「御用改めであるぞ」と声を上げた。亭主が2階へ知らせに駆け上がるが、近藤、沖田、藤堂、永倉の4人はすかさず突入。志士らは刀を取る間もなく混乱に陥った。

6 土方グループが合流　午後11時ころ

土方らが池田屋へ合流し、殺傷ではなく捕縛に努める。応援の会津藩兵が到着したときには、圧倒的な勝利を収めていた。

肖像はすべて国立国会図書館蔵

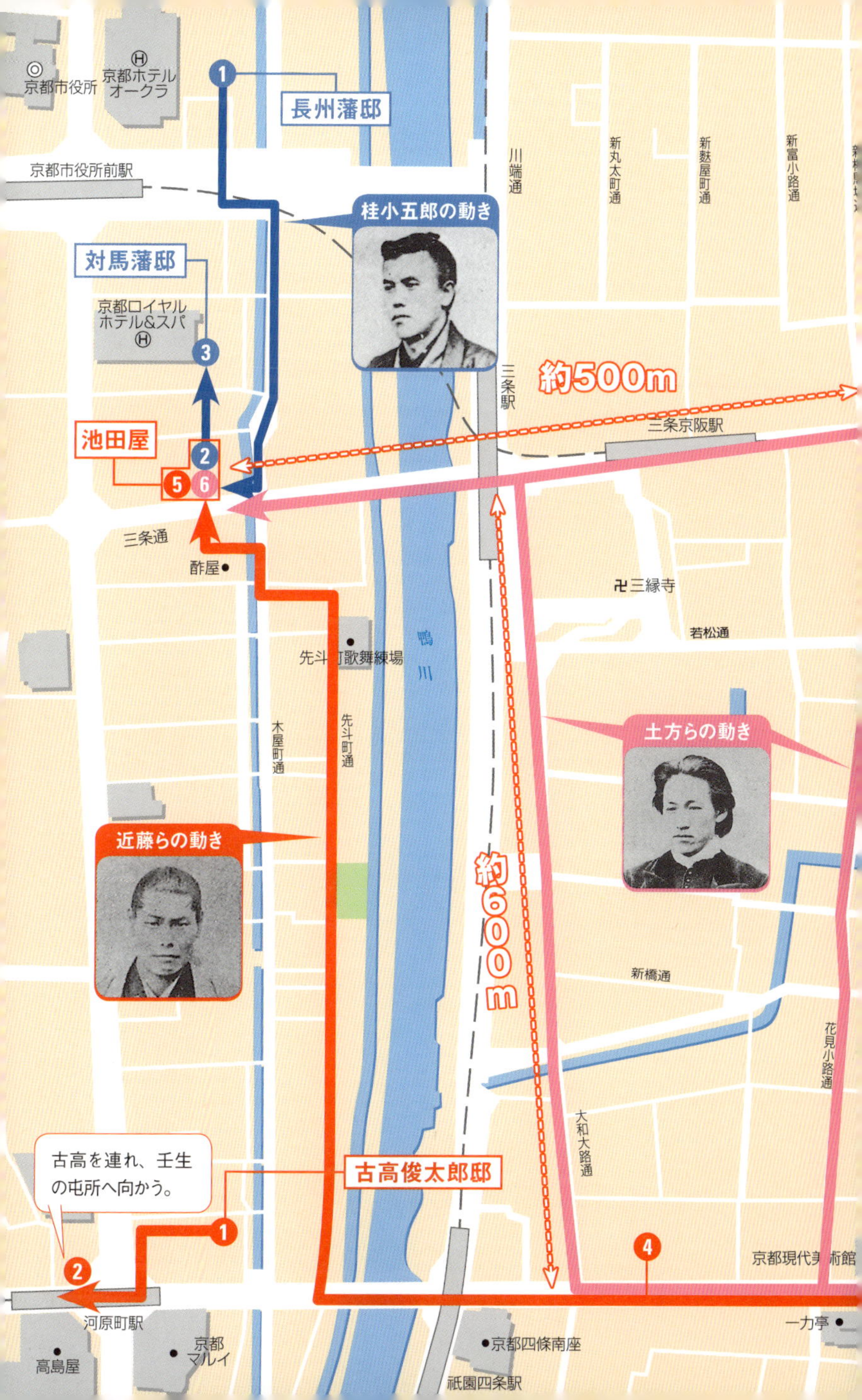

京都市役所
京都ホテルオークラ
長州藩邸
京都市役所前駅
川端通
新丸太町通
新麩屋町通
新富小路通
桂小五郎の動き
対馬藩邸
京都ロイヤルホテル&スパ
約500m
三条駅
三条京阪駅
池田屋
三条通
酢屋
三縁寺
若松通
先斗町歌舞練場
鴨川
木屋町通
先斗町通
土方らの動き
近藤らの動き
約600m
新橋通
花見小路通
大和大路通
古高を連れ、壬生の屯所へ向かう。
古高俊太郎邸
京都現代美術館
河原町駅
高島屋
京都マルイ
京都四條南座
祇園四条駅
一力亭

事件 5

元治元（1864）年7月19日

禁門の変

中京区

幕末、江戸から京都に政治の舞台が移り、公武合体派の**会津藩**・**薩摩藩**と、天皇親政を主張する**長州藩**は対立を深めていく。三条実美《さんじょうさねとみ》らの公卿とともに王政復古を目指していた長州藩は、**八月十八日の政変**で失敗、京都を追われる。やむなく国元で外国船を砲撃するなどの攘夷活動に邁進していたが、6月5日の**池田屋騒動**の知らせに激震が走った。

今すぐ京へ攻め上がるべしとの声が、家老・**来島又兵衛**《きじままたべえ》や、久留米の神官・**真木和泉**《まきいずみ》に扇動された尊攘過激派のなかで一気に高まった。6月半ば、長州藩士と尊攘派浪士で構成された隊列は、続々と京都へと向かった。

禁門の変布陣MAP
1864年7月19日早朝
薩摩藩 膳所藩 越前藩 小田原藩 松山藩
禁裏
尾張藩
篠山藩
会津・桑名藩 新選組 蒔田相模守 京都見廻組
大垣・彦根藩
嵯峨
桂川
鴨川
京都駅
伏見街道
西国街道
亀山藩
小浜藩
伏見
伏見城
北上しようとしたが、大垣・彦根両藩兵に立ちはだかれ、山崎へ逃げる。
宇治川
山崎
郡山・津藩
鯖江藩 仁正寺藩 園部藩
長州軍
幕府軍

京を囲った長州軍

国司信濃《くにししなの》隊　嵯峨／天龍寺

所在地●右京区嵯峨天龍寺芒ノ馬場町68
アクセス●京福電鉄嵐山線「嵐山駅」下車すぐ

長州藩家老・国司信濃、来島又兵衛ら800名は、嵯峨の天龍寺に陣を置いた。進軍後、堀川一条付近で、中立売《ながだちうり》御門《ごもん》を目指す国司信濃率いる隊と来島又兵衛が先導する蛤《はまぐり》御門《ごもん》を目指す隊、下立売《しもだちうり》御門《ごもん》へ向かう隊の3隊に分かれた。

福原越後《ふくはらえちご》隊　伏見／長州藩邸→藤森神社

所在地●伏見区深草鳥居崎町609
アクセス●ＪＲ奈良線「藤森駅」から徒歩5分

家老の福原越後に率いられた700名は、伏見の長州藩邸から伏見街道を北へ向かおうとしたが、藤森神社のあたりで大垣・彦根両藩兵に阻止され撤退。山崎へ敗走した。

益田右衛門介《ますだうえもんのすけ》隊　山崎／宝積寺

所在地●乙訓郡大山崎町大山崎銭原1
アクセス●ＪＲ京都線「山崎駅」から徒歩10分

益田右衛門介・真木和泉・久坂玄《くさかげん》瑞《ずい》らの隊600名は、まず山崎の宝《ほう》積寺《しゃくじ》に布陣した。西国街道から洛中に入り堺町《さかいまち》御門《ごもん》で越前藩兵と激戦。山崎へ逃れた真木は追ってきた新選組の目前で自刃し果てた。天王山山腹に真木ら十七烈士の墓がある。

1 蛤御門《はまぐりごもん》 ➡P48

長州藩と会津藩が激しい戦いを繰り広げた御所西にある門。鉄砲の弾跡が残されている。

2 九條邸跡 ➡P48

日米修好通商条約の勅許をめぐって岩倉具視ら公家が反乱を起こした場所でもある九條邸。今は堺町御門側の邸跡に九條池と拾翠亭《しゅうすいてい》が残る。

禁門の変の流れ

1 長州藩京都郊外に布陣 ➡P34

6月24日、福原越後隊は伏見長州藩邸、真木和泉・久坂玄瑞らの隊は山崎の宝積寺、28日に国司信濃隊は嵯峨の天龍寺にそれぞれ布陣した。

2 御所で激突、長州藩敗退

天龍寺から進軍した国司隊は中立売御門で筑前藩を破り、来島分隊が戦う蛤御門に駆けつけ、会津・薩摩藩と激戦を繰り広げる。山崎からの真木・久坂らの隊は堺町御門で越前藩兵と戦ったが、最終的には長州藩は総崩れとなった。

3 長州征伐令が出る

禁門の変後すぐに長州藩征伐の勅命が下ったが、ようやく11月に征長総督の徳川慶勝が広島まで進軍。だが長州藩が謝罪したこともあり、この第一次長州征討では戦闘がなかった。

7月中旬、長州藩は総勢約2千人で**伏見・山崎・嵯峨**の3カ所に陣を設け、京都を包囲。前年の八月十八日の政変での無実を朝廷に嘆願する。しかしそれは認められず、19日未明、戦端が開かれた。

伏見から進軍した**福原隊**が、大垣藩兵に阻止され撤退。次に天龍寺からの**国司・来島隊**が、御所蛤《はまぐり》御《ご》門《もん》で会津・薩摩藩と激しい戦闘を行った。長州勢は一時、御所内へ突入しかけるほどに善戦したが、背後を薩摩藩に突かれ、来島は戦死。**真木・久坂らの隊**は堺町御門で越前藩兵と激戦し、久坂は鷹司《たかつかさ》邸で、切腹。山崎へ逃れた真木らは、追いすがる**新選組**の目前で陣地に火を放ち自刃し果てた。

「蛤御門の変」とも呼ばれるこの戦は、**長州藩の敗退**で幕を閉じた。7月23日、すぐさま幕府は朝廷から**長州藩追討の勅命**を得、征長総督に前尾張藩主徳川慶勝《よしかつ》を任命。**将軍家茂《いえもち》自ら進軍する**と宣言した。

禁門の変合戦MAP
1864年7月19日
激戦地、蛤御門へ援護射撃に駆けつける。
同志社大学
上京区役所
今出川駅
今出川通
新町通
室町通
烏丸通
薩摩藩
乾御門
一条通
長州藩国司隊
中立売御門
中立売通
筑前藩
京都御所
長州藩国司隊
(来島又兵衛隊)
1
下長者町通
地下鉄烏丸線
会津藩
出水通
京都府庁
長州藩国司隊
桑名藩
下立売通
下立売御門
寺町御門
京都府警察本部
釜座通
越前藩
2
鷹司邸
堺町御門
丸太町通
丸太町駅
堺町通
京都地方裁判所
寺町通
久坂は鷹司邸に追いつめられ切腹。ここに放たれた火が京都を大火に見舞った。通称「どんどん焼け」という。
柳馬場通
長州藩益田隊

事件 6

坂本龍馬暗殺

慶応3（1867）年11月15日

中京区

維新への弾みをつけた**薩長同盟**、大政奉還の原案である**船中八策**、株式会社の先駆けともいわれる**亀山社中**、**海援隊**の創設など、幕末において大きな役割を多くなしとげた**坂本龍馬**《さかもとりょうま》。だが、それだけに命をねらう敵も多かった。

桂小五郎《かつらこごろう》など周囲からも身辺警護をするよう忠告され、龍馬も用心し、隠れ家だった**酢屋**《すや》と**近江屋**《おうみや》を往き来していたのだが、情報が漏れたようだ。数名の暗殺者の襲撃を受け、無念にも**中岡慎太郎**《なかおかしんたろう》とともに命を落とした。

1 酢屋《すや》 ➡P131

「龍馬通」とも呼ばれる河原町通三条下ル一筋目を東へ向かうと、龍馬の隠れ家のひとつ材木商の酢屋がある。海援隊の京都本部が置かれた家で、龍馬はこの2階に潜んでいた。現在も子孫にて続く創業290年の木の専門店。龍馬がいた2階を公開している。

写真提供／酢屋

2 土佐藩邸跡碑 ➡P48

高瀬川沿いの木屋町通にある立誠小学校跡の一帯に土佐藩邸があった。すぐ近くの蛸薬師通《たこやくしどおり》を入ったところには、藩邸にあった土佐稲荷が祀られている。

3 近江屋跡 ➡P131

酢屋が危ないと感じた龍馬は、河原町通を渡って南へ下がったところにある醤油屋の近江屋へ移った。しかし、ここで斬殺される。

志士たちが行き交った木屋町・河原町MAP

4 中岡慎太郎寓居跡 ➡P48

河原町通四条上ル東側に小さな石碑が建っている。陸援隊を組織した中岡が住まいした場所であった。殺された近江屋とは通りを挟んだ場所である。

京都市役所前駅
御池通
長州藩邸跡
本能寺
京都ロイヤルホテル&スパ
地下鉄東西線
姉小路通
武市瑞山寓居跡
三条通
1
池田屋跡 ➡P30
ミーナ京都
六角通
彦根藩邸跡
高瀬川
先斗町通
鴨川
河原町通
京都BAL
P40 ズームアップ
2
3
市立高倉小学校第二教育施設
御幸町通
寺町通
新京極通
スーパーホテル
木屋町通
オーパ
4
古高俊太郎邸跡 ➡P30
河原町駅
四条通
阪急京都線
高島屋
京都マルイ

暗殺の日の行動MAP
1867年11月15日
河原町通
TSCタワー
蛸薬師通
近江屋
7 6 4 3
称名寺
西導寺
大和屋 1
坂本龍馬の動き
中岡慎太郎の動き
スーパーホテル
裏寺町通
峰吉の動き
高瀬川
木屋町通
菊屋
オーパ
2
3 谷干城邸
峰吉は、麩屋町通の薩摩屋へつかいに行った。
コトクロス阪急河原町
鳥新
阪急京都線
河原町駅
四条通
5
高島屋
京都マルイ

王政復古の大号令を目前にしたころ、龍馬の身辺には不穏な影がつきまとっていた。土佐藩邸出入りの醤油屋近江屋の主人は、何かあったらすぐに寺町の称名寺へ抜けられるよう、裏手の土蔵を改造していた。しかし風邪気味の龍馬はこの日、土蔵から**近江屋2階**に移っていた。

11月15日の夜、龍馬は北白川の陸援隊屯所から来た中岡慎太郎と話し込んでいた。すると階下から騒ぎが聞こえ、駆け上がってきた一人が背後から龍馬を切りつけた。ほかの二人は中岡を襲った。龍馬は愛用のピストルを出す間もなく**3太刀で死亡**。中岡はめった切りにされた。階下にいた藤吉も翌日死亡。龍馬**33歳**、中岡**30歳**、あまりにも早い死であった。

この事件は、**京都見廻組**の佐々木只三郎以下6名の実行犯説が有力だが、ほかにも**新選組**の原田左之助、**薩摩藩士**の中村半次郎などさまざまな説がある。

1 京都《きょうと》霊山《りょうぜん》護国神社《ごこくじんじゃ》 ➡P42

長州、土佐の維新で倒れた藩士らが祀られている神社。境内の墓地には、龍馬や中岡、木戸（桂）、久坂らが眠っている。

此東南　吉村虎太郎ほか天誅組志士墓所跡

2 正法寺参道

龍馬と中岡の葬儀は18日に行われたが、その葬列が通ったことから、一念坂近くの坂道は龍馬坂とも呼ばれている。かつて桂や久坂らが会合を開いた翠紅館《すいこうかん》があった料亭京大和《きょうやまと》の裏手にある。

東山MAP
高台寺
月真院
ねねの道
維新の道
1
翠紅館跡碑
八坂の塔
二年坂
2
霊明神社

関係者の当日の動き

❶ 龍馬、福岡孝弟《たかちか》を訪ねる

近江屋にいた龍馬は午後3時と5時ころ、南隣の大和屋に下宿する土佐藩士の福岡を訪ねている。

❷ 中岡慎太郎、菊屋を訪問

慎太郎は四条河原町上ル東にある本屋の菊屋を訪れ、菊屋の峰吉に薩摩藩士の定宿・薩摩屋へ手紙を届けさせ、返事は近江屋へくれるようにと言った。

❸ 中岡慎太郎、谷干城を訪ねる

近くの谷干城の下宿を訪ねたが留守だったので近江屋へ向かう。

❹ 龍馬のもと、近江屋に集う

龍馬と越前へ同行した岡本健三郎、薩摩屋から返事を持った峰吉が近江屋を訪れる。

❺ 峰吉、シャモを買うために出る

風邪をひいていた龍馬はシャモ鍋を食べたいと峰吉を鳥新へ買いに出す。岡本も都合があると近江屋を退出した。

❻ 刺客、近江屋へ突入

入れ替わるように誰かが訪れたので、下僕の藤吉が階下に降りると、ひとりが木津川郷士と名乗り名刺を出した。藤吉が取り次ごうとしているとき数名が2階に駆け上がった。

❼ 峰吉、近江屋へ戻る

峰吉が帰ったときには刺客らは去っていた。近江屋主人から知らせを聞いた谷や田中光顕が土佐藩邸から駆けつけたときには、二人は血の海に倒れていた。

維新の志士たちを祀る

京都霊山護国神社

明治維新を成しとげるために活躍した勤皇の志士たちが眠る聖域。今も訪れる人が絶えない。

所在地●東山区清閑寺霊山町1
アクセス●京都駅からバスで15分「東山安井」下車徒歩10分

場所は➡P10

慶応4（1868）年、**明治天皇の詔**により幕末動乱で倒れた志士たちの招魂祭が営まれ、**霊《りょう》山《ぜん》官《かん》祭《さい》招《しょう》魂《こん》社《しゃ》**が建立されたことに始まる京《きょう》都《と》霊《りょう》山《ぜん》護《ご》国《こく》神社。坂本龍馬、中岡慎太郎、吉村寅太郎、桂小五郎、大村益次郎、高杉晋作、久坂玄瑞ら、そうそうたる志士**1356柱**が祀られている。

境内の霊山墓地には幕末維新の志士たちの墓標がずらりと並び、幕末史を彩った人物名を見ているだけで圧倒される。南向かいの霊山歴史館には**龍馬暗殺の刀剣**や池田屋再現模型など、明治維新関係の貴重な資料を多数展示する。

木戸孝允と松子の墓

木戸は維新後も活躍したが、同志とともに眠りたいとの希望でここに埋葬され、松子夫人（幾松）は夫の隣を望んだ。

坂本龍馬と中岡慎太郎の墓

龍馬と慎太郎、下僕の藤吉は事件後、海援隊の同志たちの手でここまで運ばれて葬られた。墓前には献花が絶えず、命日の11月15日は龍馬祭や奉納演舞「龍馬よさこい」が行われ、参列者に龍馬の好物・シャモ鍋がふるまわれる。

維新の道と呼ばれる坂道をのぼると
東山の緑を背景に社殿が建つ。

梅田雲浜の碑

明治維新の原動力になった尊王攘夷運動のさきがけとなり、安政の大獄で獄死した梅田雲浜らの碑がある。

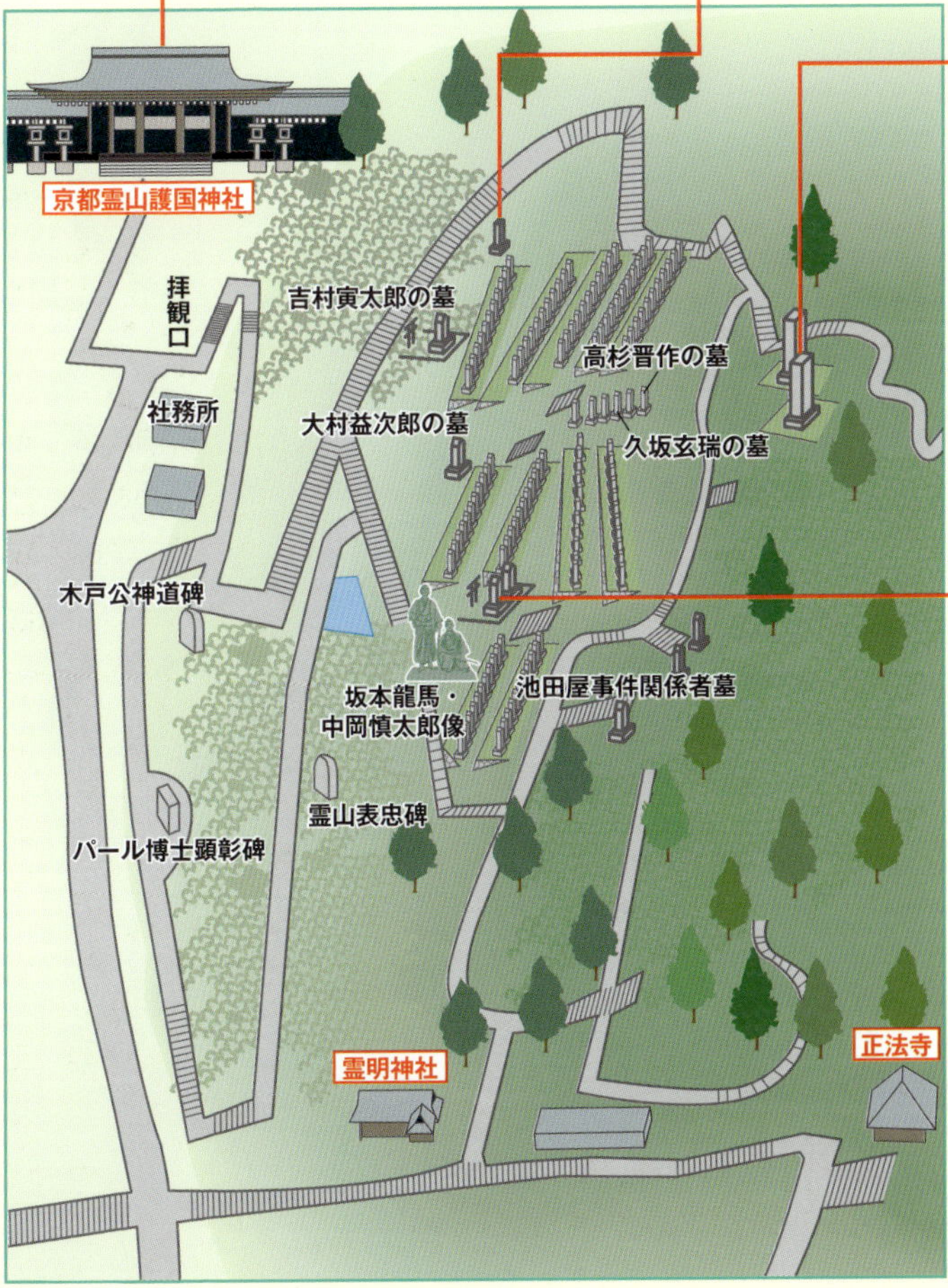

京都霊山護国神社
拝観口
社務所
吉村寅太郎の墓
高杉晋作の墓
大村益次郎の墓
久坂玄瑞の墓
木戸公神道碑
坂本龍馬・中岡慎太郎像
池田屋事件関係者墓
霊山表忠碑
パール博士顕彰碑
霊明神社
正法寺

事件 7

慶応4（1868）年1月

鳥羽・伏見の戦い

伏見区

慶応2（1866）年、将軍家茂《いえもち》が死去すると長州藩は勢いを盛り返し、幕府はいっそう衰退。幕府寄りの**孝明《こうめい》天皇の崩御**で拍車がかかり、薩摩と長州は武力での倒幕の道を突き進む。翌年10月、将軍**慶喜《よしのぶ》**は**大政奉還**を発表。

だがあくまでも武力倒幕を目指す**西《さい》郷《ごう》隆《たか》盛《もり》**は薩摩へ帰り、兵力を整える。12月9日、薩摩藩兵が警備する御所で**王政復古の大号令**が発布。朝敵になることを恐れた慶喜は大坂城へ去ったが強硬派は収まらず、ついに京へと進軍を開始した。

淀《よど》城

➡P48

旧幕府軍が拠点としたが、賊軍となってからは入城を拒絶された。今は石垣と石碑が残る公園となっている。

戦いの流れ

1 旧幕府軍、淀城を出発

慶応4年1月2日、旧幕府軍は陣を置いていた淀城から京へ向けて進軍。

2 鳥羽街道で号砲一発

3日午後4時、鳥羽《とば》街道を北へ進軍した旧幕府軍に向かって、赤池の小《こ》枝橋《えだばし》たもとの薩摩藩兵から一発の銃弾が撃ち込まれた。

3 伏見での開戦

鳥羽での砲声が聞こえると伏見《ふしみ》でも戦闘が始まる。新選組や会津藩が陣を置く伏見奉行所は、薩摩藩が放った砲弾により炎上、旧幕府軍は退却。

4 錦の御旗が御所を出発

4日、鳥羽での戦いは旧幕府軍が一時的に盛り返すが、天皇から賜った錦《にしき》の御旗《みはた》が東寺の薩摩藩陣に掲げられ、薩長軍は官軍となった。

5 諸藩が薩長側へ参加

伏見での戦いは、これまで日和見していた土佐藩も薩長側に加わり、旧幕府軍はいっそう不利な戦況になる。

6 旧幕府軍撤退するも淀城に入れず

5日、伏見方面の旧幕府軍は淀千両松に布陣し奮戦。淀城に入って戦おうとするが、淀藩は入城を拒む。

7 旧幕府軍、大坂城へ退却

6日、石清水《いわしみず》八幡宮のある男山に旧幕府軍は陣を置くが、官軍に寝返った津藩が淀川対岸から砲撃、総崩れして大坂へと退却する。

鳥羽・伏見の戦い行動MAP
1868年1月3日〜6日

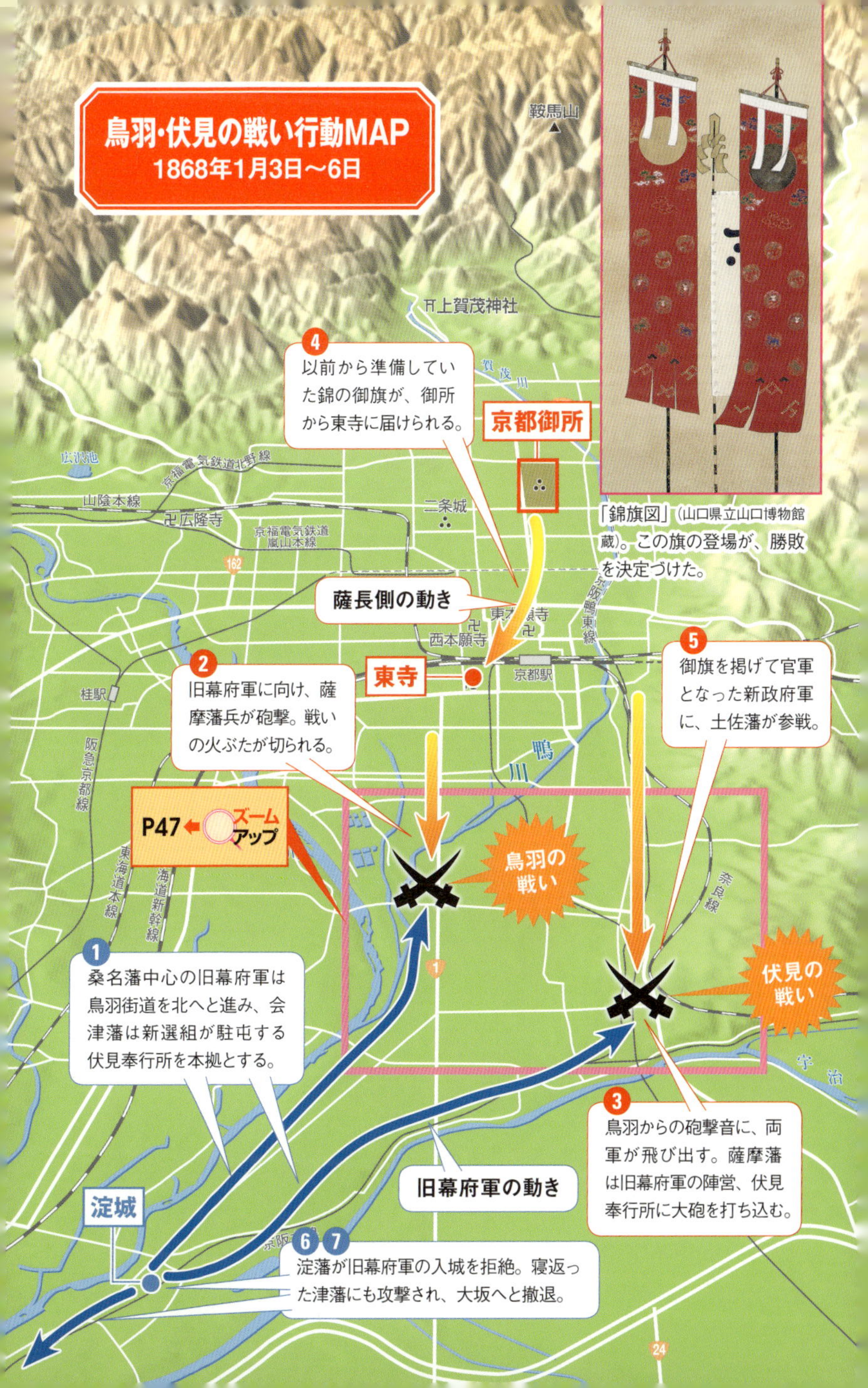

鞍馬山
上賀茂神社
賀茂川
京都御所
広沢池
京福電気鉄道北野線
山陰本線
広隆寺
二条城
京福電気鉄道嵐山本線
162
薩長側の動き
東本願寺
西本願寺
京阪鴨東線
東寺
京都駅
桂駅
阪急京都線
鴨川
P47 ズームアップ
東海道本線
東海道新幹線
鳥羽の戦い
伏見の戦い
奈良線
宇治川
1
淀城
旧幕府軍の動き
24
❶ 桑名藩中心の旧幕府軍は鳥羽街道を北へと進み、会津藩は新選組が駐屯する伏見奉行所を本拠とする。
❷ 旧幕府軍に向け、薩摩藩兵が砲撃。戦いの火ぶたが切られる。
❸ 鳥羽からの砲撃音に、両軍が飛び出す。薩摩藩は旧幕府軍の陣営、伏見奉行所に大砲を打ち込む。
❹ 以前から準備していた錦の御旗が、御所から東寺に届けられる。
❺ 御旗を掲げて官軍となった新政府軍に、土佐藩が参戦。
❻❼ 淀藩が旧幕府軍の入城を拒絶。寝返った津藩にも攻撃され、大坂へと撤退。

「錦旗図」（山口県立山口博物館蔵）。この旗の登場が、勝敗を決定づけた。

5 御香宮《ごこうのみや》神社
➡P48

伏見の戦いで、薩摩藩が拠点となる陣を置いた。境内には「伏見の戦跡碑」が立つ。平安期からの歴史があり、表門と本殿は重要文化財に指定されている。

3 城南宮《じょうなんぐう》
➡P48

鳥羽の戦いで、新政府軍が守備の拠点とした。平安遷都の際に創建され、白河天皇が営んだ鳥羽離宮の鎮守社となる。方除《ほうよけ》の神様として知られる。

6 龍雲寺《りゅううんじ》
➡P48

薩摩藩はやや高台になるこの神社境内に大砲を置き、新選組が立てこもる伏見奉行所を攻撃した。

4 伏見奉行所跡
➡P48

新選組や会津藩が本拠とした。現在は住宅地の中に石碑が立っている。

慶応4（1868）年1月3日、鳥羽街道に鳴り響いた一発の砲声が、**明治維新**への幕開けを告げる。総勢1万5千の旧幕府軍は3分の1にも満たない薩長軍に最初は善戦するが、**近代兵器**に劣ることからしだいに敗戦色が濃厚となる。

伏見奉行所に本拠を置く会津藩や新選組へ、薩摩藩は龍雲寺から大砲4門で攻撃をしかけ、圧倒的な火力の差で戦いを優勢に進める。対する旧幕府軍は旧式大砲1門で、さんざん撃ち込まれ大打撃を受ける。また、**甲冑姿**の旧幕府軍が、**身軽な洋装**の薩摩兵の鉄砲の標的になったように、この戦いはこれまでの武術での戦い方に終わりを告げ、**近代戦の始まり**となった戦いであった。

追い打ちをかけたのが、岩倉と大久保が考案した**錦《にしき》の御《み》旗《はた》**だった。4日、征夷大将軍の仁和寺宮嘉彰親王《にんなじのみやよしあきしんのう》が携えてきた旗が掲げられると、**薩長軍は官軍、旧幕**

鳥羽・伏見の戦い ゆかりの地MAP

2 秋の山

➡P48

薩摩藩の砲台が据えられていた。鳥羽離宮公園内にあり、石碑と戦いの経過を刻んだ銅板がある。

1 鳥羽伏見戦跡の碑

➡P48

鳥羽街道を進軍してきた旧幕府軍は、小枝橋の辺りで薩摩藩兵とにらみあった。この碑は小枝橋近くにある民家の入口に立つ。

府軍は賊軍となる。見守っていた諸藩は朝敵になるのを回避して、いっせいに官軍へと加わり始めた。そして敗退を重ねた旧幕府軍は、**大坂城**へと逃げ帰る。

生き残った旧幕府軍は、**慶喜**とともに戦うつもりであった。だが慶喜は朝敵になってまで戦いを続ける気はなく、松平容保《かたもり》らの指導者数名を連れて6日夜、ひそかに城を抜け出して軍艦開陽丸に乗船し、**江戸**へ逃れた。約300年続いた徳川幕府は、ここに瓦解するに至った。

スポット所在地＆アクセス一覧

1章で紹介したスポットの所在地とアクセスをご紹介します。

掲載ページ	スポット名	所在地	アクセス
P19	仁和寺	右京区御室大内33	京福電鉄北野線「御室仁和寺駅」からすぐ
P21	山名宗全邸址	上京区堀川通上立売下ル西入藤木町	京都駅からバスで25分「堀川上立売」下車すぐ
P25	愛宕神社	右京区嵯峨愛宕町１	京都駅からバスで1時間「清滝」下車徒歩２時間
P26	本能寺	中京区寺町通御池下ル下本能寺前町522	地下鉄東西線「京都市役所駅」からすぐ
P28	明智藪	伏見区小栗栖小阪町	地下鉄東西線「醍醐駅」から徒歩15分
P30	池田屋跡	中京区三条通河原町東入中島町	地下鉄東西線「京都市役所前駅」から徒歩５分
P30	古高俊太郎邸跡	下京区西木屋町通四条上ル西入真町100	阪急電鉄京都線「河原町駅」からすぐ
P30	旧前川邸	中京区壬生賀陽御所町49	京福電鉄嵐山線「四条大宮駅」から徒歩8分
P36	蛤御門	上京区京都御苑３	地下鉄烏丸線「今出川駅」から徒歩10分
P36	九條邸跡	上京区京都御苑３	地下鉄烏丸線「丸太町駅」からすぐ
P38	土佐藩邸跡碑	中京区木屋町通蛸薬師東入	阪急電鉄京都線「河原町駅」から徒歩６分
P39	中岡慎太郎寓居跡	中京区河原町通四条上ル東側	阪急電鉄京都線「河原町駅」からすぐ
P44	淀城	伏見区淀本町	京阪電鉄京阪本線「淀駅」から徒歩5分
P46	城南宮	伏見区中島鳥羽離宮町7	地下鉄烏丸線「竹田駅」からバスで５分「城南宮東口」下車徒歩３分
P46	御香宮神社	伏見区御香宮門前町	京阪電鉄京阪本線「伏見桃山駅」、近鉄電車京都線「桃山御陵前駅」、JR奈良線「桃山駅」から徒歩3分
P46	龍雲寺	伏見区桃山毛利長門東町37	JR奈良線「桃山駅」から徒歩10分
P46	伏見奉行所跡	伏見区西奉行町	近鉄電車京都線「桃山御陵前駅」から徒歩５分
P47	秋の山	伏見区中島御所ノ内町	地下鉄烏丸線「竹田駅」から徒歩15分
P47	鳥羽伏見戦跡の碑	伏見区中島秋ノ山町	地下鉄烏丸線「竹田駅」から徒歩15分

2章 歴史をたどる

歴史の舞台をめぐる

京都の市街地を中心に、歴史の舞台となった場所が数多く跡を残す。

平安京の誕生 ➡P52～63

1. 平安京跡
2. 比叡山
3. 神泉苑
4. 西寺跡
5. 東寺

藤原氏の栄華 ➡P64～71

1. 法成寺址
2. 東三条殿址
3. 晴明神社
4. 浄妙寺跡
5. 平等院

源平の時代 ➡P72～83

1. 六波羅蜜寺
2. 鞍馬寺
3. 五条大橋
4. 六条河原
5. 蓮華王院

北山文化と東山文化 ➡P86～95

1. 大聖寺
2. 慈照寺(銀閣)
3. 龍安寺
4. 鹿苑寺(金閣)
5. 天龍寺

織田信長の上洛 ➡P96～103

1. 本圀寺跡
2. 二条御所跡
3. 大徳寺総見院
4. 南蛮寺跡
5. 本能寺跡

秀吉がつくった京の町 ➡P104～119
1 聚楽第址
2 三条大橋
3 北野天満宮
4 妙顕寺城跡
5 豊国神社
新選組の登場 ➡P120～129
1 壬生寺
2 金戒光明寺
3 角屋
4 八木邸
坂本龍馬の活躍 ➡P130～139
1 寺田屋
2 酢屋
3 近江屋跡
4 越前藩邸跡
鞍馬山
叡山電鉄
上賀茂神社
賀茂川
高野川
仁和寺
山陰本線
二条城
鴨川
嵐山駅
嵐山駅
京福電気鉄道
嵐山本線
清水寺
東海道本線
京都駅
東海道新幹線
桂駅
阪急京都線
桂川
伏見桃山城
桃山駅
中書島駅
近鉄京都線
京阪本線
京滋バイパス

平安

平安京の誕生

延暦13(794)年、桓武《かんむ》天皇は長岡京《ながおかきょう》での厄災から逃れ新しい政治を始めようと、平安京《へいあんきょう》へ都を移した。渡来系の秦《はた》氏など先住豪族の協力を得て山城国葛野《やましろのくにかどの》の地で、より堅固な「平安楽土」を目指す。平安京は四神《しじん》に守られた「山河襟帯《さんがきんたい》」の地に随《ずい》・唐《とう》の長安城《ちょうあんじょう》をモデルに築かれた。

平安京関連年表

794年 延暦13年	10月	長岡京から新京へ遷都。「平安京」と命名される
801年 延暦20年		征夷大将軍坂上田村麻呂、蝦夷を破る
804年 延暦23年		最澄と空海、遣唐使に従って渡海
806年 大同元年		桓武天皇没。空海帰国
810年 弘仁元年	9月	藤原薬子の変
823年 弘仁14年		空海、東寺(教王護国寺)を賜る
824年 天長元年		空海、神泉苑で雨乞いや祈祷を行う
863年 貞観5年		神泉苑で疫病鎮圧の御霊会が行われる
894年 寛平6年	9月	菅原道真の進言により遣唐使が廃止される
901年 延喜元年		菅原道真、太宰府に左遷される。2年後に死去
935年 承平5年		平将門、平国香を殺す(承平、天慶の乱)

現場を訪ねる

平安宮朝堂院跡

大極殿遺阯

❶ 平安京跡

約400年続いた平安京だが、その遺構は残っていない。しかし、朝堂院跡、弘徽殿跡など、施設ごとに跡碑が多く立てられている。とくに千本《せんぼん》通と堀川《ほりかわ》通、丸太町《まるたまち》通と中立売《なかだちうり》通の間には内裏の施設跡が密集している。

主な跡碑

平安宮朝堂院《ちょうどういん》跡

朝堂院は天皇の即位など重要な儀礼や国事が行われた政治の中心。現在、千本丸太町《せんぼんまるたまち》角の銀行側に石碑が立つが、ここは大極殿西にあたるという。

大極殿《だいごくでん》遺阯

朝堂院の正殿の大極殿は緑彩瓦に朱色の柱の美しい建築。朝堂院跡の北すぐの児童公園の中に大極殿遺阯の石碑が立てられている。

平安宮内裏弘徽殿《だいりこきでん》跡

内裏の後宮《こうきゅう》7殿5舎の1つで重要な殿舎。現在の千《せん》本通《ぼんどおり》出水《でみず》を東に入った町中に石碑が立つ。出水通の向かいには天皇が居住した清涼殿跡の説明板がある。

平安宮豊楽院《ぶらくいん》跡

朝堂院の西にあり、天皇が饗宴を催すときに使用された。現在は千本丸太町から南西に行ったあたりに史跡として残され、石碑が立つ。

❸ 神泉苑《しんせんえん》

東西250m、南北500mという広大な禁苑（天皇や皇族しか立ち入れない園地）であった。貴族たちはここの池に詩歌・管弦の船を浮かべて楽しんだという。しだいに宗教的霊場としての性格を強め、雨乞いや、御霊会なども行われた。

所在地●中京区御池通神泉苑町東入門前町166
アクセス●地下鉄東西線「二条城前駅」から徒歩2分

❷ 比叡山《ひえいざん》

都の北東にあり、鬼門となることから鎮護のために山腹に延暦寺《えんりゃくじ》を置いた。麓には赤山禅院《せきざんぜんいん》がある。

所在地●左京区／滋賀県大津市
アクセス●京都駅からバスで65分「比叡山バスセンター」下車など

❹ 西寺跡

平安建都の際に置かれた、東寺と同規模の寺院。跡地は公園になっており、寺跡と石碑が残る。

所在地●南区唐橋西寺町
アクセス●JR東海道本線「西大路駅」から徒歩8分

❺ 東寺《とうじ》

➡P177

都の南には羅城門《らじょうもん》を挟んで東西に官寺《かんじ》を置いた。西寺《さいじ》は早くに衰微したが、東寺は現在も同じ場所に鎮座する。

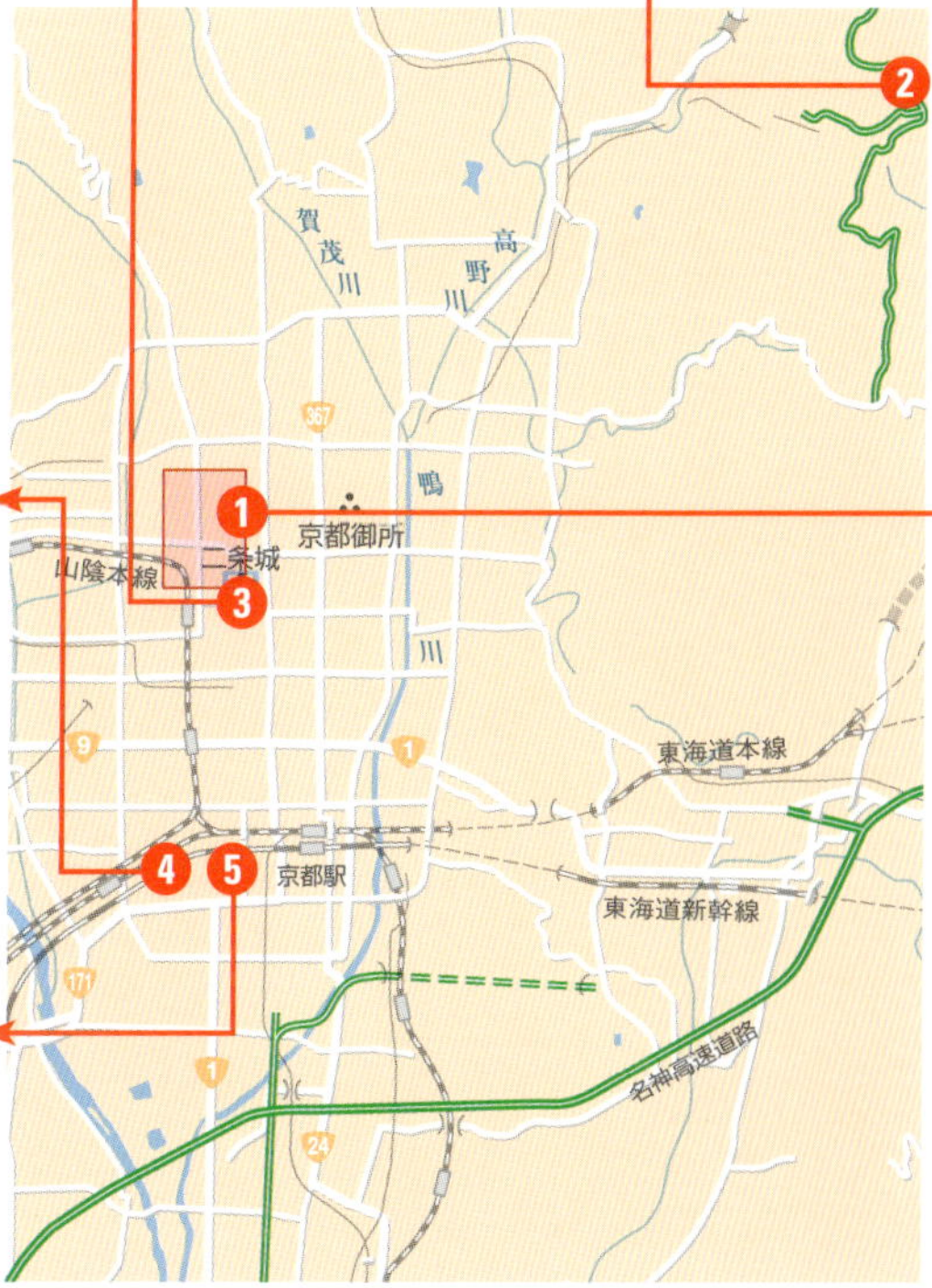

平安京の誕生1

長岡京から平安京へ

大和を去り長岡京へ

天応元（781）年、天智《てんじ》天皇系の山部王《やまべのおおきみ》が即位し**桓武《かんむ》天皇**となる。皇統が天武《てんむ》系から変わったことを機に、大和《やまと》の地を捨て、**長岡京《ながおかきょう》**への建都を試みる。

だが延暦4（785）年、桓武天皇の側近・**藤原《ふじわらの》種継《たねつぐ》**が暗殺され、皇太子の**早良《さわら》親王**（桓武天皇の弟）が犯人とされる。これは桓武天皇の子・安殿親王《あてのみこ》を皇太子にするための陰謀で、早良親王は**乙訓寺《おとくにでら》**に幽閉されるが無実を主張。恨みを残し、絶食死する。

するとその後、妃の旅子《たびこ》、母の高野新笠《たかののにいがさ》、皇后乙牟漏《おとむろ》らが病で死去、皇太子が重病になる。さらに風水害が建設中の新都を襲い、厄災や天変地異が続く。宮廷の役所・陰陽寮《おんみょうりょう》の**陰陽師《おんみょうじ》**に占わせると、早良親王らの怨霊が桓武天皇と新都にたたっているという。

怨霊から逃れ、平安の都へ

大和から長岡京へ遷都してわずか10年だが、厄災をもたらす怨霊から逃れるため、桓武天皇は新都造営を決意する。

新しい都には葛野《かどの》（今の京都）の地が風水で選ばれたが、そこには渡来系の**秦《はた》氏**が先住していた。彼らは大堰《おおい》川（桂川）に灌漑《かんがい》用・洪水防止用の堰堤《えんてい》をつくり、湿地が広がる盆地の水はけをよくし、酒造、養蚕、機織などの産業を興していた。桓武天皇の母・高野新笠が渡来系出身であったことから、この秦氏の協力を得たという。

また、**平安京《へいあんきょう》**の造営大夫の長であった**藤原小黒麻呂《おぐろまろ》**が建設地の視察に出かけ、**船岡山**を中心軸にする新都設計の発想を得たともいわれている。

延暦13（794）年10月22日、都は新しい地・山城国葛野へ遷された。この日は陰陽道でいう「革命」の日にあたる。天武系から天智系への皇統の交替を意識していた桓武天皇は、古代中国の思想に基づいて遷都の日を決めたとも考えられる。

桓武天皇の遷都

大和にあった平城京から、桓武天皇は2回の遷都を行った。

乙訓《おとくに》寺

推古《すいこ》天皇の勅願で聖徳太子《しょうとくたいし》が創建したと伝え、延暦3（784）年、桓武天皇が平城京から長岡京遷都のとき、都の鎮めの京内7大寺の筆頭として大寺院にしたという。牡丹の寺として人気がある真言宗の古寺。

所在地●長岡京市今里3-14-7
アクセス●阪急電鉄京都線「長岡天神駅」から徒歩20分

鞍馬山
愛宕山
上賀茂神社
賀茂川
船岡山
367
金閣寺
北野天満宮
広沢池
京福電気鉄道北野線
山陰本線
広隆寺
京福電気鉄道嵐山本線
二条城
京都御所
平安京
162
9
東本願寺
西本願寺
東寺
京都駅
阪急京都線
桂川
171
鴨川
24
長岡京
長岡天神駅
東海道新幹線
名神高速道路
東海道本線
京阪本線
阪神高速8号京都線
桓武天皇の側近の暗殺、洪水や疫病などの厄災が続いたため、造営中の都を捨てて794年、遷都。
784年、人心一新をはかるため平城京《へいじょうきょう》より遷都。平城京は約70年続いており、力をつけた仏教勢力や貴族勢力から離れる意図もあった。

平安京の誕生2

四神に守られた都

四神相応の平安楽土

新都造営にあたって桓武天皇は、怨霊《おんりょう》を防ぎ平安楽土を築くため、古代中国の**陰陽思想**と**五行説**に基づいた「**風水**」の思想で山城国を選んだ。

風水で最高とされるのが**四神相応**《しじんそうおう》の地である。四神とは、**玄武**《げんぶ》（北）、**白虎**《びゃっこ》（西）、**朱雀**《すざく》（南）、**青龍**《せいりゅう》（東）という4つの方位の守護神（霊獣）で、中央の**黄龍**《こうりゅう》と呼ばれるところに宮廷をつくると、都は安定するとされていた。

四神にはふさわしい地形があり、玄武は山や岡、白虎は道、朱雀は湖沼、青龍は河川。つまり背後を山に守られ、西には道、東には川が流れ、前面に湖沼が広がる地が理想とされる。それにかなった場所が、この山城の地であった。

国家鎮護の社寺と大将軍

この理想の地に桓武天皇は、まず玄武にあたる北の**船岡山**から南へまっすぐラインを伸ばし、それを中心に左右対称に大内裏《だいだいり》を置いた。その前面に、やはり左右対称に町をつくる。

都の外から攻めてくる怨霊や厄災に対しては、四方に寺院という宗教的な防御を施す。都の鬼門にあたる北東に**延暦寺**《えんりゃくじ》、北は**鞍馬寺**《くらまでら》、南の出入口は**羅城門**《らじょうもん》、その左右に**東寺**と**西寺**が建立され、怨霊などの侵入を防いだ。

さらに陰陽道に基づいて、都の東西南北の護りとして「**大将軍神社**＊」を勧請し建立した（➡P58）。大将軍とは方位を司る神で、この神の鎮座する方位を犯すと天罰が下るとされていた。

くわえて周囲には、東西南北の4つの「**岩倉**《いわくら》」を設けている（➡P58）。そこにはそれぞれ、平安楽土の祈願を込めた教典を埋蔵したと伝えられている。岩倉とは「磐座《いわくら》」ともされ、巨岩信仰がはじまりとされるものだ。

＊大将軍神社＝大将軍とは陰陽道の方位神で、方角の吉凶などを司る。現在の祭神はスサノオノミコトで、大将軍と同一視されている。

風水の神に守られた地

新都には風水の思想「四神相応」の地が求められ、それに当てはまったのが山城の地であった。

船岡山

大徳寺近くの標高112mの小山。山頂の公園にある巨岩は古代の磐座信仰の跡とされ、南へ一直線上に平安京の中心の朱雀大路がつくられていたという。

北の守護神
玄武

北を守護する聖獣は玄武（亀と蛇が合体したような姿）で、山や岡を象徴する。平安京では船岡山となる。

西の守護神
白虎

西を守護するのは白虎で、街道を象徴する。ここでは山陽道・山陰道があてられる。

東の守護神
青龍

東を守護するのは青龍で、清流や川を象徴する。平安京では鴨川となる。

南の守護神
朱雀

南を守護するのは想像上の鳥である朱雀で、水や池を象徴する。今は干拓されて姿を消した巨椋池がそれにあたる。

巨椋池《おぐらいけ》は、宇治川や桂川が流れ込む、京都最大の湖沼だった。昭和初期の干拓により、農地となった。

桓武天皇像

平安神宮蔵

平安京を護る社寺

桓武天皇が四方に配置した岩倉には御経を納めて王城鎮護としたという。

鬼門封じ
幸神社《さいのかみのやしろ》

鬼門を守る神として猿の像がある小さな社。地元では「さちじんじゃ」と親しまれる。

北の大将軍
大将軍神社

西賀茂大将軍とも呼ばれ、かつてあった瓦屋寺《かわらやじ》の鎮守社で、方違え、厄除けの神として信仰されていた。本殿は上賀茂《かみがも》神社から移築されたもの。

西の大将軍
大将軍八神社

大内裏の北西角に建立された大将軍堂に始まり、厄除けの神として信仰された。本殿そばの方徳殿《ほうとくでん》に貴重な80体の神像が収蔵されている。

西の岩倉
金蔵寺

聖武《しょうむ》天皇から金蔵寺の勅額を賜ったと伝えられる古寺。堂塔伽藍は応仁の乱などの兵火で焼けたが、桂《けい》昌院《しょういん》によって再興。山奥の紅葉名所で知られる。

方位除け
城南寺《じょうなんじ》

白河《しらかわ》上皇の鳥羽離宮《とばりきゅう》に建立され、都の裏鬼門にあたるために厄災除け、方除けの神として信仰されたという。城南宮(➡P46)はここの鎮守神と伝える。

鬼門封じ
比叡山延暦寺《ひえいざんえんりゃくじ》

鬼門除けの要。比叡山の山麓には、神獣の猿を屋根に頂いた赤山禅院が末寺として建立されている。

北の岩倉
山住神社

岩倉川に面してある巨岩がご神体で、昔は石座《いわくら》神社といわれていた。

東の大将軍
東三条大将軍神社

東山の三条通の南に位置する。都への入り口の1つにあたることから厄霊の侵入を防ぐ意味もあった。

東の岩倉
観勝寺

応仁の乱で焼失したといわれ、現在の大日山《だいにちやま》あたりではないかと伝えられているが、場所は定かでない。

南の岩倉
明王院不動寺

河原町松原近くの寺院で、弘法大師《こうぼうだいし》の石不動が祀られている。都を守るよう北へ向いているので北向き不動とも呼ばれる。

南の大将軍
藤森神社

平安京以前、神功《じんぐう》皇后ゆかりの古社と伝え、本殿に素戔嗚尊《スサノオノミコト》などをまつり、勝負の神、学問の神として信仰される。境内摂社の大将軍社は南方の守護神。

岩倉

❶ 山住神社《やまずみ》

所在地●左京区岩倉西河原町
アクセス●叡山電鉄鞍馬線「岩倉駅」から徒歩7分

❷ 金蔵寺《こんぞうじ》

所在地●西京区大原野石作町
アクセス●阪急電鉄京都線「東向日駅」からバスで20分「南春日町」下車徒歩1時間

❸ 明王院不動寺《みょうおういんふどうじ》

所在地●下京区松原通石不動之町
アクセス●京阪電鉄京阪本線「清水五条駅」から徒歩10分

比叡山　赤山禅院

所在地●左京区修学院開根坊町18
アクセス●叡山電鉄鞍馬線「修学院駅」から徒歩20分

大将軍神社

北

❶ 大将軍神社《だいしょうぐん》

所在地●北区西賀茂角社町129
アクセス●地下鉄東西線「東山駅」から徒歩4分

西

❷ 大将軍八神社《だいしょうぐんはち》

所在地●上京区一条通御前通西入3丁目西町48
アクセス●京福電鉄北野線「北野白梅町駅」から徒歩5分

南

❸ 藤森神社《ふじもり》

所在地●伏見区深草鳥居崎町609
アクセス●JR奈良線「藤森駅」から徒歩5分

東

❹ 東三条大将軍神社《ひがしさんじょうだいしょうぐん》

所在地●東山区長光町640
アクセス●地下鉄東西線「三条京阪駅」から徒歩5分

平安京の誕生3

平安京の構造

北から南へ広がる都

平安京は今の京都市よりずいぶん小さく、**東西約4・5㎞**、**南北約5・2㎞**の広さで、モデルとした長安の3分の1程度の大きさだった。

北部中央に**大内裏**《だいだいり》という宮域《きゅういき》（行政と官庁施設など）が設けられ、都の正門である**羅城門**《らじょうもん》まで**朱雀**《すざく》**大路**（現千本通）がまっすぐに伸びる。その東側に**左京**、西側に**右京**という市街区が広がっていた。この左京と右京は、大内裏から町を見たときの左右である。

市街区は、縦横に走る**大路小路**《おおじこうじ》で約120m四方の「**町**」に分けられ、東西の列（横列）を4列集め「**条**」、南北の列（縦列）を4つ集め「**坊**」とした。

東西にシンメトリックな市街地

羅城門の左右には、**東寺**《とうじ》と**西寺**《さいじ》が建立された。市《いち》も左京と右京に1つずつ設置され、東市は現在の西本願寺《にしほんがんじ》付近、西市は西大路七条の北東あたりにあった。平安京ではこの2つの官営市場だけしか認められず、営業は東西が半月交替と決められていた。

外交や海外交易のための迎賓館にあたる東西の**鴻臚館**《こうろかん》は、当初は羅城門の両脇に置かれていたが、東市と西市の建設の際に、朱雀大路を挟んだ七条付近に移設されている。このように、ほとんどの施設が左右対称に造営されていたが、右京には湿地が多く、のちに衰退。逆に左京には貴族らの屋敷が多く立ち並び、京都の中心地区となっていく。

平安京の造営当初、中国にならって左京を「**洛陽**《らくよう》**城**《じょう》」、右京を「**長安城**《ちょうあんじょう》」とも呼んだ。京都のことを「**洛**《らく》**陽**《よう》」といい、京都に行くことを「上洛《じょうらく》」「入洛《にゅうらく》」などというのはこの名残である。

平安京の構造

現在の街並みよりやや西寄りに、南北にやや細長い形で都が置かれていた。

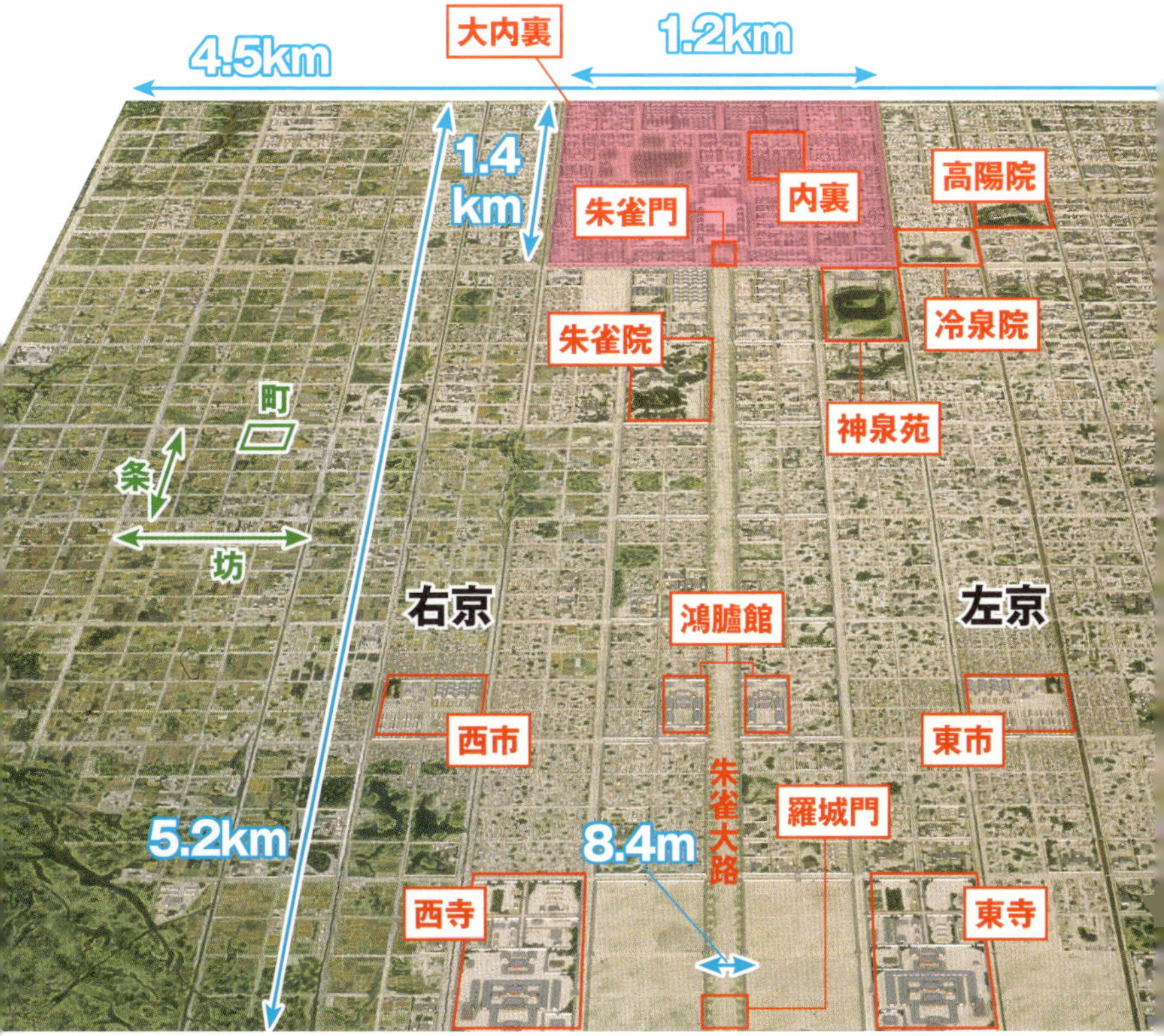
大内裏
1.2km
4.5km
1.4 km
朱雀門
内裏
高陽院
朱雀院
冷泉院
神泉苑
町
条
坊
右京
左京
鴻臚館
西市
東市
朱雀大路
羅城門
5.2km
8.4m
西寺
東寺

「平安京復元模型」京都市製作　京都市歴史博物館蔵

朱雀門址

朱雀大路の北端、大内裏の出入り口に朱雀門があった。二階造りのため重閣門とも呼ばれた。千本通沿いに碑が立つ。

所在地●中京区西ノ京小堀町
アクセス●JR嵯峨野線・地下鉄東西線「二条駅」から徒歩3分

平安京の誕生4

大内裏と内裏

大内裏のおもな建物

平安京の中核は、北中央に位置した**東西約1・2㎞**、**南北約1・4㎞の大内裏**《だいだいり》（**平安宮**）だった。その中には天皇の住まいである**内裏**や貴族が政務を執る**官庁**が集まり、四方には築地の大垣が張り巡らされ、**14の門**が設けられた。

朝堂院《ちょうどういん》は大内裏の最も重要な施設で八省院《はっしょういん》ともいい、大極殿《だいごくでん》・朝堂《ちょうどう》・朝集殿《ちょうしゅうでん》の3種の殿舎からなり、南に応天門があった。**大極殿**は平安京最大の唐風の建物で、中央に天皇の御座である高御座《たかみくら》が置かれ、即位・＊大嘗祭《だいじょうさい》・朝賀《ちょうが》・政務・儀式などが行われた。**朝堂**は国儀大礼の施設、朝集殿は官人が参集する施設である。朝堂院西隣には公式の宴会場・**豊楽院**《ぶらくいん》があり、節会の宴や外国使節歓待などが行われた。

内裏と天皇の暮らし

大内裏の中央東寄り、朝堂院北に**東西約200m**、**南北約300m**の敷地に設けられた**内裏**《だいり》は、**御所**や**禁裏**《きんり》、**大内**《おおうち》などとも呼ばれた天皇の居住空間である。現在の上京区千本通下立売東入辺りにあったが、鎌倉時代に焼亡。それ以降は貴族の屋敷に臨時的な皇居として里内裏《さとだいり》が設けられ、再建されることはなかった。

内裏の南中央には**南殿**とも呼ばれ、天皇の元服や立太子、節会などが行われる**紫宸殿**《ししんでん》があった。左近の桜（造営当初は梅とされる）と右近の橘が植えられ、最初は天皇の私的な空間であったが、平安時代半ばから衰微した大極殿の代わりに、**即位の礼**や**大嘗祭**などの重要な儀式も行う場所となっている。

また天皇がふだんの生活を過ごした**清涼殿**《せいりょうでん》には、天皇の日中の御座所である昼御座《ひのおまし》や寝所の夜御殿《よるのおとど》、皇后の部屋などがある。

内裏の北側には**弘徽殿**《こきでん》や**飛香舎**《ひぎょうしゃ》（藤壺《ふじつぼ》）などの**七殿五舎**の後宮があり、天皇の后妃である皇后や中宮、女御、更衣、仕える女官らが居住していた。

＊大嘗祭=天皇が即位後、初めて行う新嘗祭。その年の新穀をアマテラスオオミカミに奉じる。「おおなめまつり」「おおにえまつり」ともいう。

内裏と大内裏の構造

政治の中心となった大内裏の中に、天皇の住まいである内裏があった。

平安神宮《へいあんじんぐう》

➡P174

平安遷都1100年を記念して創建された桓武天皇を祭神とする神社。社殿は平安京の朝堂院を8分の5に縮小、復元したもの。写真は門から見た大極殿を模した拝殿。

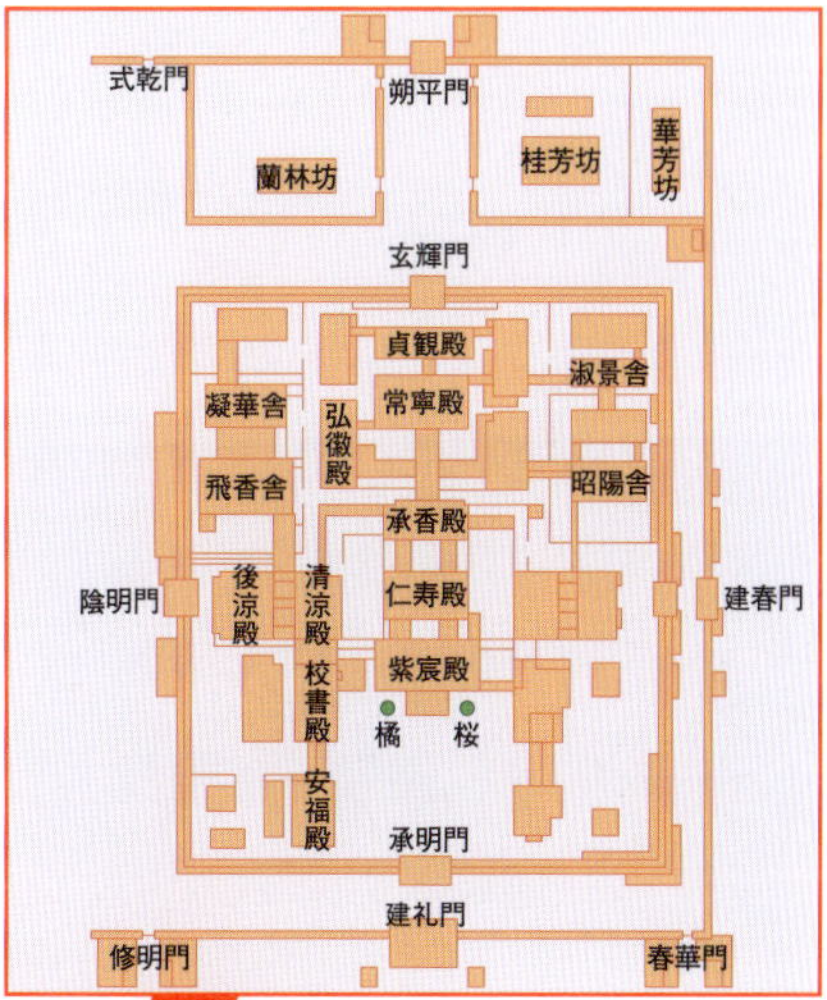

平安神宮の正門。応《おう》天門《てんもん》を模したもの。

平安

藤原氏の栄華

平安王朝は、藤原鎌足《ふじわらのかまたり》に始まる藤原氏の栄耀栄華に彩られた時代であった。とくに藤原4家のうち北家の藤原冬嗣《ふじわらのふゆつぐ》が嵯峨《さが》天皇の信任を得てからは、ほか3家を圧倒。代々にわたって天皇の外戚となり、摂関政治を確立した。宮廷に絶大な力を持ち続けた藤原氏は道長《みちなが》の時代に全盛期を迎える。

藤原道長関連年表

995年 長徳元年		藤原道長に内覧の宣旨が下る
999年 長保元年		道長の娘彰子が、女御となる
1000年 長保2年	2月	道長の娘彰子が、中宮となる
1001年 長保3年		このころ清少納言の『枕草子』が成立
1005年 寛弘2年		安倍晴明死去
		紫式部が宮廷に入る
1008年 寛弘5年	10月	中宮彰子が敦成親王(後の後一条天皇)を出産
1016年 長和5年	1月	後一条天皇即位
1017年 寛仁元年		藤原頼通が摂政に、道長は太政大臣に就任
1019年 寛仁3年	3月	道長が法成寺の造営を開始するが、病により出家
1027年 万寿4年		道長死去

現場を訪ねる

❶ 法成寺《ほうじょうじ》址

藤原道長が自邸の隣に建立した寺。9体の金色阿弥陀像が安置された無量寿院などの堂塔伽藍がそびえる大寺院であったという。京都府立鴨沂《おうき》高校の塀に石碑が立つ。

所在地●上京区荒神口通寺町東入北側
アクセス●京阪電鉄鴨東線「神宮丸太町駅」から徒歩10分

❷ 東三条殿《ひがしさんじょうどの》址

所在地●中京区押小路通釜座西北
アクセス●地下鉄烏丸線「烏丸御池駅」から徒歩7分

もとは藤原良房《ふじわらのよしふさ》の邸宅で、道長の姉で一条天皇の母・詮子《せんし》の住まいだった。そのため詮子は東三条院といわれた。一条天皇の里内裏にも使われた。

❸ 晴明《せいめい》神社

安倍晴明《あべのせいめい》を祭神とする晴明神社がある堀川一条は、平安京の鬼門であり多くの怪奇現象が起こったと伝わる。邸宅跡に建てられたとされる晴明神社には、晴明の力で湧き出させたという「晴明井」があり、難病をも治す水とされていた。

所在地●上京区堀川通一条上ル
アクセス●地下鉄烏丸線「今出川駅」から徒歩12分

晴明井

❹ 浄妙寺《じょうみょうじ》跡

道長が藤原基経《ふじわらのもとつね》以来の先祖の菩提を弔うために建立した三昧堂の跡。現在は木幡小学校が建ち、正門の横に碑がある。

所在地●宇治市木幡赤塚
アクセス●JR奈良線、地下鉄東西線「六地蔵駅」から徒歩8分

❺ 平等院《びょうどういん》

藤原道長の宇治殿を息子の頼通《よりみち》が受け継ぎ、寺院に改め、阿弥陀如来像を安置した鳳凰堂を建立した。

所在地●宇治市宇治蓮華116
アクセス●JR奈良線「宇治駅」、京阪電鉄宇治線「京阪宇治駅」から徒歩10分

藤原氏の栄華1

道長の台頭

娘たちが3代の天皇の母となる

藤原氏の繁栄が隆盛を誇った平安王朝時代、なかでも**道長**《みちなが》が絶頂を極めた。

道長は**兼家**《かねいえ》の4男（または5男）に生まれながら、兄の関白・道隆《みちたか》、道兼《みちかね》の早世もあり、異例の躍進をとげる。そして**3人の娘たちを次々と入内**《じゅだい》させ、宮廷に絶大な権力を誇った。

長女の**彰子**《しょうし》は66代天皇の**一条天皇**の中宮となり、産まれた2人の親王が68代の後一条《ごいちじょう》天皇、69代の後朱《ごす》雀《ざく》天皇となった。次女の**妍子**《けんし》は67代の三条天皇の中宮、3女の**威子**《いし》は後一条天皇の中宮となる。

こうして外祖父となった道長は、幼い天皇の摂政として宮廷に君臨するが、ほどなくして息子の**頼通**《よりみち》に摂政の座を譲り、自らは後見する立場で体制を固める。

詮子と彰子の存在

道長の出世には、64代天皇の**円融**《えんゆう》**天皇**の女御《にょうご》*となった姉の**詮子**《せんし》（東三条院）が大きな影響力を及ぼしている。詮子は子の懐仁《やすひと》親王が**一条天皇**として即位、皇太后となる。

そのころ道長は、兄・道隆の子で内大臣の**伊周**《これちか》と権力争いをしていた。伊周は一条天皇の中宮となった妹の**定子**《ていし》を通じて権力を手中にしようとするが、詮子は一条天皇に道長の味方になるよう働きかける。やがて伊周やその弟の隆家《たかいえ》を失脚させることに成功。道長は藤原氏の長となり、権力の中枢を握ることができた。

道長は彰子を一条天皇のもとに入内させ、定子を強引に皇后へ押し上げ、我が娘を中宮とする。そのころ、定子に仕えていたのが**清少納言**《せいしょうなごん》で、彰子に仕えていたのが**紫式部**《むらさきしきぶ》であった。彰子は敦成《あつひら》親王（後一条天皇）、敦良《あつなが》親王（後朱雀天皇）を道長の**土御門殿**《つちみかどどの》で出産するが、一条天皇の第2皇子となる敦成親王が生まれたとき、念願かなった道長の狂喜する姿が『紫式部日記』に書かれている。

＊女御＝天皇の后の一つで、大臣クラスの娘がなった。定員はなく、女御の中から皇后（中宮）に昇格する場合もあった。大納言以下の娘は「更衣」となる。

道長の邸宅

道長の住まいは、現在の京都御苑の東部分にあった。

土御門殿

道長の邸宅で、ここで彰子が敦成親王、敦良親王を生んだ。現在の京都御苑内東に所在地を示す標が立つ。

紫式部が住んでいたという曾祖父・藤原兼輔の邸宅跡(廬山寺➡P206)。紫式部は道長の娘に仕えており、道長は光源氏のモデルの一人。

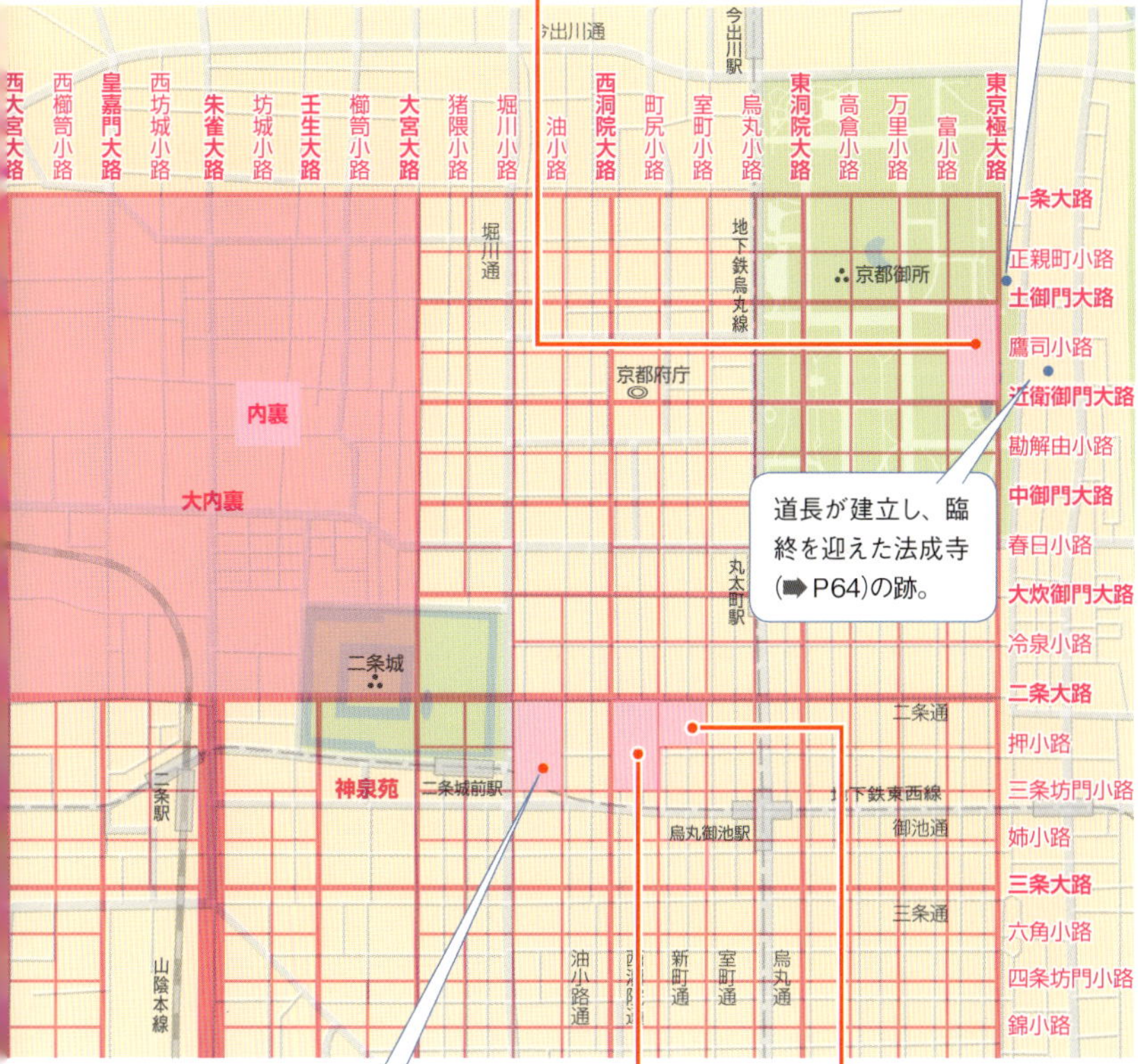

道長が建立し、臨終を迎えた法成寺(➡P64)の跡。

藤原基経の邸宅の堀川院。孫の兼通(道長の伯父)に受け継がれ、円融天皇の里内裏となった。

東三条殿

兼家から詮子が譲り受けた邸。詮子死後は道長の邸となり、一条天皇の里内裏や後院になる。

二条宮

二条大路にあった中宮定子の邸で、北には藤原伊周の邸の二条第があった。伊周失脚後、火災で焼失する。

藤原氏の栄華2

陰陽師の活躍

陰陽寮は官庁、陰陽師は役人

陰陽道《おんみょうどう》は、すでに奈良時代から国家的な出来事を占う**陰陽寮**の仕事であったが、最も活用されたのは平安王朝の爛熟期であった。権力闘争に明け暮れる皇族貴族たちが、**怨霊**にたたられることを恐れたからである。***方違《かたたが》え**に見られるように当時の貴族たちは、何事を行うにも**吉凶を占う陰陽師《おんみょうじ》**に頼っている。なかでも陰陽寮の第一人者・**安倍晴明《あべのせいめい》**は、天皇や貴族のためにさまざまな呪術、占術や祭祀を行っている。

晴明は、史実と伝説の境を自由に行き来した謎の人物だ。伝説では、母は信太《しのだ》の森に棲む白狐の化身といい、呪術・占術を駆使し、*式神《しきがみ》を自由自在に操作した天才的な陰陽師とされている。だが史実は、国家機関の陰陽寮天文博士として活躍した役人である。

道長と晴明

陰陽道は古代中国の**陰陽五行説**と**道教**をもとにした当時の最新思想と技術で、そこに**密教**や**原始神道**を加味し、晴明が完成させたとされる。

晴明は天体の運行から自然現象や人の過去と未来を知り、運命を左右することができたといわれる。**花山《かざん》天皇**が退位しようとしていることを星の動きで察知し、式神を内裏に参上させたという。

怨霊や呪詛《じゅそ》におびえた天皇や貴族たちのなかでも、とくに栄華を極めた道長は、晩年、陰陽師の晴明を重用したことで知られる。道長は物忌みの期間に呪詛された瓜を贈られ、晴明が占術で見破って助けたなど、多くの奇談が『**宇治拾遺《うじしゅうい》物語**』や『**今昔《こんじゃく》物語集**』に記されている。寛弘《かんこう》２（１００５）年、道長の娘である一条天皇中宮彰子の除災のために、呪術を施した記録も残されている。

晴明以降、安倍家は代々、天文・暦数・陰陽道を司り、晴明の師といわれる**賀茂忠行《かものただゆき》**の流れを汲む賀茂家とともに、陰陽寮を支えていくことになる。

*方違え＝外出などの際に凶の方角を避け、ほかの方角で一泊してから出かけること。
*式神＝自由に姿を変えることができる鬼神。陰陽師の指示で術をなすとされる。識神とも書く。

陰陽師と怨霊伝説の地

怨霊におびえていた当時、魔界との接点がところどころに存在した。

一条戻橋

晴明が手先に使った式神を隠していた橋。死者がよみがえり、鬼女が出たとの伝説が残る。

所在地●上京区堀川
アクセス●地下鉄烏丸線「今出川駅」から徒歩15分

六道珍皇寺

小野小町の曽祖父で歌人の小野《おのの》篁《たかむら》は、地獄の閻魔大王を手伝っていたと伝わる。昼は朝廷の役人の小野篁が、夜、地獄の閻魔大王のもとへ通ったとされる往還の井戸が残る（写真下）。

所在地●東山区大和大路四条下ル4丁目小松町595
アクセス●京都駅からバスで15分「清水道」下車徒歩5分

晴明神社

➡P65

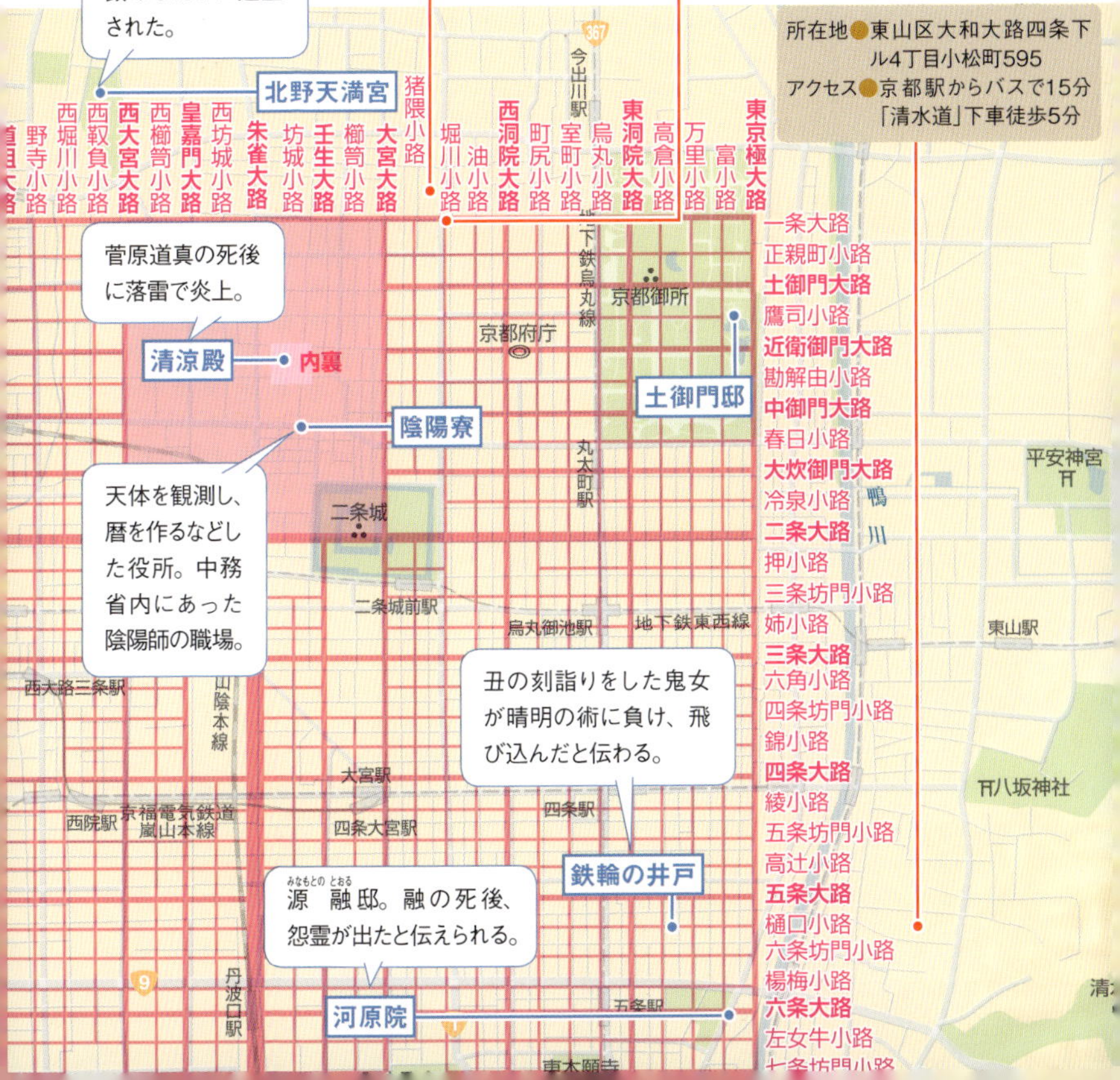

藤原氏の栄華3

浄土・平等院

永遠へ向かう姿をした阿弥陀堂

藤原頼通が父道長の別荘、宇治殿を寺に改めたものが**平等院**《びょうどういん》である。当初、多くの堂塔伽藍《どうとうがらん》が甍《いらか》を並べた。

平安中期、都では疫病の流行、天変地異が続き、「*厭離穢土《おんりえど》　欣求浄土《ごんぐじょうど》」の教えが広まった。不安定な世の中に**末法の時代**が到来したと信じた人々は、ひたすら**浄土の世界**に憧れる。

権力を極めた道長でさえ、晩年は病を患い、極楽浄土へ行くことを切望した。自宅に隣接する地に鴨川を臨む**法成寺**《ほうじょうじ》を建立すると、9体の阿弥陀像を安置した。子の頼通も同じように極楽浄土を求め、宇治殿を寺に改め、**阿弥陀堂**の建立を決意する。それが、今日にも残る鳳凰堂である。末法時代が始まるとされる、永承《えいしょう》7（1052）年のことであった。

鳳凰の姿から鳳凰堂と呼ばれる

現在では重厚で風格のある建造物の鳳凰堂だが、建立当時は絢爛豪華な大寺院だった。

堂内の中央に配されたのは、黄金に輝く**阿弥陀如来坐像**。これは当時最高峰の仏師・**定朝**《じょうちょう》が手掛けたものである。その周囲は極彩色の絵や文様で埋めつくされ、52体もの**雲中供養菩薩**が壁を舞っている。

2012年4月には、デジタル複製技術で創建当時の内部の様子が再現され、平等院内のミュージアムで公開された。

藤原氏塋域《えいいき》

宇治木幡にある藤原家の墓地跡。藤原冬嗣以下、道長などの名が刻まれている。

所在地●宇治市木幡
アクセス●JR奈良線「木幡駅」から徒歩5分

＊厭離穢土　欣求浄土＝厭離穢土とは、煩悩に汚れた現世を嫌い離れること。欣求浄土は、極楽浄土へいくことを心から願うこと。

世界遺産

平等院鳳凰堂内部

写真提供／平等院

天喜元(1053)年、藤原頼通によって建立された鳳凰堂は、10円玉のモチーフとしても有名。堂内中央に高さ約280㎝もの国宝の阿弥陀如来坐像が端座し、周囲の壁には52体の雲中供養菩薩像が掛かる。そのうち26体はミュージアム鳳翔館に展示されている。

雲中供養菩薩像のなかでも華やかで、最も優れたものとされる「北25号像」。手には蓮華を持っている。

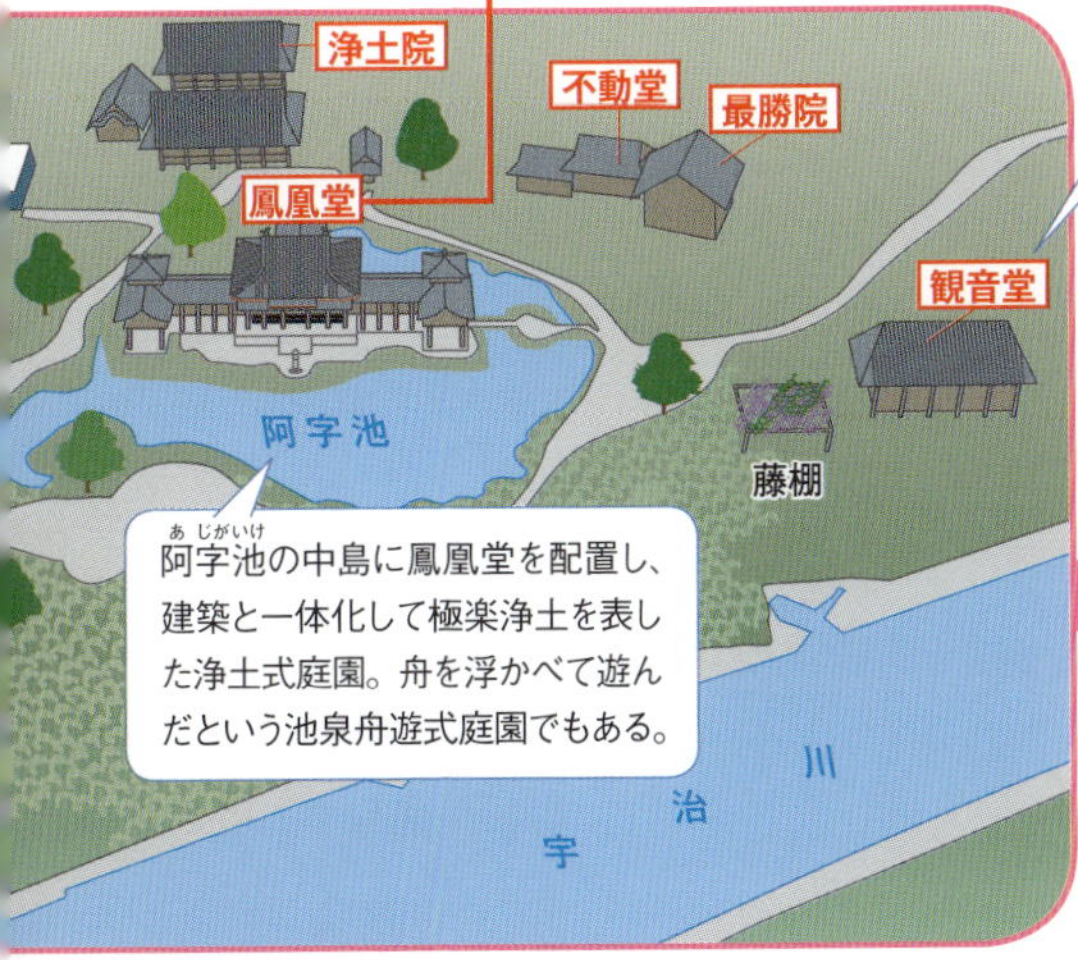
浄土院
不動堂
最勝院
鳳凰堂
観音堂
阿字池
藤棚
宇治川
阿字池《あじがいけ》の中島に鳳凰堂を配置し、建築と一体化して極楽浄土を表した浄土式庭園。舟を浮かべて遊んだという池泉舟遊式庭園でもある。

鎌倉時代前期に建立された建造物で、観音菩薩像などを安置。重要文化財に指定されている。

木幡駅
宇治川
京阪宇治線
24
黄檗駅
奈良線
京滋バイパス
宇治駅
近鉄京都線
宇治駅

※鳳凰堂は、2012年9月3日より2014年3月31日まで、平成大修理のため覆いがかかり拝観できない。

源平の時代

平《たいらの》清盛《きよもり》が率いる平家と、源《みなもとの》頼朝《よりとも》が棟梁となった源氏。この二つの武家が台頭したきっかけは、天皇家・藤原氏・平家・源氏のそれぞれが混迷した保元・平治の2度の戦乱(➡P16)であった。

それは平安王朝の公家社会から鎌倉幕府の武家社会へ、日本国土の西から東へ、権力や政治などさまざまなことが流動する大きなきっかけでもあった。

源平関連年表

1086年 応徳3年		白河上皇が院政を始める
1156年 保元元年	7月	保元の乱
1159年 保元3年	12月	平治の乱
1167年 仁安2年		平清盛が太政大臣になる
1177年 安元3年		鹿ヶ谷の陰謀
1180年 治承4年	2月	平清盛の孫、安徳天皇が即位し平氏政権が確立
	5月	以仁王の令旨で平氏打倒の挙兵
1183年 寿永2年		源義仲の入洛。法住寺合戦
1184年 寿永3年	1月	宇治川合戦
1185年 元暦2年	3月	平氏滅亡。源平合戦が終わる

現場を訪ねる

❶ 六波羅蜜寺《ろくはらみつじ》

所在地●東山区五条通大和大路上ル東
アクセス●京都駅からバスで15分「清水道」下車徒歩7分

平家一門が甍《いらか》を連ねた六波羅のほぼ真ん中に位置している。西国巡礼17番札所で空也上人《くうやしょうにん》が建立したと伝えられる。宝物館には平清盛《たいらのきよもり》像をはじめ、空也上人像など貴重な仏像が多数所蔵されている。本堂の側に清盛供養塔がある。

写真提供／六波羅蜜寺

清盛塚と呼ばれる清盛の供養塔。

❸ 五条大橋《ごじょうおおはし》

➡P83

牛若丸《うしわかまる》と弁慶《べんけい》の像がある五条大橋は秀吉《ひでよし》によってつくられたものだが、当時の五条大橋は今の松原橋の位置にあった。

所在地●東山区五条通鴨川
アクセス●京阪電鉄本線「清水五条駅」からすぐ

❷ 鞍馬寺《くらまでら》

鞍馬山の中腹に建つ鞍馬寺は鞍馬弘教の総本山で、最近は本殿前や奥の院などがパワースポットとして人気が高い。

所在地●左京区鞍馬本町1074
アクセス●叡山電車「鞍馬駅」から徒歩5分。さらにケーブルカーで2分「多宝塔」下車徒歩10分

❹ 六条河原《ろくじょうがわら》

平治の乱（➡P18）の合戦の舞台となり、6年以上にわたる源氏と平家の戦いの中で幾度か処刑場となった。

所在地●東山区
アクセス●京阪電鉄本線「清水五条駅」から徒歩5分

❺ 蓮華王院《れんげおういん》

三十三間堂《さんじゅうさんげんどう》の名で知られているが、後白河《ごしらかわ》法皇《ほうおう》が住む法住寺殿《ほうじゅうじどの》の仏殿。清盛が造営にあたったといわれる。

写真提供／妙法院

所在地●東山区三十三間堂廻町657
アクセス●京都駅からバスで10分「博物館三十三間堂前」下車すぐ

源平の時代1

院政と武家の登場

院御所と北面の武士

応徳3（1086）年、**白河天皇**《しらかわ》は8歳の善仁皇子《たるひとおうじ》（堀河《ほりかわ》天皇）へ譲位、自らは上皇となって院政*をしいた。このように幼帝を後見するなどして実権を握った上皇は「**治《ち》天《てん》の君《きみ》**」といわれる。

また上皇が住まいとする院御所の北側に控えた武士たちは、上皇の親衛隊で**北面の武士**と呼ばれたが、これは藤原北家《ふじわらほっけ》に対抗するため寛治元（1087）年、白河上皇が設けたとされている。

白河上皇は**堀河・鳥羽《とば》・崇徳《すとく》と3代の天皇**に代わって権力を握ったが、北面の武士もしだいに軍団として増強され、寺院の強訴や僧兵らへの対抗武力として活躍する。平忠盛《たいらのただもり》や平清盛《きよもり》、源義朝《みなもとのよしとも》らも北面の武士を務めることで、武家勢力を伸ばすことができた。

平家と源氏の競争

鳥羽上皇亡きあとの**保元の乱**（⬇P16）では、平家と源氏ともに一門一族が敵味方に分かれて戦う。平家は清盛の叔父になる忠正《ただまさ》、源氏は義朝の父為義《ためよし》が**崇徳上皇**方となり、**後白河天皇**方の清盛や義朝に敗れ、彼らの手で処刑されるという悲惨な結末を迎える。

清盛らの平家一門は、乱後に実権を握った**信西**《しんぜい》に厚遇され、勢力を拡大する。清盛が播磨守となり、頼盛《よりもり》が安芸守、教盛《のりもり》が淡路守、経盛《つねもり》が常陸介と四カ国の受領を占め、清盛は日宋貿易に深く関わり、財力を蓄えることになる。

一方、東国の武士団を率いて戦った源義朝は、恩賞として左馬頭《さまのかみ》に任じられたが、父為義の赦免を信西に申し出て拒否される。この戦いで父を殺すことになった義朝は、叔父を亡くした清盛に比べダメージが大きく、源氏の勢力をそがれることになった。

平治の乱（⬇P18）で清盛らの平家と義朝率いる源氏は戦い、敗れた義朝は東国へ敗走するが途中で殺され、源氏方は壊滅し、**清盛と平家の全盛時代**を迎える。

*院政＝天皇の座を後継者に譲り、上皇あるいは法皇になった者が、実質的な政務を行う政治形態。白河、鳥羽、後白河の３代が院政の最盛期といわれる。

院政の拠点

院政が続いた平安後期、政治の拠点は上皇とともに移った。

① 白河院《しらかわいん》（1086～1129年）

白河上皇が営んだ院政期の中心となった御所。もとは藤原良房の別荘であった地であり、白河上皇はここに法勝寺《ほっしょうじ》を建立した。

③ 法住寺殿《ほうじゅうじどの》（1161～1183年）

後白河《ごしらかわ》上皇が営んだ院政期の中心となった御所。法住寺の戦いのとき、源義仲《よしなか》によって焼き討ちにされた。

② 鳥羽離宮《とばりきゅう》（1129～1156年）

鳥羽上皇が営んだ院政期の中心となった御所。もとは白河上皇が天皇になったときに造営し、孫の鳥羽上皇が引き継いだ。城南離宮《じょうなんりきゅう》とも呼ばれる。

③ 法住寺陵

三十三間堂《さんじゅうさんげんどう》の東にある後白河法皇の御陵。長講堂《ちょうこうどう》で没した法皇はここに建てられた法華堂に葬られた。

所在地●東山区三十三間堂廻町657
アクセス●京都駅からバスで8分「博物館三十三間堂前」下車すぐ

京 ミニ知識

保元の乱の拠点となった 高松神明神社《たかまつしんめいじんじゃ》

源高明《たかあきら》の高松殿《たかまつどの》の鎮守社が起こり。後白河天皇が高松殿で即位、御所（里内裏）となった。保元の乱で天皇方の本拠地となり、源義朝や平清盛らが参集した。平治の乱で高松殿は焼失し、この神社だけが残ったという。元治元（1864）年の禁門の変（➡P34）による大火で社殿などが焼失した。

所在地●中京区姉小路通釜座東入津軽町790
アクセス●地下鉄烏丸線「烏丸御池駅」からバスで1分「新町御池」下車徒歩2分

源平の時代2

平清盛の隆盛

平治の乱を制し、源氏を下す

保元の乱後、後白河天皇に厚遇された**清盛**の勢力増強に比べ、**義朝**は遅れを取った。平治元（1159）年12月、不満を抱いた義朝は、清盛の熊野参詣の留守を狙って挙兵し、**平治の乱**を起こす。だが、急ぎ京に戻った清盛との戦いで敗れてしまった。

義朝は東国へ逃れる途中、尾張国で配下に殺され、子の**頼朝**は捕らえられ伊豆へ流される。そして頼朝の弟の**牛若丸**《うしわかまる》（**義経**《よしつね》）は、母の**常盤御前**《ときわごぜん》とともに清盛の手中に落ち、厳しい試練の時代が源氏勢に訪れる。

一方、「**此一門にあらざらむ人は、皆人非人なるべし**」といわれたように、平家一門の栄達は目覚ましかった。鴨川の東岸、六波羅の一帯には平家の邸が建ち並び、清盛の隆盛ぶりをうかがわせた。

鹿ヶ谷の陰謀と平家凋落の始まり

栄耀栄華の日々が平家の人々に訪れる。**清盛の太政大臣**をはじめ一門の公卿は16人、殿上人30余人と官位を独占。平家の領地は全国66国のうち、半分を占めていた。まさに、我が世の春を謳歌していたのである。だが、平家一門に日が当たれば、それだけ影になった人々には不平不満が募る。

安元3（1177）年6月1日、清盛は、**鹿ヶ谷山荘**での謀反計画を知り、**西光**《さいこう》をはじめ、俊寛僧都《しゅんかんそうず》、藤原成親《なりちか》と成経《なりつね》親子、平康頼《やすより》らを次々と捕らえた。翌日、西光は斬殺、成親は備前へ配流（のちに惨殺）、俊寛・成経・康頼らは鬼界ヶ島へ島流しとなる。

この事件で清盛が衝撃を受けたのは、背後に**後白河法皇**がいたことであった。清盛は対立する法皇を鳥羽殿に幽閉、反平家を一掃する。治承4（1180）年2月、娘の**徳子**《とくこ》が産んだ皇子が3歳で**安徳天皇として即位**し、清盛と平家は絶頂期を迎えた。

だが、水面下では平家打倒への動きが活発化し、やがて「*****以仁王**《もちひとおう》**の令旨**《りょうじ》」に触発された源氏一門が挙兵する。

*以仁王の令旨＝諸国の源氏と寺社に対し、平氏追討の挙兵命令を伝えた文書。後白河法皇の第三子であった以仁王は、平氏に自分の所領地を奪われたことから復讐の機会を狙っていた。

平清盛ゆかりの地

東山区の六波羅には、清盛の面影が数多く残っている。

❺ 若一神社

平相國平清盛公

❹ 新熊野神社の大楠

三条駅
三条京阪駅
東山駅
祇園四条駅
京阪本線
清水五条駅
五条駅
この辺り一帯には平氏一門の邸宅が集まり、六波羅といった。
西本願寺
東本願寺
七条駅
京都駅
東海道本線
東海道新幹線
東寺
東寺駅
九条駅
東福寺駅

名称	由来、いわれなど	所在地／アクセス
❶八坂《やさか》神社	父の忠盛が功名を上げた灯籠が境内に残る。	東山区祇園町北側625／京阪電鉄京阪本線「祇園四条駅」から徒歩5分
❷六波羅蜜寺《ろくはらみつじ》 ➡P72	清盛の像が伝えられ、境内には清盛塚がある。	東山区五条通大和大路上ル東／京都駅からバスで15分「清水道」下車徒歩７分
❸蓮華王院《れんげおういん》（三十三間堂）	清盛が法皇に寄進した仏殿で、もとは、後白河法皇の法住寺殿があった場所の一画に建つ。	東山区三十三間堂廻町657／京都駅からバスで10分「博物館三十三間堂前」下車すぐ
❹新熊野《いまくまの》神社 ➡P95	蓮華王院本堂の鎮守社として清盛が造営。境内には後白河法皇が手植えしたといわれる、巨木の楠がある。	東山区今熊野椥ノ森町42／京都駅からバスで10分「今熊野」下車徒歩３分
❺若一《にゃくいち》神社	清盛の西八条邸《にしはちじょう》にまつられていた神社と伝える。境内に清盛の像と、清盛が手植えしたといわれる大楠がある。	下京区七条御所ノ内本町98／JR京都線「西大路駅」から徒歩３分

源平の時代3

源義仲上洛

都を支配した木曾育ちの義仲

源義仲《みなもとのよしなか》は、父義賢《よしたか》が源義平《よしひら》（頼朝の兄）に殺されたのち、信濃の中原兼遠《なかはらのかねとお》に育てられたことから、**木**《き》**曽**《そ》**義仲**と呼ばれた。従兄弟の頼朝が平家打倒の挙兵をすると、義仲はその20日後に東山道・北陸道を通って京へ攻め上った。

義仲は入洛後すぐに、後白河法皇により平家追討と京中の警護を申しつけられ、左馬頭の官位を授かる。まさに朝日が昇る勢いの義仲であった。

だが、京での政庁はうまくいかず、義仲の天下は短かった。平家に持ち去られた**三種**《さんしゅ》**の神器**《じんぎ》を取り戻したい法皇は、やがて鎌倉の頼朝を頼るようになる。

寿永2（1183）年11月19日、こうした気配を察した義仲は、法皇の**法住寺殿**を襲撃した。

義仲と義経による宇治川合戦

寿永3年1月、義仲は西国へ平家追討に出ようとしていた。そこへ鎌倉の**源頼朝**が義仲を討つため都へ向けて大軍を遣わしたとの知らせが入る。義仲はただちに交通の要衝である**瀬田の唐橋**、さらに**宇治**で迎撃する態勢をとる。都への最後の防衛拠点である宇治では、宇治橋の橋板を外し、川底に杭を打ち大綱を張って、兵馬が渡るのを阻止しようとした。

20日の夜明け、義経勢が増水した宇治川の急な流れを前にしていると、頼朝からもらった名馬「生食《いけずき》」に騎乗する佐々木高綱《ささきたかつな》と「磨墨《するすみ》」に乗る梶原景季《かじわらかげすえ》のライバル二人が先陣を争って渡河する。こうして橘島《たちばなじま》へと渡りきった義経勢は、義仲勢をまたたくまに打ち破った。

義仲は鴨川の**六条河原**で戦うが、敗北し、都を落ちる。いったん北陸路へ逃げかけたが、配下の今井兼平《いまいかねひら》とともに義経勢と最後の決戦にのぞむ。そして近江**粟津の松原**で、壮烈な最期をとげた。

平家を都落ちさせた義仲だったが、後白河法皇の策略で、義経や頼朝との源氏同士の戦いに敗れ去った。

宇治川合戦の両軍の行動

わずかな軍で挑んだ義仲軍は、粟津で最期を迎える。

粟田口
義仲軍、残りわずか7騎になる。
京阪石山坂本線
大津
琵琶湖
六条殿
京都駅
義仲軍、100騎。
東海道本線
粟津
瀬田
範頼軍 3万5千
東海道新幹線
兼平軍 500
名神高速道路
行親軍を打ち破った義経軍は、六条殿へ攻め入る。
京阪宇治線
行親軍 300
義経軍 2万5千
宇治
奈良線

義仲勢の行動

1 宇治と瀬田へ防衛線をはる

義経勢の攻撃に備えて、宇治に根《ねの》井《い》行《ゆき》親《ちか》ら、瀬田に今井兼平らを向かわせる。義仲はわずかな軍で六条殿に残る。

2 六条殿を襲撃される

宇治の行親らを打ち破った義経軍により、六条殿が襲撃される。

3 六条河原で敗北し、粟田口へ逃亡

六条殿を脱出し六条河原で戦うが、わずか100騎の軍では対抗できず、鴨川を渡って粟田口へ逃亡。このときすでに残り7騎になっていた。

4 粟津松原にて死亡

大津に着いたところで、瀬田で範頼軍に敗れ、京に戻ろうとしていた兼平と宇治から逃れてきた行親らと合流。最後の戦いに挑む。しかし力は及ばず、義仲は粟津の松原にて殺害された。

義仲死亡

宇治川先陣の碑

橘島の川縁に合戦の記念碑が立つ。かつての橘島は今よりも下流にあった。

所在地● 宇治市宇治
アクセス● JR奈良線「宇治駅」から徒歩10分

源平の時代4

牛若丸伝説1

牛若丸誕生地、紫野

源義経、幼名**牛若丸**は、天下一の美女といわれた**常盤御前**と**義朝**の間に生まれた。義朝邸があったという洛北、紫野《むらさきの》には、牛若丸と常盤御前にちなむ遺跡が残る。紫竹牛若《しちくうしわか》町には「**牛若丸誕生井**」という石碑と産湯の井戸と胞衣塚《えなづか》がある。その南東にも「**源義経産湯遺址**」の石碑が建ち、昔は井戸があったという。「牛若丸誕生井」の南には、常盤御前の守り本尊という腹帯地蔵尊を祀る**光念寺**《こうねんじ》がある。また北東には牛若丸の安産を常盤御前が祈願したとされる地蔵菩薩立像を安置する**常徳寺**《じょうとくじ》があり、「常盤地蔵」と呼ばれている。

紫野から南、大徳寺近くには常盤御前が用いた井戸「**常盤井**」がある。彼女が都落ちする際にこの井戸の水で身を清め、化粧を改めたという伝説が残る。

鞍馬寺の牛若丸から遮那王へ

常盤御前と別れ、山科の源氏ゆかりの家にいた牛若丸は、7歳になると義朝が懇意にしていた**鞍馬寺**別当**東光坊**《とうこうぼう》の**阿闍梨**《あじゃり》のもとに預けられ、経を読み書を学ぶ、僧坊での日々を送っていた。ところが義朝の家来・鎌《かま》田《た》次郎政清《じろうまさきよ》の子という僧に出会う。僧は平家を討つために義朝の遺児を探し、謀反を促すために鞍馬寺へ来たという。

牛若丸は敵を討つことを考え、学問よりも武芸や兵法の習得を目指す日々を送るようになった。夜が更けると、東光坊から九十九折りの山道を駆け上がり、木の根道を飛び跳ねるように走って、鞍馬山奥の**僧正ガ谷**《そうじょうがだに》で剣の修行をした。そのとき、鞍馬山に棲む天狗に兵法を教わったという。天狗の案内でこの谷から通じていた鬼国という異界を訪ね、死んだ父・義朝に再会、平家打倒を誓うという奇怪な話も残されている。

だが連夜の特訓を知られ、牛若丸は頭を剃られて本格的に出家させられそうになる。名も、毘盧遮那仏《びるしゃなぶつ》に由来する**遮那王**《しゃなおう》と変えられてしまった。

牛若丸が修行した鞍馬の伝説地

鞍馬寺にある牛若丸修行伝説地は、パワースポットとして人気が高まっている。

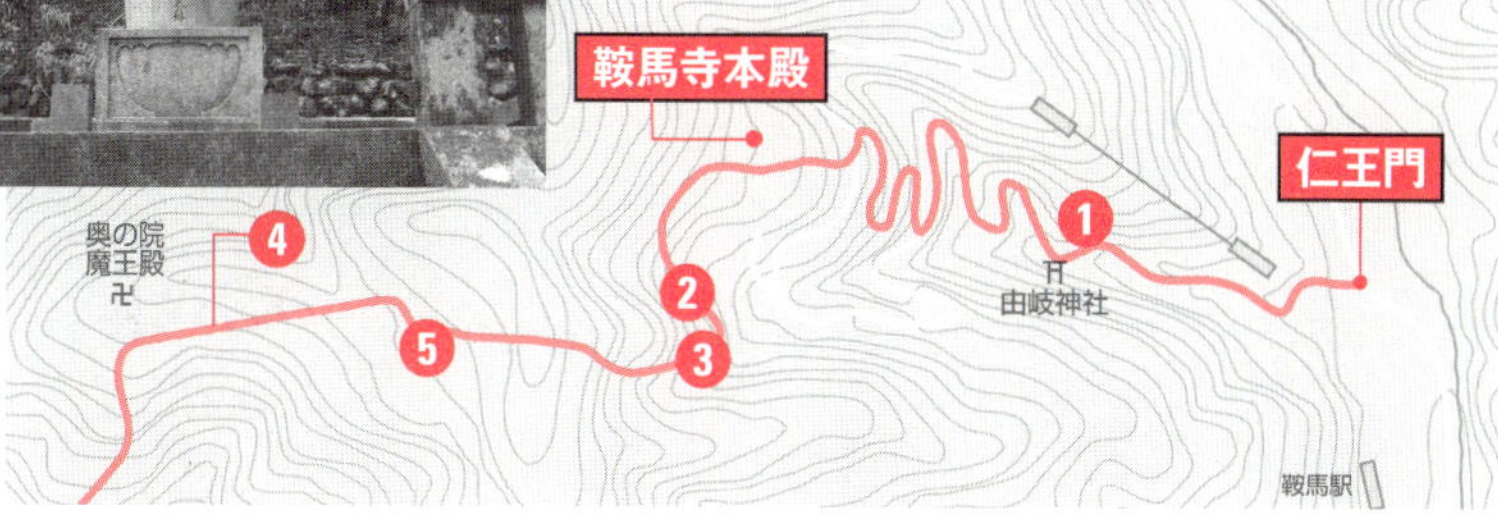

❶ 東光坊跡

牛若丸が７歳から約10年間住んでいた場所といわれ、ここから毎晩、修行に向かっていたと伝わる。

❹ 木の根道

杉の根が地表に露出した山道が続き、牛若丸が跳躍の訓練をしたと伝えられている。

❷ 息次ぎ水

牛若丸が走って修行の場に向かうときに飲んだわき水と伝えられる。

❺ 僧正ガ谷　不動堂

牛若丸が天狗を相手に夜な夜な剣術の修行をしたという僧正ガ谷には不動堂がある。

❸ 背比べ石

奥州の藤原氏を頼って鞍馬山を去る際、名残惜しんで背比べをしたという石がある。

牛若丸伝説2

弁慶との出会いと奥州平泉行

有名な伝説に、**弁慶**との戦いがある。遮那王（牛若丸）は**僧正ガ谷**で天狗から武術を習得していたころ、腕試しに**五条大橋**へ行き、弁慶と出会う。遮那王は飛び回るようにして戦い、弁慶を打ち負かした。それ以来、弁慶は遮那王の家来となったという。二人の決戦場は、**清水寺**だったという伝説もある。

16歳になった遮那王は、奥州へ下る予定の商人・吉《きち》次宗高《じむねたか》（金売《かねうり》吉次）に出会う。そして奥州を支配する**藤原秀衡**《ひでひら》が源氏の味方となる人物だと聞き、奥州へと向かうことを決意する。

承安4（1174）年2月、遮那王は鞍馬を脱出し、吉次ら一行と粟田口から大津を過ぎて北へ進み、途中で元服し、九郎義経として**奥州平泉**へと向かった。

頼朝と出会い、平家打倒に京へ

たどりついた平泉で、義経は秀衡から戦力として数万騎の優秀な馬を提供され騎馬戦を習得。源氏の大将としての基礎を固めることができた。

治承4（1180）年4月に**以仁王の令旨**が伊豆へもたらされ、源頼朝が挙兵することを聞いた義経は、弁慶や佐藤《さとう》兄弟らを引き連れて奥州を出陣。駿河国黄瀬川宿で、兄**頼朝**と涙の対面を果たした。

その後、平家を京から追い落とした義仲軍が乱暴狼藉で後白河法皇にうとまれると、義経は代官として兄の範頼《のりより》とともに京へ進軍した。**瀬田、宇治で義仲軍を破り**都へ入ると、後白河法皇の御所を警護する。

寿永3（1184）年1月、義仲が敗死すると、平家追討の宣旨が頼朝に下った。すぐに義経は範頼とともに**一ノ谷**に陣を張る平家に向けて出陣。大手の範頼軍は海岸沿いに攻め、*搦《から》め手の義経軍は丹波を回り、鵯越《ひよどりごえ》で一ノ谷の平家軍を奇襲し打ち破った。**屋島**、**壇ノ浦**と義経は天才的な戦術を用い、西海の果てに**平家を追い詰め滅亡**させることに成功した。

＊搦め手＝城の裏門や敵の背後など、敵の弱点に回って攻撃する軍。⇔大手＝敵の正面から攻撃する軍。城の正面や正門を攻める。

義経と弁慶の伝説地

義経と弁慶の伝説は数説あり、各地にさまざまな言い伝えが残る。

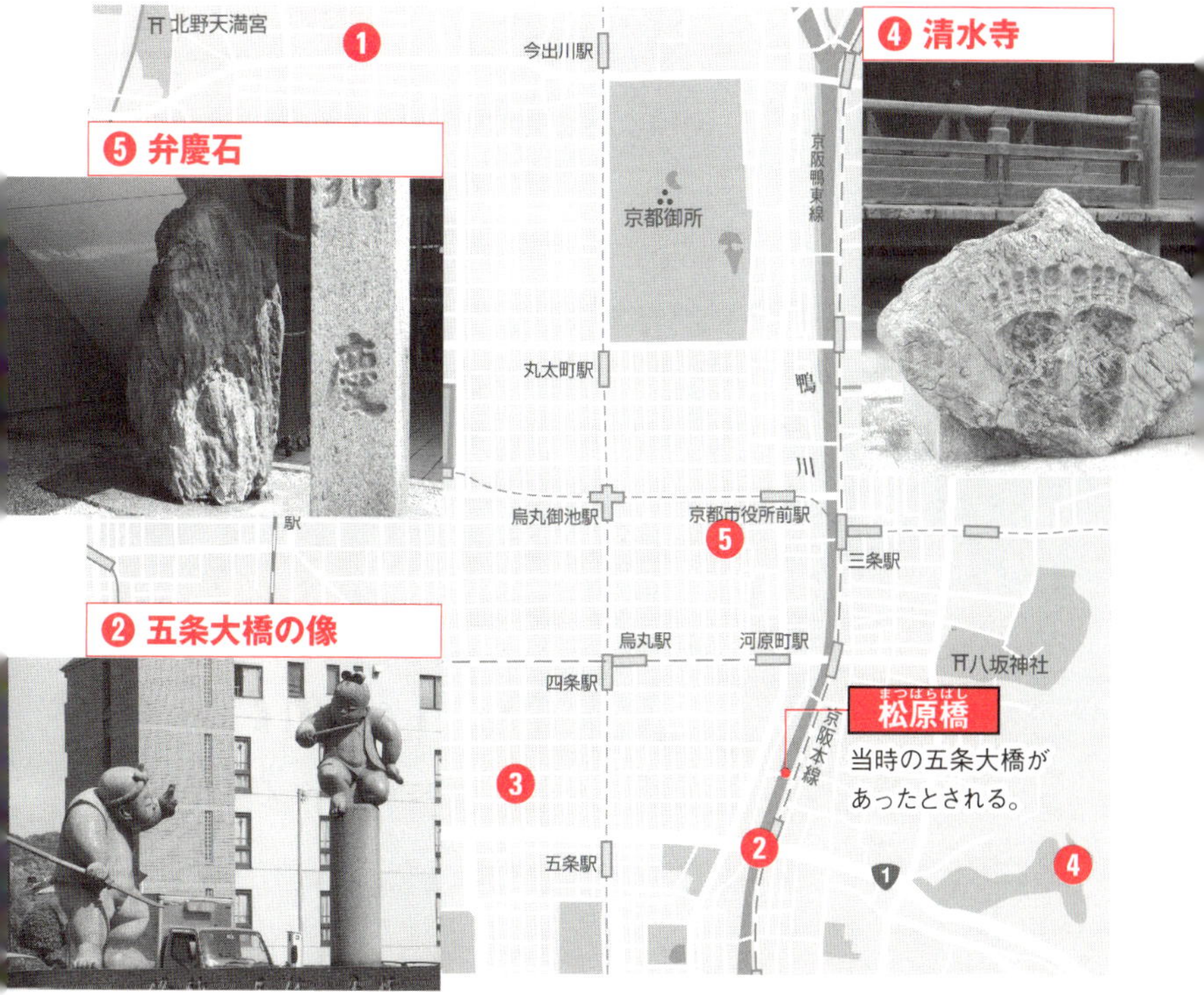
北野天満宮
今出川駅
京阪鴨東線
京都御所
丸太町駅
鴨川
烏丸御池駅
京都市役所前駅
三条駅
烏丸駅
河原町駅
四条駅
八坂神社
京阪本線
五条駅
④清水寺
⑤弁慶石
②五条大橋の像
松原橋《まつばらはし》
当時の五条大橋があったとされる。

名称	由来、いわれなど	所在地／アクセス
❶首途《かどで》八幡宮	奥州へ旅立つ牛若丸が平家打倒を祈願したという。	上京区智恵光院通今出川上ル桜井町102-1／地下鉄烏丸線「今出川駅」から徒歩15分
❷五条大橋	二人が戦ったとされる大橋は現在の松原橋にあたり、牛若丸と弁慶の像がある。	東山区五条通鴨川／京阪電鉄京阪本線「清水五条駅」からすぐ
❸五条天《ごじょうてん》神社	祈願に訪れた弁慶が牛若丸に出会い戦ったとされる神社。	下京区松原通西洞院西入／京都駅からバスで8分「西洞院松原」下車すぐ
❹清水寺 ➡P182	二人の決戦の場という説もあり、弁慶ゆかりの伝説遺物(仏足石や鉄下駄)が残る。	東山区清水／京都駅からバスで10分「五条坂」下車徒歩10分
❺弁慶石	弁慶が五条大橋から投げた石といわれており、石をなでると弁慶のように力持ちになれるという言い伝えもある。	中京区三条通麩屋町東入弁慶石町／地下鉄東西線「京都市役所前駅」から徒歩5分

京 PICK UP

『平家物語』に登場する女たち

平家物語は、武士として生きた男たちの話が有名だが、その中で生きた、さまざまな女たちの生きざまを描いた物語も数多く語り継がれる。

① 寂光院

所在地●左京区大原草生町676
アクセス●京都駅からバスで60分「大原」下車徒歩15分

壇ノ浦で生き残り出家

建礼門院(徳子)

清盛の娘の徳子《とくこ》は高倉《たかくら》天皇の中宮となり、安徳《あんとく》天皇を産んだ。平家が滅亡した壇ノ浦の戦いでは我が子を失ったが、自分だけは波間から助けられ、帰京後に東山の長楽寺で出家する。その後、大原の寂光院《じゃっこういん》へ移り隠棲していたところに、後白河法皇の行幸《ぎょうこう》が行われる。

紅葉の名所として有名な寂光院には、東に建礼門院《けんれいもんいん》の御陵があり、西隣に庵室の跡、谷川を挟んで建礼門院に仕えた阿《あ》波内侍《わのないじ》らが眠る墓がある。

高倉天皇に愛された女官

小督局

宮中一の美女で、卓越した琴の名手であった小督局《こごうのつぼね》は、高倉天皇の中宮徳子(建礼門院)に仕える女官だったが、高倉天皇に愛される。だが清盛の怒りを買い、宮中から追放される。嵯峨野に隠れ住むが、庵で琴を弾いているところを天皇の命を受けた源仲国《みなもとのなかくに》に探し出される。

やがて範子《はんし》内親王を産むと今度は尼にさせられ、再び追放。再度、嵯峨野に隠れ、のちに清閑寺《せいかんじ》に籠ったが、病を得て23歳で死去したという。

② 清閑寺 ➡P143

③ 祇王寺

所在地●右京区嵯峨鳥居本小坂32
アクセス●JR山陰本線「嵯峨嵐山駅」から徒歩25分

祇王

清盛に捨てられた白拍子

近江国から出てきた白拍子《しらびょうし》（芸妓《げいこ》の一種）の祇王《ぎおう》は、清盛《きよもり》に愛され、妹祇女《ぎじょ》、母刀自《とじ》と西八条の邸で贅沢な暮らしをしていた。だが清盛は仏御前《ほとけごぜん》という白拍子を寵愛するようになり、追い出された祇王らは、嵯峨野へ出家する。その後、同じように清盛に捨てられた仏御前は、祇王のもとを訪ねた。こうして4人の尼僧が念仏三昧の日々を送ったというのが、小倉山の麓にある祇王寺《ぎおうじ》である。

文覚上人出家の悲劇

袈裟御前

夫のいた袈裟御前《けさごぜん》は遠藤盛遠《えんどうもりとお》に言い寄られて苦しんでいたが、盛遠をだまし、夫の身代わりとなって殺される。その後、罪を悔やんだ盛遠は出家し、浄禅寺に彼女の墓を設けて恋塚としたと伝える。

④ 浄禅寺

所在地●南区上鳥羽岩ノ本町93
アクセス●京都駅からバスで8分「京都水族館前」で乗り換え、バスで15分「地蔵前」下車すぐ

清盛にも愛された義経の母

常盤御前

近衛《このえ》天皇の中宮呈子《ていし》の侍女として、都中の美女千人の中から選ばれた。義朝《よしとも》との間に3人の子をもうけたが清盛の愛妾にさせられ、一条長成《ながなり》の妻ともなった。寶樹寺《ほうじゅじ》には常盤《ときわ》ゆかりの念持仏がある。

⑤ 寶樹寺

所在地●東山区本町11丁目201
アクセス●京阪電鉄京阪本線「東福寺駅」からすぐ

室町

北山文化と東山文化

3代将軍足利義満《あしかがよしみつ》が経済的基盤を確立し室町幕府は隆盛のときを迎える。公家文化に武家文化が融合、さらに大陸文化をとり入れた絢爛豪華な北山文化が花開いた。孫の8代将軍義政《よしまさ》のもとに生まれた東山文化は、禅宗の影響を強く受けた「わび」「さび」の世界をつくりあげ、文化、生活における「和」の源流となった。

北山文化と東山文化関連年表

1339年 暦応2年		足利尊氏が天龍寺を建立し、日本初の庭園が完成
1368年 応安元年		足利義満が3代将軍となる
1374年 応安7年		観阿弥・世阿弥が新熊野神社で猿楽を上演
1378年 永和4年	3月	義満が将軍邸（花の御所）に移る
1386年 至徳3年	7月	義満が京都五山を定める
1392年 明徳3年		義満が相国寺を建立
1398年 応永5年		義満が鹿苑寺（金閣）を建立
1449年 文安6年	4月	足利義政が8代将軍となる
1450年頃		能楽・狂言、茶の湯、生け花、連歌などが流行
1467年 応仁元年	5月	応仁の乱勃発。上京が焼け野原となる
1489年 延徳元年		義政が慈照寺（銀閣）を建立

現場を訪ねる

❶ 大聖寺《だいしょうじ》

大聖寺前にある石碑。

皇女が代々入寺した臨済宗の門跡尼院で、「御寺御所《おてらごしょ》」とも呼ばれていた。足利義満が花の御所内に建てた岡松殿に始まるという。宮御殿《みやごてん》という書院や江戸中期のひな人形など皇室ゆかりの寺宝が多い。門の内側に花の御所の石碑がある。内部は非公開だが、石碑は見学可能。

所在地●上京区烏丸通上立売上ル西御所八幡町
アクセス●地下鉄烏丸線「今出川駅」からすぐ

❷ 慈照寺（銀閣）

待望の隠居生活を営むために足利義政が建立した東山殿が起こり。銀閣は境内にある仏殿で、東求堂《とうぐどう》とともに国宝指定。西芳寺《さいほうじ》（苔寺《こけでら》）の庭をつくった夢窓疎石《むそうそせき》に傾倒した義政が手がけた庭園との調和が見事である。

所在地●左京区銀閣寺町２
アクセス●京都駅からバスで35分「銀閣寺前」下車徒歩５分

❸ 龍安寺《りょうあんじ》

細川勝元《ほそかわかつもと》が徳大寺《とくだいじ》家山荘を譲り受け、妙心寺《みょうしんじ》の義天玄承《ぎてんげんしょう》を開山に創建したが、応仁の乱で焼亡。のちに跡を継いだ政元《まさもと》が再建した。15個の石を配した「虎子の子渡し」と呼ばれる石庭が有名。

所在地●右京区龍安寺御陵下町13
アクセス●京福電鉄北野線「龍安寺駅」から徒歩７分

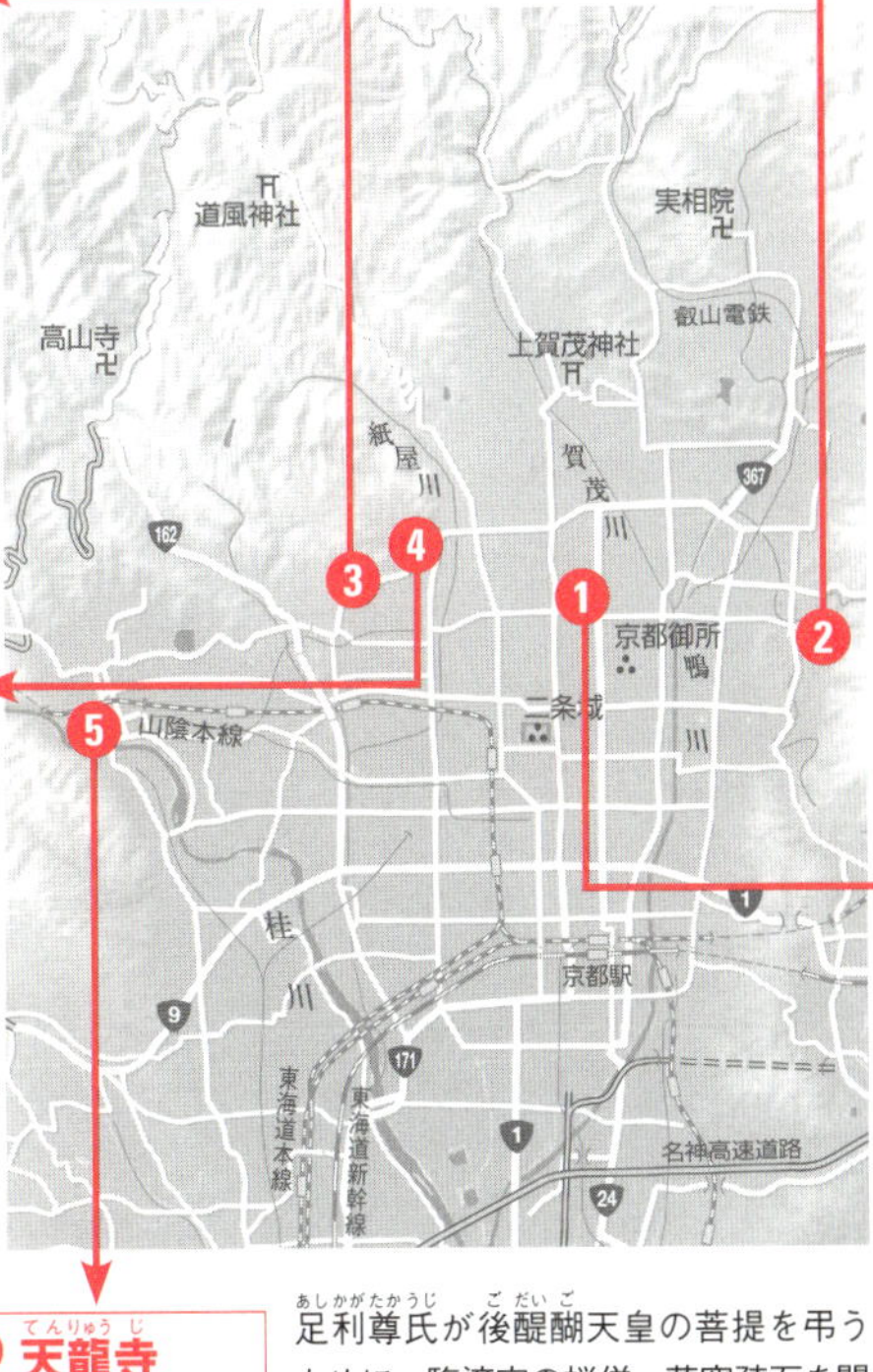

❹ 鹿苑寺（金閣）

義満が営んだ北山殿は豪華な宮殿として使用されたが、彼の死後、舎利殿の金閣を中心にして寺院に改められ鹿苑寺となった。鏡湖池《きょうこち》の側に建って水面に輝く金閣は、金箔を貼った３層の楼閣である。

所在地●北区金閣寺町１
アクセス●京都駅からバスで40分「金閣寺道」下車徒歩５分

❺ 天龍寺《てんりゅうじ》

足利尊氏《あしかがたかうじ》が後醍醐《ごだいご》天皇の菩提を弔うために、臨済宗の禅僧・夢窓疎石を開山として創建。曹源池《そうげんち》とよばれる庭園は屈指の名庭で、貴族文化の伝統と禅好みの手法が溶け合い、四季折々に美しさを見せる。

所在地●右京区嵯峨天龍寺芒ノ馬場町68
アクセス●京福電鉄嵐山線「嵐山駅」からすぐ

北山文化と東山文化1

花の御所

名木名石を集めた華麗な私邸兼政庁

3代将軍**足利義満**は、永和4（1378）年から5年もの歳月をかけ、北小路（現今出川《いまでがわ》通）室町界隈に邸宅をかねた政庁を完成させた。**室町幕府**という名は、この地名からとられている。

南は北小路、北は毘沙門堂大路（現上立売《かみだちうり》通）、東は烏丸小路（現烏丸《からすま》通）、西は室町小路（現室町《むろまち》通）という敷地は、南北2町（約220m）・東西1町という広大さで、じつに**内裏の2倍の規模**であった。

邸内の庭には鴨川から水を引き入れ、各地の**守護大名に献上させた四季折々の花木を配置**した。それらの花が咲き誇ったことから「**花の御所**」とも呼ばれ、豪華な室町殿で義満は、**後円融《ごえんゆう》天皇**らを招いて、詩歌管《しいかかん》弦《げん》や蹴鞠《けまり》の宴を催していたという。

洛中洛外図屏風（➡P154）左隻4〜5扇に描かれた「花の御所」といわれる室町殿。

「洛中洛外図屏風 上杉本」米沢市上杉博物館蔵

花の御所を中心に栄えた上京の町

花の御所のまわりには武将らの邸宅や寺社が立ち並んだ。

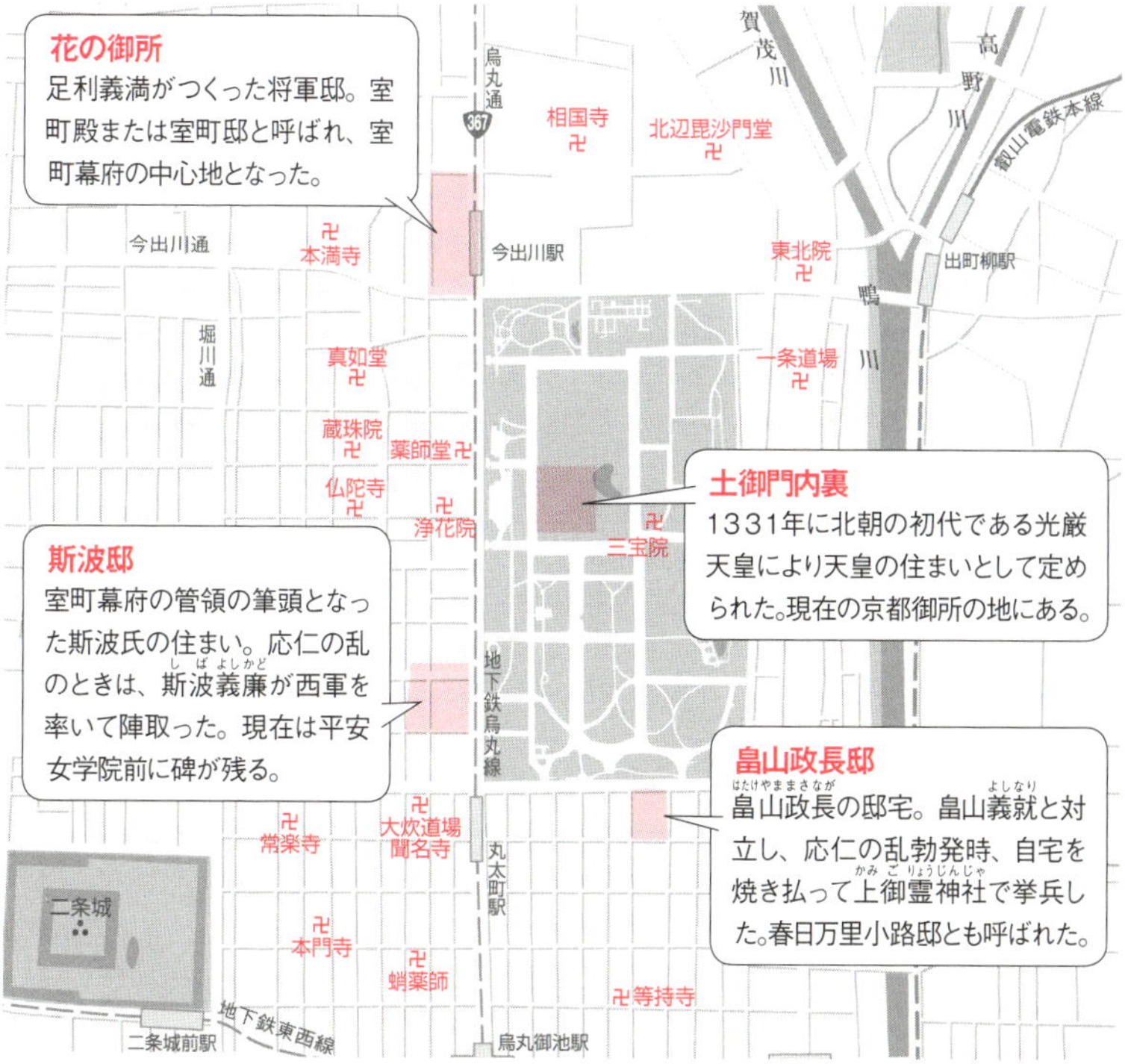

花の御所
足利義満がつくった将軍邸。室町殿または室町邸と呼ばれ、室町幕府の中心地となった。
烏丸通
367
相国寺
北辺毘沙門堂
賀茂川
高野川
叡山電鉄本線
今出川通
本満寺
今出川駅
東北院
出町柳駅
鴨川
堀川通
真如堂
一条道場
蔵珠院
薬師堂
仏陀寺
浄花院
三宝院
土御門内裏
1331年に北朝の初代である光厳天皇により天皇の住まいとして定められた。現在の京都御所の地にある。
斯波邸
室町幕府の管領の筆頭となった斯波氏の住まい。応仁の乱のときは、斯波義廉《しばよしかど》が西軍を率いて陣取った。現在は平安女学院前に碑が残る。
地下鉄烏丸線
畠山政長邸
畠山政長《はたけやままさなが》の邸宅。畠山義就《よしなり》と対立し、応仁の乱勃発時、自宅を焼き払って上御霊神社《かみごりょうじんじゃ》で挙兵した。春日万里小路邸とも呼ばれた。
常楽寺
大炊道場
聞名寺
丸太町駅
二条城
本門寺
蛸薬師
等持寺
地下鉄東西線
二条城前駅
烏丸御池駅

京 ミニ知識

京を2つに分けた 上京と下京

平安京は、右京と左京に分かれていたが、右京は衰退。左京が中心部となった。

平安時代末期、北山殿や六勝寺など外京（平安京の外側）の北東部に天皇の御所や寺院が建ち並ぶようになる。その影響で京都の北部（上京）には公家や武家が、南部（下京）には商工業者ら庶民が集中し、左京は2分していく。

室町時代、応仁の乱で上京が焼け野原となる。その復興を機に、京を東西に横断する二条通を境に南北が区分され、「上京」「下京」という呼び方が一般化した。この2つの町は室町通のみでつながっていたという。

北山文化と金閣

絶大な権力と北山殿

応永5（1398）年、義満は西園寺家から景観のよい別荘地を手に入れ、舎利殿の**金閣**をはじめ、**宸殿**《しんでん》や**天鏡閣**《てんきょうかく》などの建造物、名石名木を配した庭のある**北山殿**を造営した。そのころすでに義満は将軍職も長男**義持**《よしもち》に譲り、太政大臣も辞し出家していたが、権力をもったまま花の御所から北山殿へ移り住んだ。

応永9年、義満は北山殿で明からの使者を迎え、明の皇帝から**日本国王**に任ずるという国書を受け取る。明との主従関係を結ぶような内容であったのだが、これにより義満は明との貿易で莫大な財力を蓄えた。

応永15年には**後小松天皇**《ごこまつ》**の行幸**《ぎょうこう》を仰ぎ、21日間もの盛大な宴を催し、**世阿弥**《ぜあみ》らに猿楽を演じさせている。北山殿は政治・文化の中心になった。

まばゆいばかりの楼閣の意図

豪勢な北山殿の中心は、3層で構成された舎利殿*の金閣だった。しかし金閣は豪華というだけではない、大きな意図のもとに造られている。

1層は**寝殿造**、2層目は**武家造**。そして最上階の3層は中国風の**禅宗仏殿造**で、これ以上はなにもないという意味で「**究竟頂**《くっきょうちょう》」という。

すなわち、下層の寝殿造は平安時代に発達した皇族や貴族の住まい、中層の武家造は鎌倉時代から台頭してきた武士の住まい。その皇族・貴族や武家の階層の上に、義満自身が強く影響を受けた禅宗と大陸文化に基づいた中国風禅宗仏殿造の部屋を設けたのである。また、屋根の上には、正しい政治を行う天子とともに現れたという、中国の伝説上の動物・鳳凰《ほうおう》の像が置かれている。

皇室の血を引く義満は朝廷に強い影響力を持ち、なおかつ武家の棟梁として大名を支配していた。金閣こそは、日本国王たる義満にふさわしい権力者の建築であったといえる。

*舎利殿＝釈迦の遺骨（仏舎利）を安置しておく建物。

北山文化の成り立ち

3つの文化を融合してつくりあげた北山文化を象徴するのが、金閣の3層構造である。

公家文化

母方に皇室の血を引いていた義満は、和歌や管弦、蹴鞠といった公家のたしなみを身につけており、芸術家らとともに、北山殿でこれらに興じていた。

武家文化

室町幕府の将軍である義満は、管領の細川頼之《よりゆき》に補佐され教育された、武家の棟梁としての素養がある。武家に浸透していた禅宗を重んじた。

明文化

明との勘合貿易で輸入された大陸からの書物、物品、道具類などから影響を受ける。

禅宗仏殿造(明文化)

唐風の装飾が施された「究竟頂」という仏殿造の部屋。屋根は椹《さわら》の板を重ねた造りで、仏舎利が置かれている。

寝殿造(公家文化)

天皇や公家の住まいをあらわした「法水院《ほっすいいん》」という部屋。西側に廊下つなぎで釣殿がある のも寝殿造の特徴。

武家造(武家文化)

武士の住まいをあらわす「潮音《ちょうおん》洞《どう》」という部屋。最上階と2階には内外ともに金箔が貼られている。

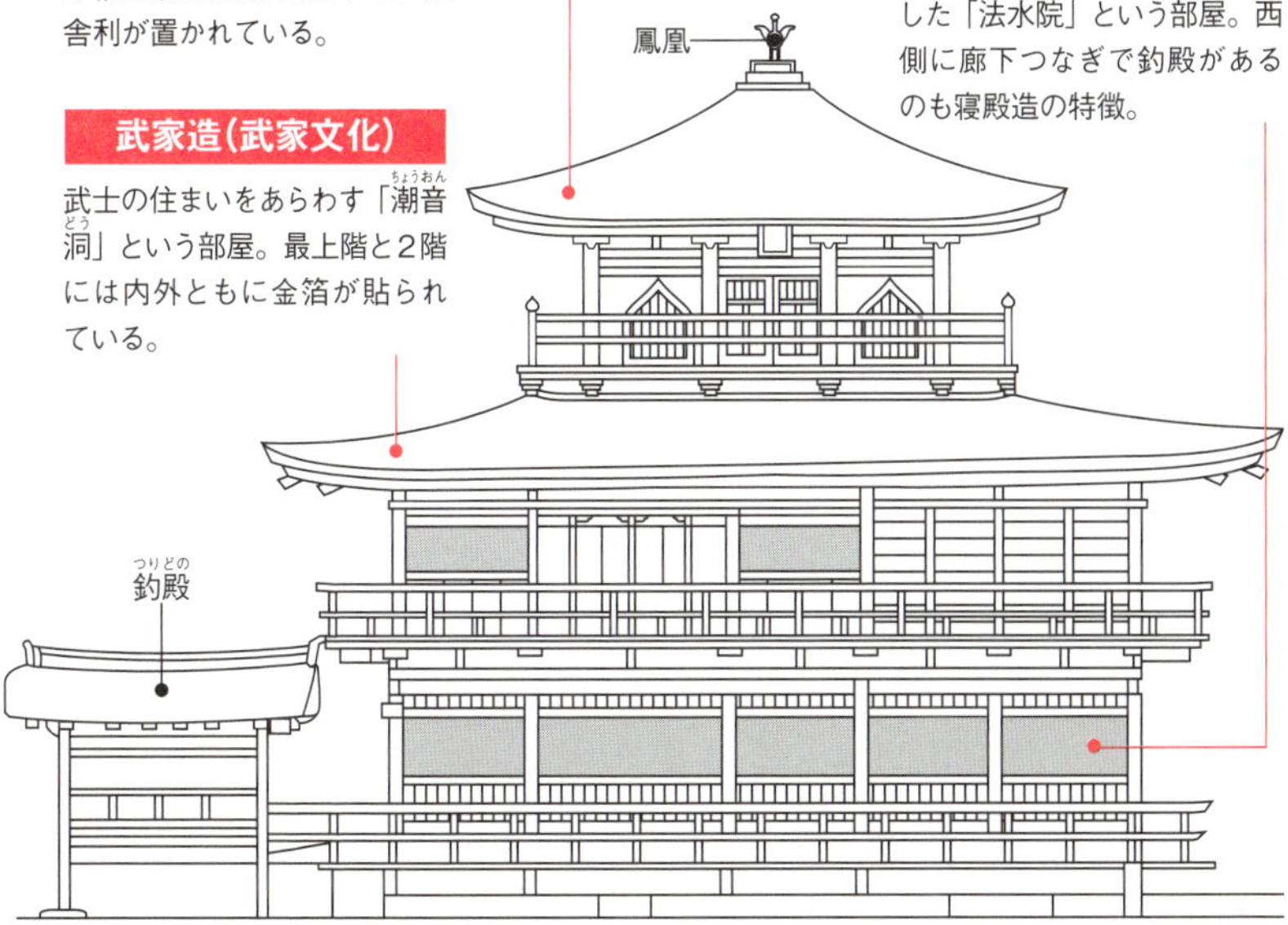

義政のわびさび

偉大な文化人・義政

文安6（1449）年、**足利義政**は14歳で室町幕府**8代将軍**となったが、幕政は細川氏らの実力者により主導権を握られていた。我が**子義尚《よしひさ》**と**弟義視《よしみ》**との間に次期将軍の座をめぐって**応仁の乱**（➡P20）が起こるが、これは義政が後継者を早く決め、政治から離れて隠居したかったからといわれている。すでに南禅寺《なんぜんじ》境内に山荘の敷地を確保していたのだが応仁の乱が始まり、さすがの義政も御殿づくりはできなかった。

文明5（1473）年、義政は義尚に将軍の座を譲ると、将軍御所の室町殿《むろまちどの》を出て、新たに小川殿《こかわどの》を造って移り住む。そして応仁の乱が終結すると東山浄土寺《じょうどじ》の地に、民衆に新たな課税をしてまで、自分の理想郷としての**東山山荘**を築き始めるのである。

東山文化を育んだ義政の風流三昧

東山山荘にまず常御所《つねのごしょ》をつくると、義政はすぐに移り住み、持仏堂《じぶつどう》の**東求堂《とうぐどう》**を完成させた。そして長享3（1489）年、**観音殿《かんのんどう》**（**銀閣**）をつくり始める。

義政は臨済宗の**禅僧・夢窓疎石《むそうそせき》**に深く傾倒していたため、これらの建物は禅宗にかなり影響されている。2層の観音殿は義満の金閣に対比して銀閣と呼ばれているが、枯淡で閑寂な趣は「**幽玄**」「**わび**」「**さび**」といった、禅宗の精神性が基調となって生まれたもので、これは**東山文化**の最大の特徴である。

また、銀閣の上層は「潮音閣《ちょうおんかく》」という**禅宗様式**＊だが、下層は「心空殿《しんくうでん》」という**書院造**。ここに登場した書院造が、和風住宅の原型となる。東求堂も書院造で、その典型とされている。四畳半の畳、襖《ふすま》の間仕切り、違い棚、明障子などがここに生まれ、そこを飾る襖絵や掛け軸といった**絵画**、**生け花**なども発展する。

「我が庵は月待山《つきまちやま》の麓にてかたふく空の影惜しそ思ふ」と義政は、風流三昧のなかで詠ったが、ここでの隠居生活が、現在まで続く日本文化を生み出したのである。

＊禅宗様式＝唐様とも呼ばれる、鎌倉時代に中国から伝わった日本の伝統的な寺院建築様式の一つ。仏像を安置しておくための仏堂に、よく用いられている。

室町文化を代表する建築と庭園

幕府の保護を受けた禅宗の影響が大きく、夢窓疎石の作庭が人気を博した。

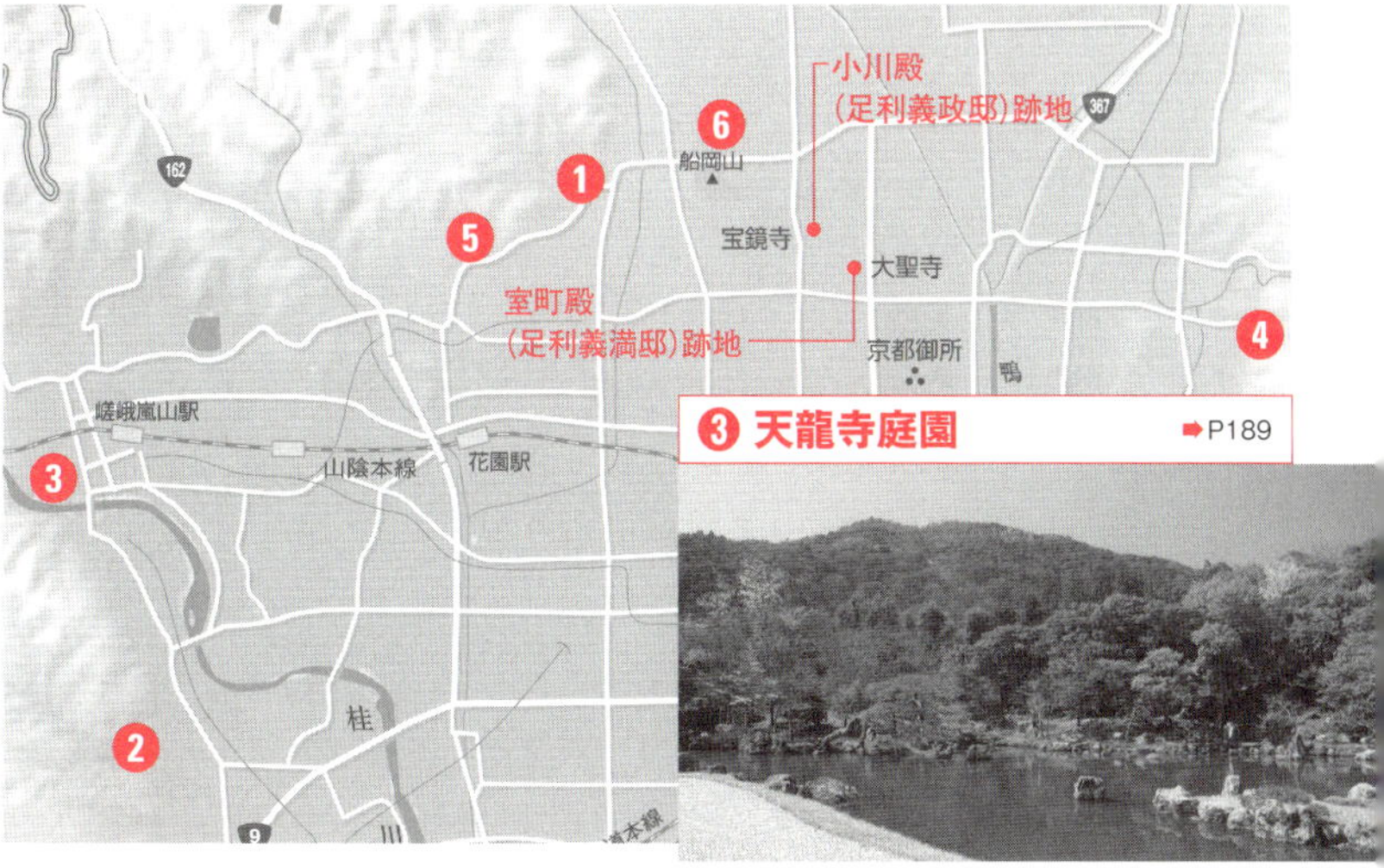
小川殿
(足利義政邸)跡地
367
6
船岡山
162
1
5
宝鏡寺
大聖寺
室町殿
(足利義満邸)跡地
京都御所
4
鴨
嵯峨嵐山駅
3
山陰本線
花園駅
桂
2
川
9

③ 天龍寺庭園 ➡P189

	名称	由緒など	所在地／アクセス
北山文化	❶鹿苑寺（金閣）	北山殿を義満没後に寺院に改めたもので「鹿苑寺」が正式名称。舎利殿の金閣が建つ鏡湖《きょうこ》池《ち》や安民沢《あんみんたく》などの池を有する広大な庭がある。	北区金閣寺町1／京都駅からバスで40分「金閣寺道」下車徒歩5分
	❷西芳寺《さいほうじ》（苔寺）	夢窓疎石が再興した禅寺。約120種の苔が境内を覆い「苔寺」の名で知られる。枯山水《かれさんすい》と池泉回遊式の上下2段になった庭園があり、茶室・湘南亭《しょうなんてい》は重要文化財。	西京区松尾神ヶ谷町／京都駅からバスで40分「苔寺道」下車すぐ
	❸天龍寺	後醍醐天皇の菩提を弔うために尊氏が夢窓疎石の勧めで建立。嵐山《あらしやま》と亀山《かめやま》を背景とした方丈西の曹源池庭園は四季折々の美しさを見せる。	右京区嵯峨天龍寺芒ノ馬場町68／京福電鉄嵐山線「嵐山駅」からすぐ
東山文化	❹慈照寺（銀閣）	東山山荘を寺院に改めたもの。銀閣と東求堂は創建当時の建築で国宝。庭園は苔寺の庭園を見本に義政自らも庭造りに励んだという。	左京区銀閣寺町2／京都駅からバスで35分「銀閣寺前」下車徒歩5分
	❺龍安寺	細川勝元が創建した寺。15個の石を配した「虎の子渡し」で知られている石庭は、水を用いず山水を表現する「枯山水」の代表。	右京区龍安寺御陵下町13／京福電鉄北野線「龍安寺駅」から徒歩7分
	❻大徳寺《だいとくじ》	鎌倉時代末に創建。応仁の乱で焼失したが、のちに一休禅師《いっきゅうぜんじ》により再建された。茶の湯と縁が深く、国宝茶道具のほとんどを所蔵している。	北区紫野大徳寺町53／京都駅からバスで40分「大徳寺前」下車すぐ

北山文化と東山文化4

日本美の誕生

室町文化が生んだ和

北山文化と**東山文化**をあわせて**室町文化**と呼ぶが、ここで生まれたさまざまな様式や芸能などは、その後の日本に大きな影響を与えている。

義満は**禅宗文化**を浸透させ、義政がそれをより深めたが、まず義満が整えた**五山の制**（➡P188）で禅寺が栄えたことが大きい。これにより**枯山水**などの庭造りが盛んになり、各地へも広まった。

義政のときに生まれた**書院造**は、床の間や襖といった和室の源流となったが、飾られる掛け軸や襖絵の発展は、禅宗がもたらした水墨画から日本画への発展につながる。また、床の間に飾る生け花、茶室で催された茶の湯の誕生は、花入れ、茶碗などの焼き物や工芸品を発展させていく。

町人や農民へ広がる文化

この時代、商工業の発展や、二毛作などでの農業生産力の増加により、豊かな物資や経済利益が京にもたらされた。このことも文化隆盛の背景にあったといえる。商品や物資などの流通と同時に、都で流行っている芸能や文化が各地へも伝わった。

さらに経済が豊かになり、町人などにも芸能や文化を受け入れる余裕ができたことが、室町文化の大きな特徴である。公家や武家に限らず庶民までが、さまざまな芸能、文化を楽しむようになった。

経済の豊かさは専門の芸能者も出現させる。その道の達人名人が芸術性をより高め、裾野を広げた。

猿楽の観阿弥・世阿弥親子、**茶の湯の村田珠光《むらたじゅこう》**、**生け花の池坊専慶《いけのぼうせんけい》**、**水墨画の雪舟《せっしゅう》**や狩野正信《かのうまさのぶ》、**連歌の宗祇《そうぎ》**など、彼らのほとんどが今日まで伝えられる伝統的芸道の源流となっている。

また、たとえば能楽が簡単で娯楽的なものになっていくことで祭礼などで演じられたように、芸能や文化はいっそう各地の庶民へと普及していった。

室町文化が生んだ和文化

この時代に、現代にまでつながるさまざまな日本の様式美が生まれた。

種類	代表的な作品や人物	発展と変化
生け花	**立花《たてはな》** 池坊専慶、立阿弥《りゅうあみ》	書院造の武士の住宅では床の間に花を飾るようになり、花瓶などに花を挿すという生花のかたちが確立した。
茶の湯	**わび茶** 村田珠光、武野紹鷗《たけのじょうおう》	茶に禅の精神を融合させたわび茶から発展し、安土桃山時代に千利休《せんのりきゅう》によって完成されたという。江戸時代には、茶道と呼ばれるようになった。
芸能	**猿楽** 観阿弥・世阿弥	観阿弥・世阿弥親子がそれまであった猿楽から、より芸術性の高い芸能を確立させた。江戸時代以降には、能や狂言として発展していった。
水墨画	「**五百羅漢図《ごひゃくらかんず》**」明兆《みんちょう》 「**瓢鮎図《ひょうねんず》**」如拙《じょせつ》 「**寒山拾得図《かんざんじっとくず》**」周文《しゅうぶん》 「**秋冬山水図《しゅうとうさんすいず》**」雪舟	鎌倉時代に中国から禅宗とともに伝わった水墨画は、室町時代に全盛期を迎える。のちに雪舟によって徐々に変化を遂げ、山水画として日本的な発展をしていった。
連歌	「**水無瀬三吟百韻《みなせさんぎんひゃくいん》**」宗祇ら 「**新撰菟玖波集《しんせんつくば》**」宗祇 「**犬筑波集《いぬつくばしゅう》**」山崎宗鑑《やまざきそうかん》	和歌から生まれ、室町時代に大成された連歌は、宗祇によって高められ、連歌師により地方へと広まった。現在の俳句は連歌から派生したもの。

京を歩く

新熊野神社
義満に猿楽を披露

観阿弥・世阿弥父子は義満の庇護のもと、さまざまな芸能を吸収しながら能を芸術的に大成させた。それは応安7(1374)年、義満が新熊野神社での猿楽能の奉納を見たことに始まる。それまで田楽しか観覧したことがなかった義満が初めて猿楽を観覧したのは、父子の前評判に促されたからであった。亡くなった守護大名・佐々木道誉《ささきどうよ》から、機会があれば見るように勧められていたからだという。

新熊野神社境内にある能発祥の石碑。

安土桃山

織田信長の上洛

永禄《えいろく》11（1568）年、織田信長《おだのぶなが》は足利義昭《あしかがよしあき》をともない京へ上った。天下統一・天下布武を成しとげるための上洛である。京を支配していた三好《みよし》三人衆は、将軍義栄《よしひで》を連れて阿波《あわ》へ逃げた。義昭は本圀寺《ほんこくじ》に入り、信長は清水寺《きよみずでら》に宿所を置く。信長は6万ともいう兵を率いて、京の人を圧倒した。

織田信長関連年表

1559年 永禄2年		一度目の上洛。 13代将軍足利義輝に会う
1568年 永禄11年		15代将軍足利義昭を奉じて二度目の上洛
1569年 永禄12年	1月	本圀寺の変で義昭の宿所が襲われたため、義昭のために二条御所を造営
1570年 元亀元年	1月	義昭の行動を規制する内容の掟書を出す
1573年 元亀4年	4月	義昭の二条御所がある上京一帯を焼き討ちにする
	7月	室町幕府滅亡
1574年 天正2年		上杉謙信に洛中洛外図屏風を贈る
1576年 天正4年		二条御新造を造営
1581年 天正9年		馬揃えのパレードを行う
1582年 天正10年		本能寺の変で明智光秀に襲われ、自刃して果てる。嫡男信忠も二条御新造で死亡

現場を訪ねる

❶ 本圀寺跡

鎌倉に創建された法華堂《ほっけどう》が起こりの日蓮宗大本山の寺院。現在は山科《やましな》区に移転。当時は六条堀川西にあり、義昭を三好三人衆が襲ったことで知られる。堀川警察署の隣に碑が立っている。

所在地●下京区堀川通五条下ル柿本町
アクセス●ＪＲ山陰本線「丹波口駅」から徒歩20分

洛中洛外図屏風（➡P154）に描かれた本圀寺。信長上洛の際、義昭の仮御所とされたが、本圀寺の変の後に解体。四方を堀で囲われ、当時の京都の寺院のなかでも有数の敷地面積を誇っていたとして知られる。

「洛中洛外図屏風 上杉本」米沢市上杉博物館蔵

❸ 大徳寺総見院《だいとくじそうけんいん》

天正10（1582）年、豊臣秀吉《とよとみひでよし》が主君信長の冥福を祈るために創建した大徳寺塔頭寺院。信長の葬儀はここで盛大に行われた。本堂北の墓地に信長一族の墓がある。

所在地●北区紫野大徳寺町53
アクセス●京都駅からバスで40分「大徳寺前」下車すぐ

❷ 二条御所跡《にじょうごしょあと》

➡P101

本圀寺が三好勢に襲われたため、足利義昭のために信長がすぐに造営した。二条城《にじょうじょう》とも呼ばれるが、13代義輝《よしてる》の二条城や家康《いえやす》の二条城とは異なる。

❹ 南蛮寺跡《なんばんじ》

安土桃山時代にキリスト教の宣教師が建てた教会堂の通称で、のちに秀吉の伴天連《ばてれん》追放令後に破壊された。一般には天正4（1576）年、イエズス会が建てた南蛮寺をいう。

所在地●中京区蛸薬師通室町西入
アクセス●阪急電鉄京都線「烏丸駅」から徒歩6分

❺ 本能寺跡《ほんのうじ》

油小路蛸薬師《あぶらのこうじたこやくし》一帯に広大な敷地を持っていた本能寺だが、当時の場所には石碑を残すのみ。現在は御池通寺町下ル東に移転し、信長廟《びょう》や本能寺の変における戦死者の慰霊塔がある。

所在地●中京区小川通蛸薬師元本能寺町
アクセス●阪急電鉄京都線「大宮駅」から徒歩10分

織田信長の上洛1

二度の上洛

天下布武・天下統一を目指す

永禄《えいろく》2（1559）年、13代将軍足利義輝《あしかがよしてる》に尾張《おわり》統一の報告をするため、織田信長は京へ上る。翌年、**桶狭間**《おけはざま》で**今川義元**《いまがわよしもと》を破って諸国に力を見せつけた信長は、今度は天下統一を目指し、京へ上ろうと考える。徳川《とくがわ》家康《いえやす》と同盟を結んで背後を固め、立ちはだかる美濃《みの》の**斎藤**《さいとう》氏を制圧、京への道を切り開いた。

永禄8年、将軍義輝は松永久秀《まつながひさひで》らに暗殺される。その弟・**義昭**《よしあき》が奈良の幽閉先から逃げ出し、援助先を探して各地を点々としていたとき、信長は**明智光秀**《あけちみつひで》を通じて協力を申し出た。これは信長にとっては上洛の大義名分となる。

永禄11年、岐阜《ぎふ》に義昭を迎え入れると信長は、すぐさま上洛への軍備を整えた。

義昭と本圀寺

永禄11年9月13日、信長は六角承禎《ろっかくしょうてい》の**観音寺城**《かんのんじ》を落とすと義昭を近江《おうみ》の桑実寺《くわのみでら》まで呼び寄せる。そのころ、京の町は信長が上洛すると聞いて混乱をきわめ、周辺の城には三好《みよし》勢が立てこもった。

26日、京へ到着した信長は**東寺**《とうじ》に陣を置く。そして**三好三人衆**（三好長逸《ながゆき》、三好政康《まさやす》、岩成友通《いわなりともみち》）の拠点である**勝龍寺**《しょうりゅうじ》**城**や摂津《せっつ》**芥川**《あくたがわ》**城**などを次々と打ち破る。三好勢は、一度も京へ入ることができなかった14代将軍義栄《よしひで》を連れ、阿波へ敗走することとなった。

こうして上洛を果たした信長は、京の平安を回復すると岐阜へと帰る。ところが2カ月後、巻き返しを狙っていた三好勢と、美濃を追われた斎藤氏の連合軍が信長の不在をついて京へ攻め入る。そして**義昭**のいる**本圀寺**を取り囲んだ。

信長はすぐさま上洛するが、到着前にすでに味方の勢力によって連合軍は撃退されていた。信長は配下の者たちに都では穏やかにふるまうことを厳しく言い渡し、京の人々からは好印象を得ることになる。

信長の京での宿所

信長は京のさまざまな場所を宿泊所としていた。

本能寺の変の当日、嫡男信忠が宿泊していた。
本能寺の変の前日、信長はここで茶会を行っていた。
2
1
3
4
二条駅
鴨川
三条駅
京阪本線
西本願寺
東本願寺
東海道本線
京都駅
東海道新幹線
東福寺

❶ 二条御新造跡

二条御新造の跡地の、信長が造営したとされる蒸し風呂の遺構。地面を掘り下げた竈跡や井戸の跡が残る。

京都市埋蔵文化財研究所蔵

名称	信長との関わり	所在地／アクセス
❶二条御新造《にじょうごしんぞう》 ➡P26	信長が天正5(1577)年に造営した、二条殿とも呼ばれた信長の宿所。のちに朝廷に献上され、本能寺の変のときは誠仁親王《さねひとしんのう》の御所だった。現在の二条通りに面していたといわれ、この辺りは二条殿町という地名も残る。近年、跡地から信長が造営したとされる蒸し風呂の遺構が発見された。	二条御新造跡●中京区烏丸御池通上ル／地下鉄烏丸線「烏丸御池駅」からすぐ
❷妙覚寺《みょうかくじ》	信長は頻繁に二条の妙覚寺に宿泊した。四条大宮《しじょうおおみや》に創建された日蓮宗本山の妙覚寺は、そのころは二《に》条衣棚《じょうころものたな》にあった。ここで信長は、千利休との茶会を何度か催したという。その後、秀吉の命で現在の上京区上御霊前通小川東入に移建された。	妙覚寺跡●中京区金吹町／地下鉄烏丸線「烏丸御池駅」から徒歩6分
❸本能寺	天正10(1582)年6月2日、織田信長が宿泊中、明智光秀率いる軍勢に包囲され自刃、そのときに焼失した。その後、秀吉の命で現在の寺町通御池下ルに移建された。	本能寺跡●中京区小川通蛸薬師元本能寺町／地下鉄東西線「京都市役所前駅」から徒歩3分
❹東寺	義昭を奉じて上洛する際、京の周辺にいた三好勢を駆逐するために陣を置いた場所。	南区九条町1／京都駅から徒歩15分

織田信長の上洛2

足利義昭の追放

15代将軍の座と二条御所の造営

永禄11（1568）年9月、信長とともに上洛した**義昭**は、念願の**室町幕府15代将軍**の座についた。翌年、信長は義昭のため、勘解由小路《かでのこうじ》の南に二重の濠や石垣で防備を固めた城郭、**二条御所**（**二条城**）を建築した。義昭は「父とも思うほど」と感謝を述べ、お礼にと、副将軍への就任を要請している。だが信長は即座にこれを辞退。義昭が抱く幕府復権の思いとは異なる、天下布武への野望があった。

信長は義昭の臣下になる気はさらさらなく、実質的な権威を奪うことこそが目的だった。そこで義昭の権力を規制する「**殿中御掟**《でんちゅうおんおきて》」を定めたが、21か条におよぶ殿中御掟は、しだいに信長と義昭の間に大きな溝を広げていくことになる。

室町幕府滅亡へ

元亀《げんき》元（1570）年6月、**朝倉義景**《あさくらよしかげ》・**浅井長政**《あざいながまさ》連合軍を**姉川**《あねがわ》で破った信長は、義昭とは不和になりつつも共通の敵である三好三人衆の討伐では協力する。さらに**延暦寺**《えんりゃくじ》と結んだ朝倉・浅井連合軍と、伊勢の**一向一揆**に手を焼き、義昭に和睦の斡旋を依頼した。

だが義昭は、元亀3年、信長から「**17条の詰問状**」を突きつけられたことから、**武田信玄**《たけだしんげん》らの反信長派に働きかけ始める。これに応じた信玄は上洛の途につき、**三方ヶ原**《みかたがはら》で**織田・徳川連合軍**を打ち破った。

翌年2月、義昭は朝倉・浅井軍に連絡を取り、二条御所で反信長の兵を挙げる。さらに仇敵の三好三人衆や松永久秀らとも手を結び、信長包囲網をつくった。ところが義昭が最も頼りとした信玄が、上洛途上で病死してしまったのである。

信長は二条御所の義昭に講和を求めたが拒否され、**上京焼き討ち***を行う。義昭はいったん降伏するものの、宇治《うじ》の**槇島**《まきしま》**城**で再度挙兵。信長は槇島城を簡単に落とし、義昭を追放、**室町幕府は滅亡**した。

＊上京焼き討ち＝応仁の乱以降、京都は二条通を境に上京、下京に分かれていた。義昭の権力下にあった上京衆は、義昭の挙兵を機に修築中の信長の御所を破壊。怒った信長は上京に放火した。

二条城と呼ばれた屋敷

室町時代、将軍が構えた屋敷を二条城といった名残で、江戸時代まで将軍の屋敷はすべて「二条城」と呼ばれた。そのため、二条城と呼ばれた屋敷は複数存在する。

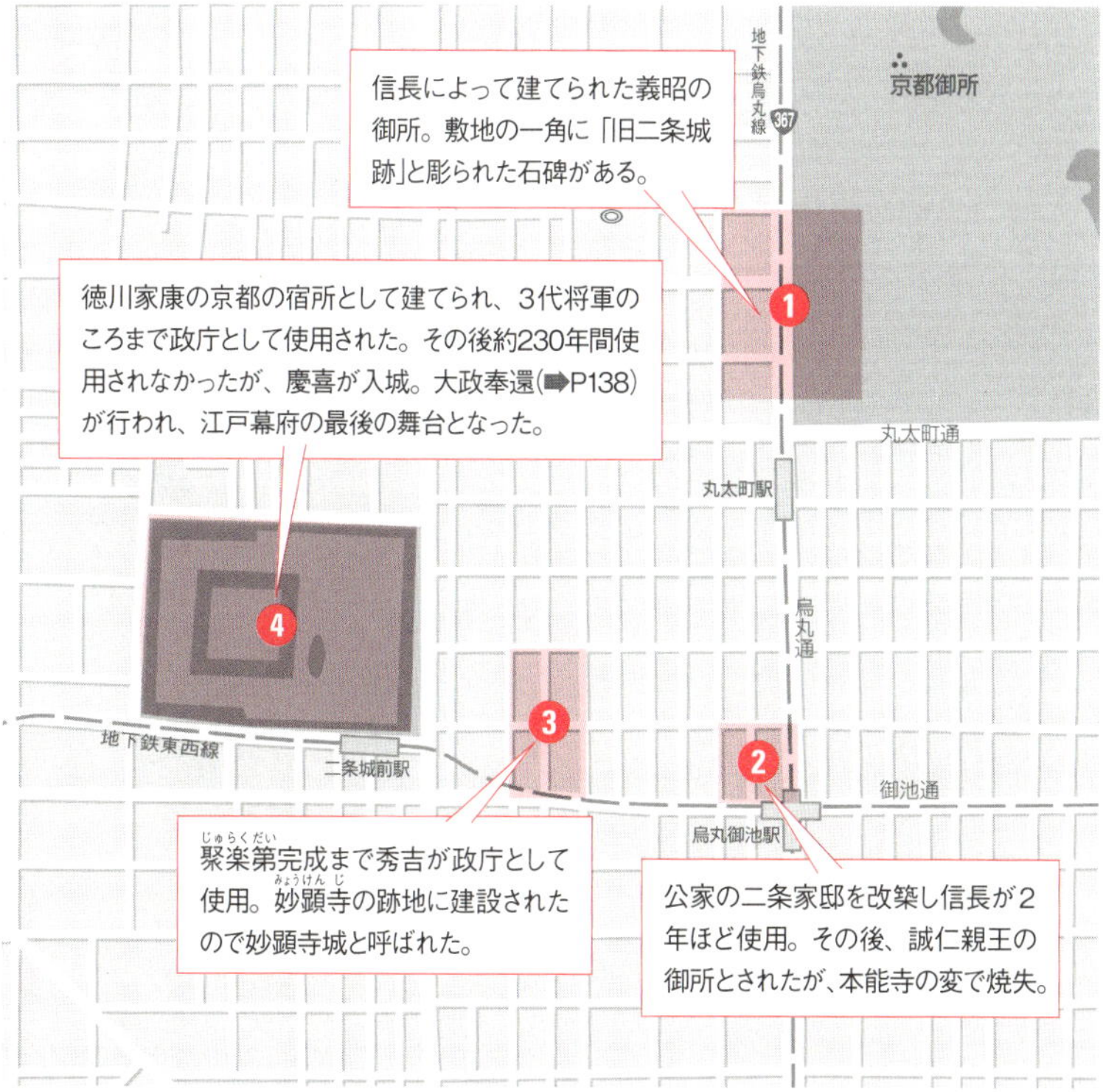
信長によって建てられた義昭の御所。敷地の一角に「旧二条城跡」と彫られた石碑がある。
徳川家康の京都の宿所として建てられ、3代将軍のころまで政庁として使用された。その後約230年間使用されなかったが、慶喜が入城。大政奉還(➡P138)が行われ、江戸幕府の最後の舞台となった。
聚楽第《じゅらくだい》完成まで秀吉が政庁として使用。妙顕寺《みょうけんじ》の跡地に建設されたので妙顕寺城と呼ばれた。
公家の二条家邸を改築し信長が2年ほど使用。その後、誠仁親王の御所とされたが、本能寺の変で焼失。
地下鉄烏丸線
367
京都御所
丸太町通
丸太町駅
烏丸通
地下鉄東西線
二条城前駅
御池通
烏丸御池駅
1
2
3
4

名称	造営年・廃城年	所在地／アクセス
❶二条御所	永禄12(1569)年造営 天正4(1576)年解体	上京区下立売通室町角／地下鉄烏丸線「丸太町駅」から徒歩3分
❷二条御新造	天正5(1576)年造営 天正10(1582)年焼失	中京区烏丸通御池通上ル／地下鉄烏丸線「烏丸御池駅」からすぐ
❸妙顕寺城	天正11(1583)年造営 天正14(1586)年廃城	中京区小川通二条下ル古城町／地下鉄東西線「二条城前駅」から徒歩5分
❹二条城	慶長6(1601)年造営	中京区二条通堀川西入二条城町541／地下鉄東西線「二条城前駅」からすぐ

天覧馬揃え

信長晩年の一大イベント

天正9（1581）年2月28日、信長は京の町を驚かす「**天覧《てんらん》馬《うま》揃《ぞろ》え**」という大イベントを行う。騎馬を集めて優劣を競うもので、参加した武将にとっては自分の力を誇示することのできる軍事パレードである。

そこには京の人々に織田信長の存在を誇示し、天下に実力を見せつけ、朝廷や社寺勢力、諸国の大名などを心理的に圧倒するねらいがあった。

信長は尾張から美濃、近江へ勢力を伸ばし、朝倉・浅井を滅ぼして京から近畿一円を支配するに至る。そして背後の**北条氏政《ほうじょううじまさ》**を臣従させることに成功。顕如《けんにょ》率いる*浄土真宗本願寺派ともようやく和睦して、残る敵は西の**毛利《もうり》**だけとなる。近隣には信長に抵抗できる勢力はなく、もはや信長の天下統一は目前に迫っていた。

豪壮な馬揃え

馬揃えの奉行役は**明智光秀**に任せられている。和歌や茶など文化文芸に通じ、朝廷とゆかりが深い光秀は、**正親町《おおぎまち》天皇**の臨席を要請し、近衛《このえ》前久《さきひさ》らの公家を隊列に参加させるという交渉にはまさに適役であった。

光秀は、**内裏《だいり》**（**御所**）の東側に幅1町（109m）長さ南北8町（872m）の馬場《ばば》を設け、毛氈《もうせん》で巻いた柱を区画ごとに建てた。さらに正親町天皇が観覧するために、豪華な装飾を施した御座所《おましどころ》をつくっている。

信長に続く丹羽長秀《にわながひで》や光秀らの家臣、織田親族である信忠《のぶただ》らの連枝《れんし》衆、近衛前久らの公家衆、柴田勝家《しばたかついえ》らの越前《えちぜん》衆と行進する一行は、本能寺を出発して**室町通**を北へ向かい、**一条通**を曲がって馬場へと向かう。

幟《のぼり》や旗指物《はたさしもの》をはためかせ、華麗な陣羽織をまとった武将らが乗る名馬を連ねたパレードは、午前8時から午後2時ころまで続き、参加総数**6万人**、見物客約**20万人**という盛大なものであった。

信長は絶大なる軍事力、支配力を、天皇をはじめ公家衆、京の人々にまざまざと見せつけたのである。

＊浄土真宗本願寺派（一向宗）＝石山本願寺を拠点とし、信長の勢力に反抗して一揆を起こしていた団体。顕如が石山本願寺11代法主となった時代は、大名と並ぶ勢力があった。

馬揃え推定ルート

下京の本能寺をスタートし室町通を通って、上京の御所までを絢爛豪華な騎馬が進んだ。

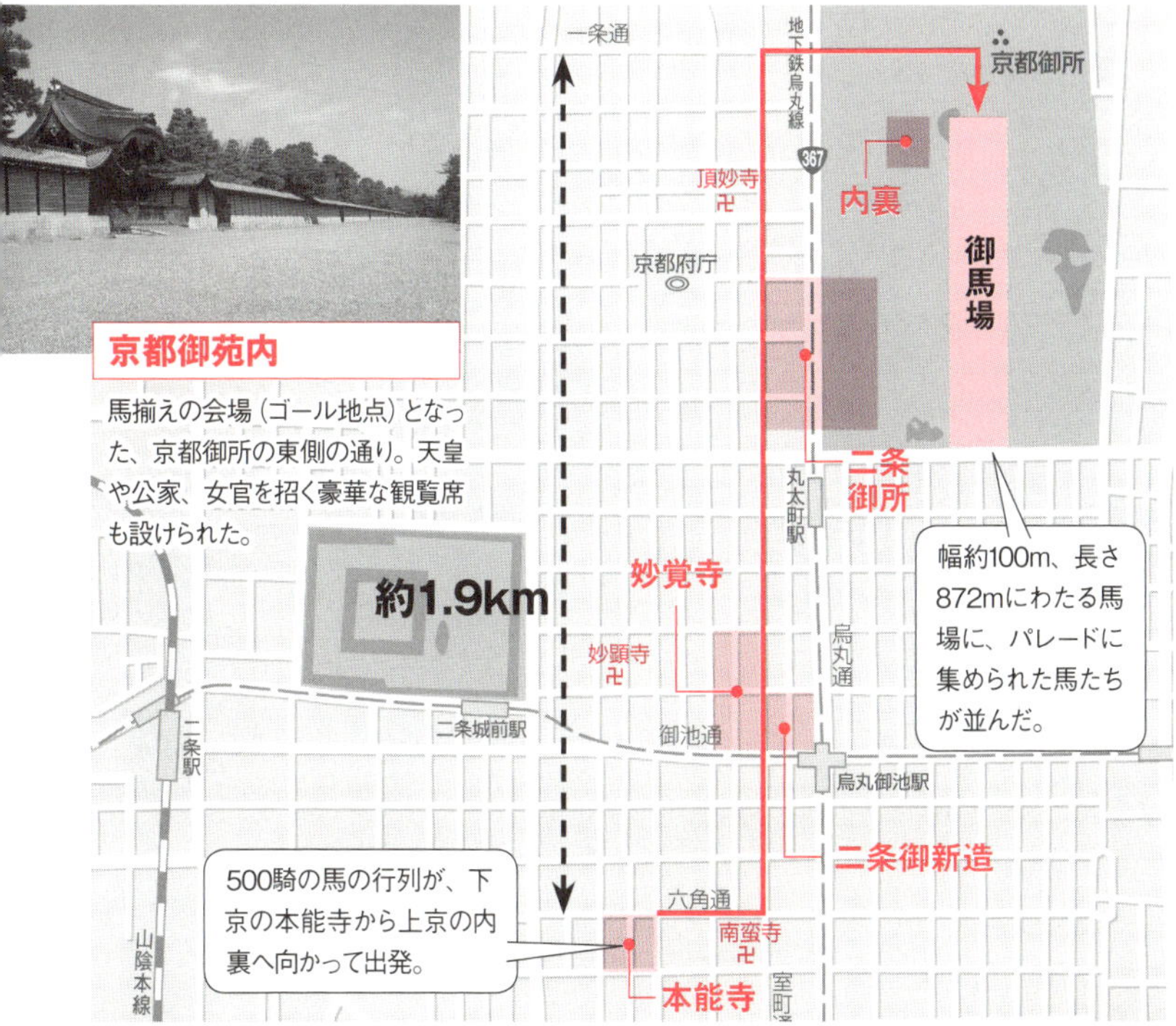
京都御苑内
馬揃えの会場（ゴール地点）となった、京都御所の東側の通り。天皇や公家、女官を招く豪華な観覧席も設けられた。
一条通
地下鉄烏丸線
京都御所
内裏
御馬場
頂妙寺
京都府庁
二条御所
丸太町駅
約1.9km
妙覚寺
妙顕寺
烏丸通
幅約100m、長さ872mにわたる馬場に、パレードに集められた馬たちが並んだ。
二条駅
二条城前駅
御池通
烏丸御池駅
二条御新造
500騎の馬の行列が、下京の本能寺から上京の内裏へ向かって出発。
六角通
南蛮寺
本能寺
室町通
山陰本線

京 ミニ知識

名馬で出世した 山内一豊《やまうちかずとよ》

山内一豊は馬揃えに、東国一といわれた名馬を出した。それは妻の千代《ちよ》の持参金をもとに買った高額な馬だった。果たして馬好きの信長の眼にとまり、これほどの名馬をと信長は一豊を誉め、馬代として200石を与えたという。

貧しいときにも持参金に手をつけず、夫のためにつくした妻の尽力があってこその出世物語だ。

山口県立図書館前にある山内一豊像。

安土桃山

秀吉がつくった京の町

山崎の合戦（➡P28）で明智《あけち》光秀《みつひで》を討ち、主君信長《のぶなが》の葬儀を大徳寺《だいとくじ》で行った羽柴秀吉《はしばひでよし》は、信長の後継者として天下統一をなしとげた。関白となった豊臣《とよとみ》秀吉は、荒れ果てていた京の町を天下統一の拠点にふさわしい大都市、しかも城下町に改造しようとした。現在にも続く京の町の形状は、秀吉がつくったものなのである。

豊臣秀吉関連年表

1583年 天正11年		二条城（妙顕寺城）建立
1586年 天正14年	2月	聚楽第造営開始（翌年完成）。方広寺大仏殿建立
1587年 天正15年	10月	北野大茶湯を行う
1588年 天正16年	4月	聚楽第に天皇を招く
1590年 天正18年		三条大橋を架橋。 町割を行い、寺院を寺町・寺之内へ移す
1591年 天正19年	1月	御土居造営。 聚楽第を甥の秀次へ譲る
1593年 文禄2年		指月伏見屋敷造営
1594年 文禄3年		指月伏見城改築と向島伏見城造営
1596年 慶長元年		木幡山伏見城造営
1598年 慶長3年	3月 8月	醍醐の花見 秀吉死去

現場を訪ねる

❶ 聚楽第址《じゅらくだいあと》

秀吉が造営した聚楽第は、「聚楽第址」の石標と町名に残っている。

所在地●上京区中立売通裏門南西角
アクセス●京都駅からバスで25分「千本出水」下車徒歩5分

後陽成天皇が聚楽第に訪問する様子が描かれた屏風。右上の建物が聚楽第とされる。

「聚楽第行幸図」堺市博物館蔵

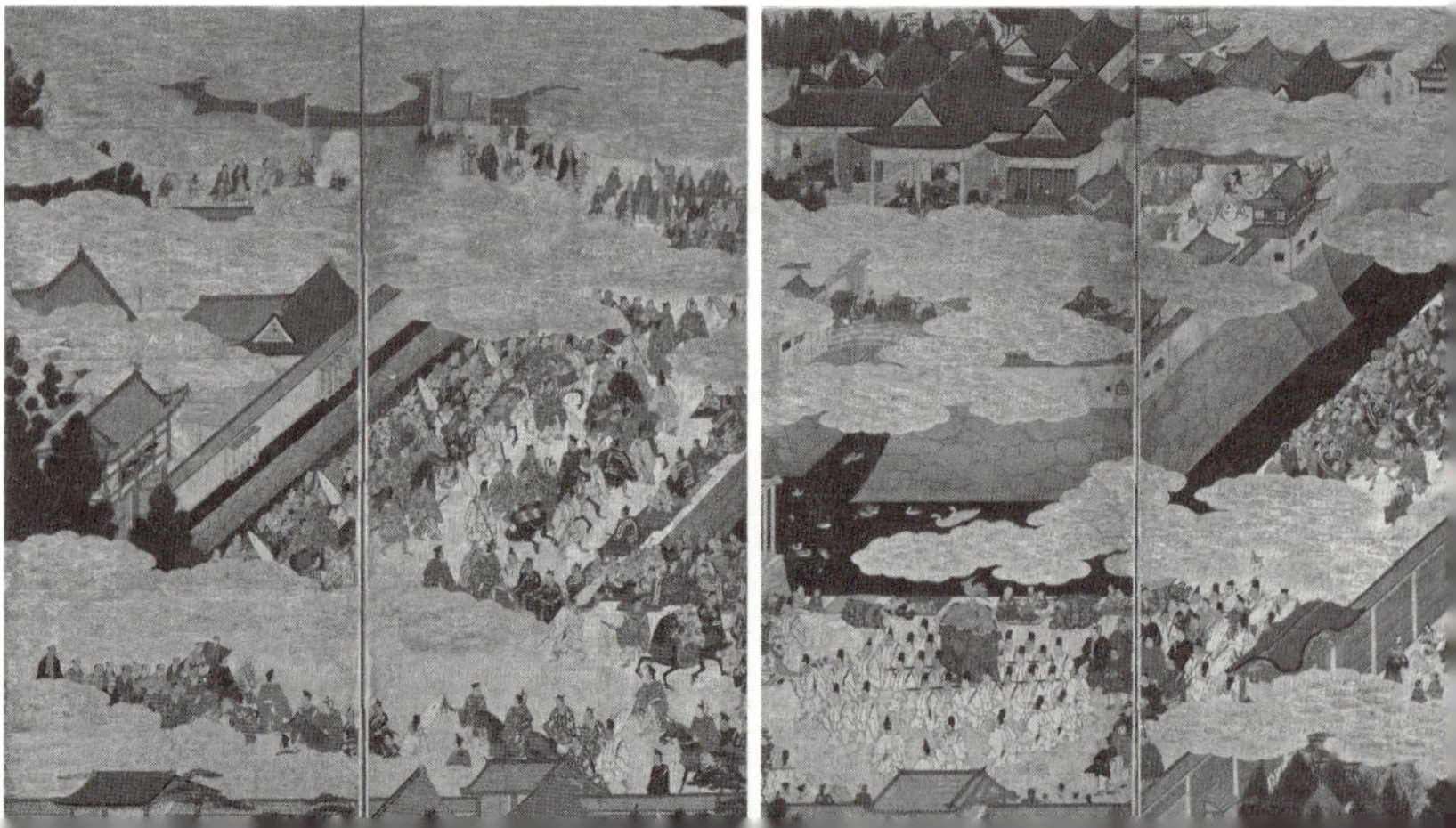

❸ 北野天満宮《きたのてんまんぐう》

➡P184

北野天満宮で北野大茶湯《きたのおおちゃのゆ》という大茶会を行なった。写真は国宝の本殿。境内には梅の木が約1500本植えられていて、開花期はとても美しい。

❷ 三条大橋《さんじょうおおはし》

秀吉の命令により架橋された日本初の石柱橋。鴨川《かもがわ》に架かる橋で、のちに江戸と京をつなぐ交通路として栄える。

所在地●東山区
アクセス●京阪電鉄京阪本線「三条駅」からすぐ

❹ 妙顕寺城《みょうけんじじょう》跡

➡P101

聚楽第ができるまで秀吉が政庁を置いた場所。現在は西福寺となり、寺の前に碑が残る。

❺ 豊国神社《とよくにじんじゃ》

➡P109

秀吉を祭神として祀る。「ほうこくさん」という呼び名で親しまれ、天下人となっていった秀吉にあやかり、出世開運の神社として知られる。ひょうたん形の絵馬が有名。写真は国宝に定められている唐門《からもん》。

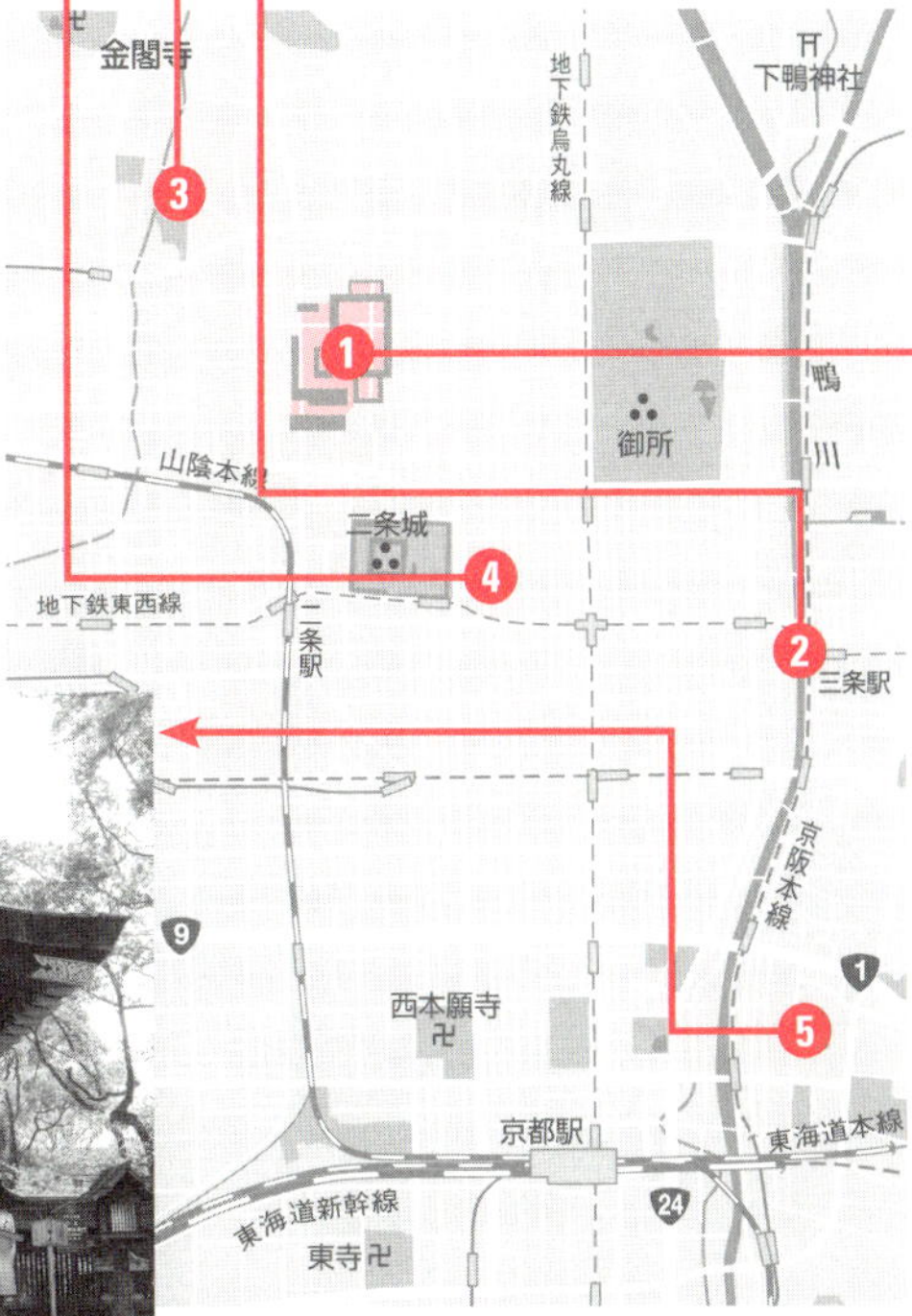

聚楽第

天下人秀吉の栄華の館

天正《てんしょう》14（1586）年2月、豊臣秀吉《とよとみひでよし》は政庁と豪邸をかねた**聚楽第**《じゅらくだい》の建設にとりかかる。東は堀川通、西は千本通、北は一条通、南は丸太町通の区域に建造されたというが、はっきりとはわからない。

この広大な敷地には本丸・北の丸・西の丸・南二の丸などの曲輪《くるわ》、大広間、華麗な門や櫓《やぐら》、天守閣などがあり、近くには**徳川家康**などの諸大名の屋敷が建てられていた。まわりに深さ3間（5・4m）幅20間（36m）の濠を掘って、全長1000間（1800m）の石垣で囲んだ大城郭であった。

平安京大内裏跡地《へいあんきょうだいだいり》に建造された聚楽第は、朝廷をもしのぐほどという秀吉の権力を誇示するとともに、豊臣政権の基盤づくりと**京都大改造**の第一歩であった。

秀次自害と聚楽第のとりこわし

天正15年、秀吉の機嫌をとろうとする諸大名が工事を競って聚楽第は早々と完成。9月には秀吉が大坂から移り住む。翌年4月、**後陽成天皇**《ごようぜい》の*行幸《ぎょうこう》があり、酒宴、管弦、和歌などの催しを3日間も繰り広げたという。このとき秀吉は天皇の前で居並ぶ諸大名に臣従を誓わせ、権威を不動のものにする演出をしている。

その後、秀吉は**大仏殿造営**、**北野大茶湯開催**、**御**《お》**土居**《どい》**建造**などの大事業を行い、充実した時代を過ごすが、聚楽第には数奇な運命が待ち受けていた。

天正19年、秀吉は跡継ぎ鶴松《つるまつ》を3歳で亡くすと、豊臣家の後継者として姉の子・**秀次**《ひでつぐ》を養子に迎え、関白の座と聚楽第を譲る。だが、文禄《ぶんろく》2（1593）年8月、淀殿《よどどの》が跡継ぎ**秀頼**《ひでより》を産むと秀吉は心変わりし、秀次との関係は悪化していった。

文禄4年7月、秀次は謀反の疑いで追放され、**高野**《こうや》**山**《さん》で自害させられる。秀次と一族の居城であった聚楽第は造営からわずか9年で、秀吉の命令により跡形もなく壊されてしまった。

＊行幸＝天皇が御所を出て、他所へ訪問すること。天皇の訪問が幸福をもたらすという、儒教的観念により幸の字をあてる。

聚楽第の遺構

幻の邸宅といわれる聚楽第。その遺構が、跡地をはじめ数カ所に残ると伝わる。

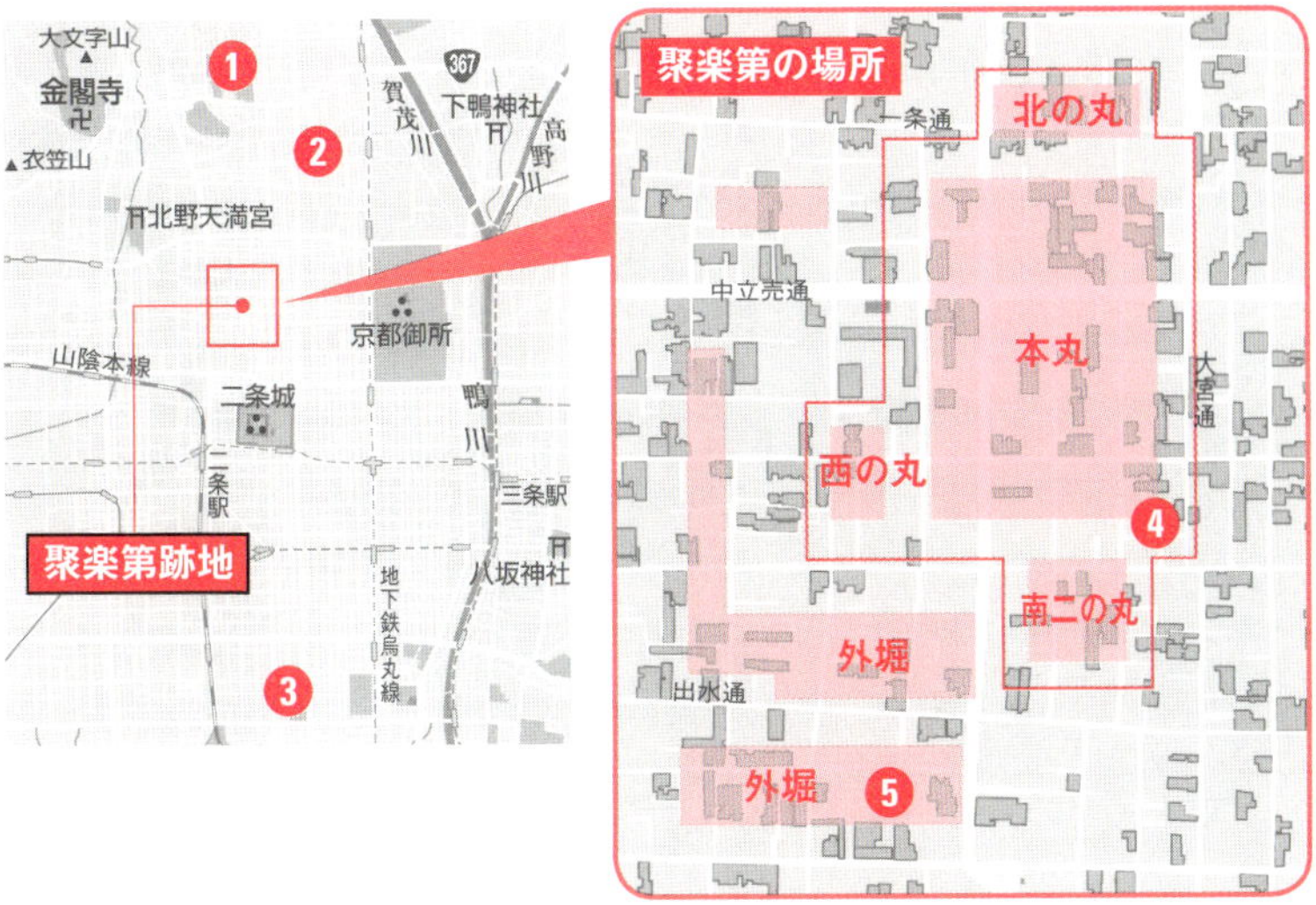

名称	由来、由緒など	所在地／アクセス
❶大徳寺唐門	豪華絢爛な意匠を施した大徳寺の唐門は聚楽第の遺構ともいわれ、西本願寺《にしほんがんじ》、豊国神社の唐門とともに「桃山の三唐門」と呼ばれている。	北区紫野大徳寺町53／京都駅からバスで40分「大徳寺前」下車すぐ
❷妙覚寺《みょうかくじ》表門	秀吉の都市改造で現在の地に移された妙覚寺は、日蓮宗本山の一つ。この門は聚楽第の裏門を移建したものと伝わる。	上京区上御霊前通小川東入清蔵口町135／地下鉄烏丸線「鞍馬口駅」から徒歩5分
❸西本願寺 ➡P190	「お西さん」の愛称で親しまれるが、正式名称は「龍谷山《りゅうこくざん》 本願寺」で浄土真宗本願寺派の本山。国宝指定の飛雲閣《ひうんかく》は聚楽第遺構とも伝えられている。	下京区堀川通花屋町下ル／京都駅から徒歩15分
❹梅雨の井跡	聚楽第屏風に描かれたという井戸跡で、今は草が生い茂る空き地に立て札だけが残されている。	上京区大宮通下長者町上ル西入／京都駅からバスで25分「千本出水」下車徒歩7分
❺松林寺《しょうりんじ》	門から下った所に境内や本堂があるのは、この寺が聚楽第の外堀跡に建立されているためである。門から本堂の裏まで、3段の急な段差が残る。	上京区智恵光院通出水下ル／京都駅からバスで25分「千本出水」下車徒歩5分

方広寺大仏殿

日本一の大仏を目指して

天正14（1586）年、天下統一を目前にした秀吉は、京に**日本一の大仏**をつくろうと考え、聚楽第造営と同時に**方広寺大仏殿**《ほうこうじだいぶつでん》の建築にとりかかる。奈良の大仏よりも大きい日本一の仏像を造り、自分の勢威を後世に残すというねらいもあった。

場所は現在の**三十三間堂**《さんじゅうさんげんどう》から北の一帯。早く完成させようと、予定の金銅仏から漆喰金箔貼りの木像に変更させた。大きさは奈良の大仏より4m高い19m、大仏殿は高さ61mの壮大な建物であった。

刀狩令《かたながりれい》で集めた刀槍を鋳《い》つぶして釘やかすがいにし、大仏殿建立の名目で集めた木材は朝鮮侵攻の軍船にも用いられている。大仏殿建立は権威を誇示するだけでなく、政治的な意図のもとに行われた政策だった。

災難続きの不運な大仏

文禄4（1595）年、大仏はほぼ完成したが、文禄5年、京都を襲った大地震で崩壊。大仏殿が倒壊せずに残っていたので、大仏なしで開眼供要を行おうとしたが、目前の慶長3（1598）年8月18日、秀吉は**伏見城**《ふしみじょう》で死去してしまう。

秀吉の後継者・**秀頼**《ひでより》は、大仏再建にとりかかる。今度は燃えないように鋳造した金銅仏であったが、慶長7年に大仏殿とともに火災で焼失。そして慶長15年、徳川家康《とくがわいえやす》の強い勧めで再度、大仏と大仏殿の建立にとりかかった。

ところが慶長19年、完成した大仏の開眼供養の数日前、家康から大仏殿の**梵鐘**《ぼんしょう》に言いがかりをつけられる。東福寺《とうふくじ》の文英清韓《ぶんえいせいかん》が作成した鐘銘《しょうめい》の「**国家安康**」「**君臣豊楽**」の文字が、家康の名を分断し、豊臣の繁栄だけを願うものだというのである。この**大仏鐘銘事件**がきっかけとなり、同年10月に**大坂冬の陣**＊が引き起こされ、続く大坂夏の陣へと豊臣家は滅亡の道を進んでいくことになる。

＊大坂冬の陣＝徳川家康によって大坂城が攻められるが、奮戦の末、一時和睦。しかし再び家康が攻撃をしかけたため、翌年に大坂の夏の陣が勃発し豊臣家が滅亡する。この2つを合わせて大坂の陣という。

方広寺大仏殿の関連地

方広寺とその近隣には、秀吉が手がけた大仏殿の遺構が残されている。

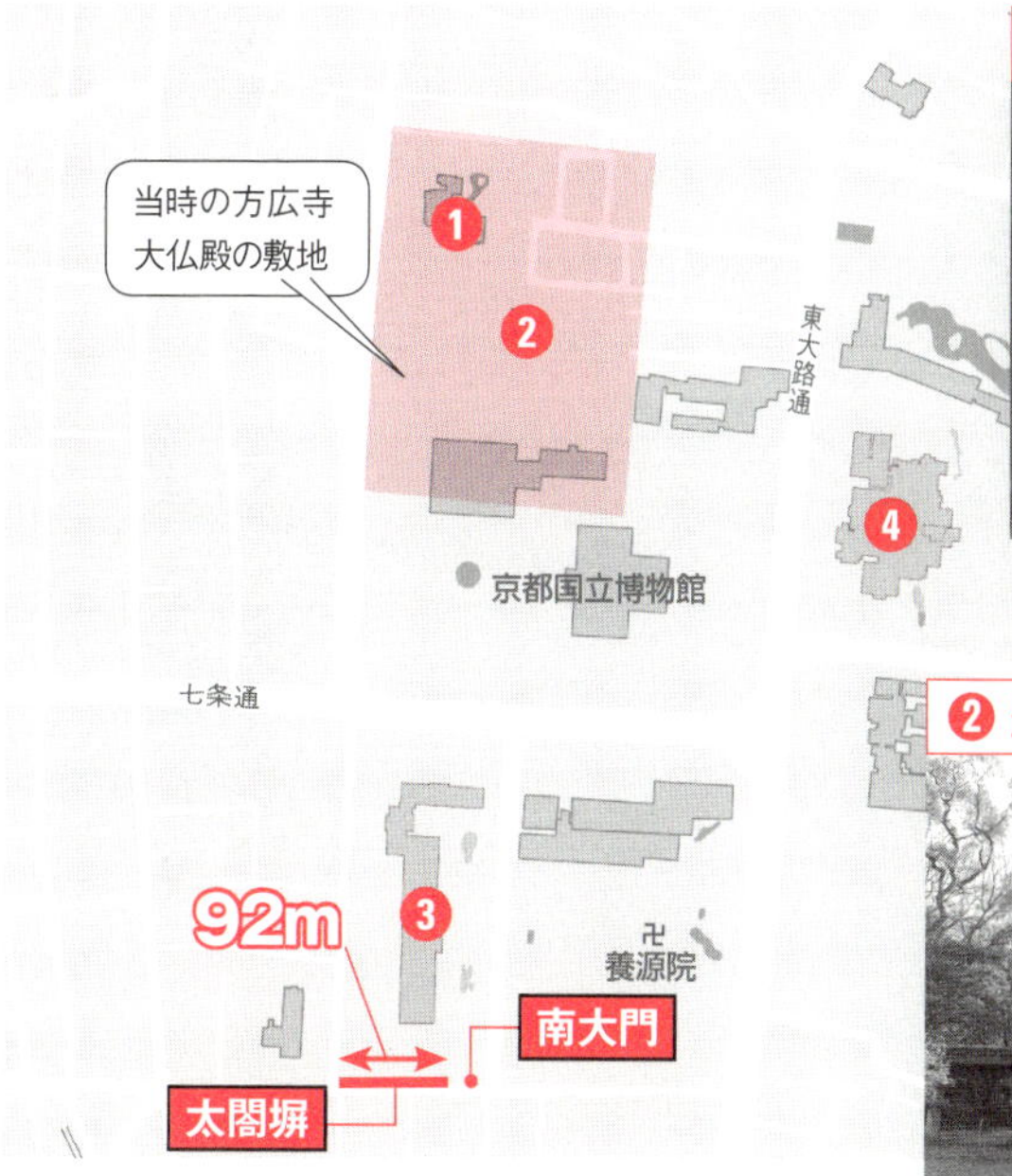
当時の方広寺
大仏殿の敷地
1
2
東大路通
4
京都国立博物館
七条通
92m
3
卍
養源院
南大門
太閤塀

❶ 方広寺の梵鐘

❷ 豊国神社

名称	方広寺大仏殿との関わり	所在地／アクセス
❶方広寺	秀吉が建てた方広寺大仏殿は崩壊し、豊臣秀頼により現在の位置に再建されたが同様の規模のものにはならなかった。本堂には、大仏の10分の1の大きさの仏像が安置されている。また境内には梵鐘がある。	東山区正面通大和大路東入茶屋町527-2／京都駅からバスで5分「博物館三十三間堂前」下車徒歩5分
❷豊国神社 ➡P105	秀吉が建立した、方広寺大仏殿の跡地内に建てられた神社。	東山区大和大路正面茶屋町／京都駅からバスで5分「博物館三十三間堂前」下車徒歩5分
❸蓮華王院《れんげおういん》（三十三間堂）	南側の道路には、方広寺の遺構である南大門《なんだいもん》があり、同じく南側には太閤塀《たいこうべい》といわれる高さ5.3m、長さ92mの土塀が残っている。共に重要文化財。	東山区三十三間堂廻町657／京都駅からバスで5分「博物館三十三間堂前」下車すぐ
❹妙法院《みょうほういん》	国宝である庫裏は、方広寺大仏殿の供養のために集まった千人の僧侶の食事を作るための台所として建てられたものと伝わる。	東山区妙法院前側町447／京都駅からバスで5分「東山七条」下車徒歩3分

秀吉がつくった京の町3

京都大改造

三条大橋の架橋

京の町を大改造して「安寧楽土《あんねいらくど》」を築こうとした秀吉は、聚楽第や御土居《おどい》の建造とともに、交通網や町の区画整備も手がける。まずは**三条大橋**の架橋である。

東海道の起点で交通の要衝であったにもかかわらず、それまで三条河原には簡素な橋が架かっていただけだった。かつて白河法皇が嘆いたように、洪水をくり返す鴨川には堅固な橋が架けにくかったのである。

天正18（1590）年、北条《ほうじょう》氏制圧のための**小田原《おだわら》出陣**にあたって秀吉は、三条大橋の架橋を**増田長盛《ましたながもり》**に命じる。この日本初の本格的な**石柱橋**は、小田原からの秀吉凱旋のシンボルとなっただけでなく、江戸と京を結ぶ重要なルートである東海道の始点として、また**京の玄関口**として賑わうようになる。

町割と寺院の配置

次に秀吉は**町割《まちわり》**の変更にとりかかる。平安京以来の条坊制で、東西南北一町四方の格子状に区画されていた町並みに手を加えた。新たに半町ごとに南北の道路を設け、正方形から**短冊形**にしたのである。

これによって空き地が減り、いわゆる「*__太閤検地《たいこうけんち》__」が徹底されて税収を増やすことができた。そのうえ居住区の拡大により多くの住民が移り住み、楽市楽座《らくいちらくざ》が奨励され、京の経済活動が活発化した。

洛中に点在していた寺院を強制的に集め、**寺院街**をつくることも秀吉の都市計画に入っていた。鴨川沿いに、北から南へ寺院を配列。この寺町には約120の寺を配置したが収まらず、新たに**寺之内町**をつくった。それが現在の寺町通と上京区を東西に走る寺之内通に並ぶ各寺院である。またできた空き地の一部の堀川六条付近に、大坂から本願寺を移転させている。

こうして秀吉は都の東、北、南を寺院街で固めて防備するとともに、民衆支配を容易にするために寺院とのつながりを分断する**宗教政策**を実施した。

＊太閤検地＝秀吉が全国に行なった、田畑の測量と収穫量の調査。物差しや升を使って行われ、全国の測定単位を統一。耕作者1人に対して所有地を1つに定め、それまでの荘園制度が崩壊した。

町割の変化

平安京時代からの碁盤の目の町割を改造し、現在の京都の町の原型をつくった。

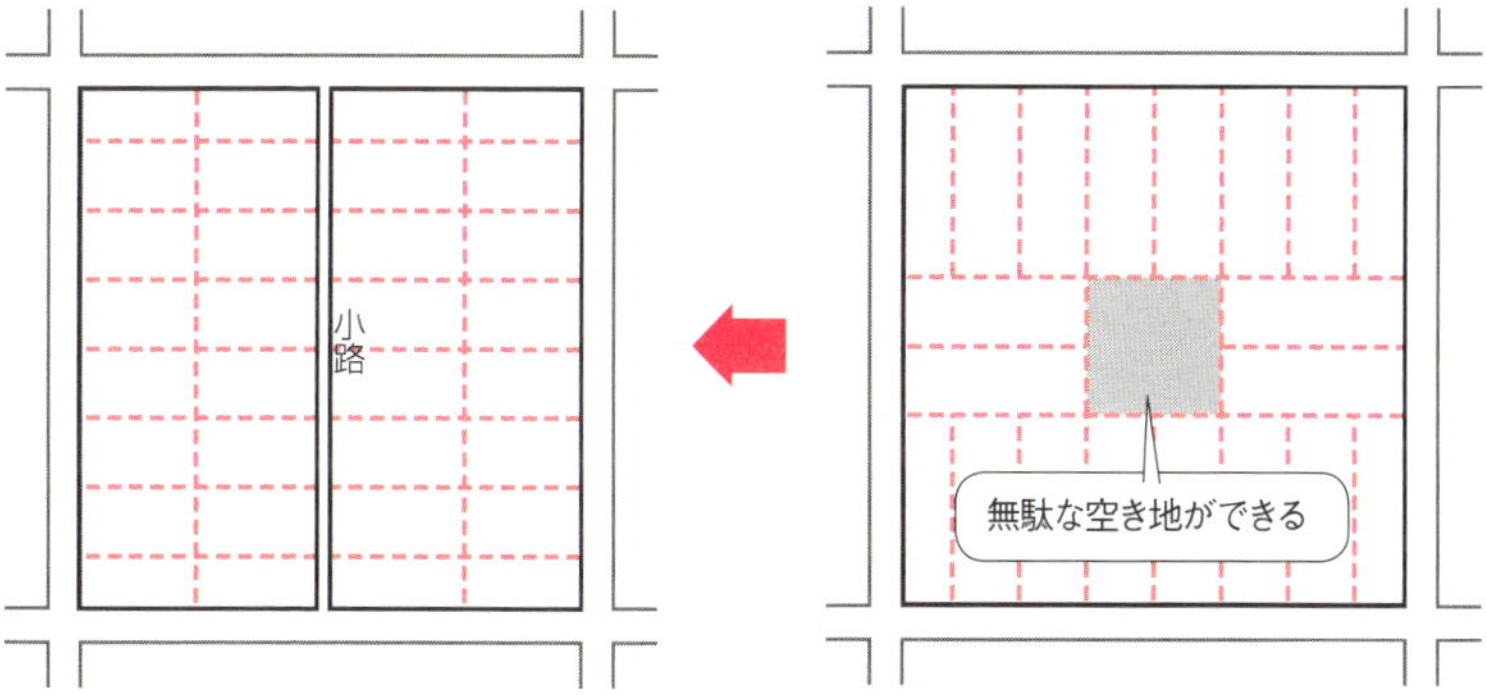
小路
無駄な空き地ができる

短冊形になり２区画に

中央に南北に走る道路を造り、空き地を宅地に変えた。

碁盤の目の１区画

平安京以来の格子状の区画では、中心部に空き地ができた。

洛中と寺町の位置関係

それまで洛中に散らばっていた寺院を強制的に移転し、一定の区域にまとめた。

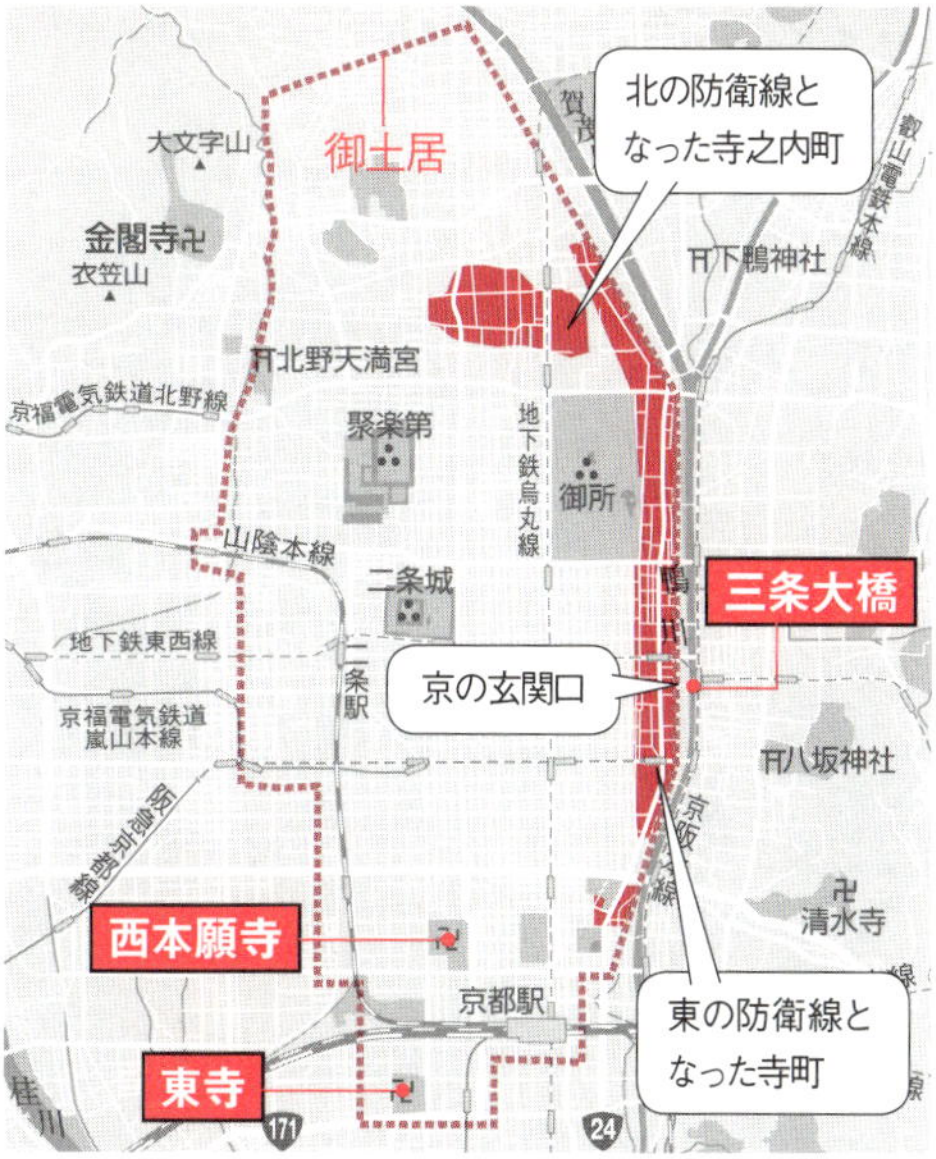
御土居
大文字山
金閣寺
衣笠山
北の防衛線となった寺之内町
叡山電鉄本線
下鴨神社
北野天満宮
京福電気鉄道北野線
聚楽第
地下鉄烏丸線
御所
山陰本線
二条城
鴨川
三条大橋
地下鉄東西線
二条駅
京の玄関口
京福電気鉄道嵐山本線
八坂神社
阪急京都線
京阪線
清水寺
西本願寺
京都駅
東の防衛線となった寺町
東寺
桂川
171
24

寺町は鴨川に沿って造られた御土居（➡P112）の内側に設置された。徳川家康の存在を考え、東からの防衛に役立てようとしたとも思える。現在の寺町通は、北は鞍馬口通に突きあたる北区上善寺門前町、南は五条通の下京区西橋詰町である。

北には寺之内町が設けられたが、もともと寺院が多い一角だったらしい。現在の寺之内通には西陣の大宮通一帯から烏丸通辺りまでに寺院が多く建ち並ぶ。南は大寺院の本願寺や東寺《とうじ》などがあり、御土居内側の三方を固めることができた。

秀吉がつくった京の町4

御土居

御土居は京を完全に包囲した城壁か

天正19（1591）年1月につくり始めた**御土居**《おどい》も秀吉の都市計画のひとつ。聚楽第を中心に、京の四方を土を盛り上げ囲んだもので、まわりに堀を巡らせたので**御土居堀**とも呼ばれる。

その結果、囲まれた内側は洛中となり、外側は洛外となって、都に入るためには東西南北へのびる街道の出入り口である**七口**《ななくち》という関所を通らなければならなくなった。つまり街道から敵の進入を阻止するのが、御土居の最大の目的だったと考えられる。

それ以外にも東の鴨川や西の紙屋川《かみやがわ》の洪水対策、延暦寺《えんりゃくじ》など近郊の寺社勢力との分断なども意図していたとされる。現在、鷹ケ峯《たかがみね》や北野《きたの》などの保存状態がよい9カ所が、国の史跡に指定されている。

高い盛土と堀と川でつくられる

御土居が囲む範囲は**南北約8・5㎞、東西約3・5㎞の縦長の形で、全長は約22・5㎞**。北は北区紫竹の加茂川中学校付近、南は南区の東寺南、東は現在の河原町通、西は中京区の山陰本線円町駅付近にあたる。東では鴨川（賀茂《かも》川）に、北西では紙屋川（天神《てんじん》川）に沿って、河川が堀をかねていた。

御土居の断面図

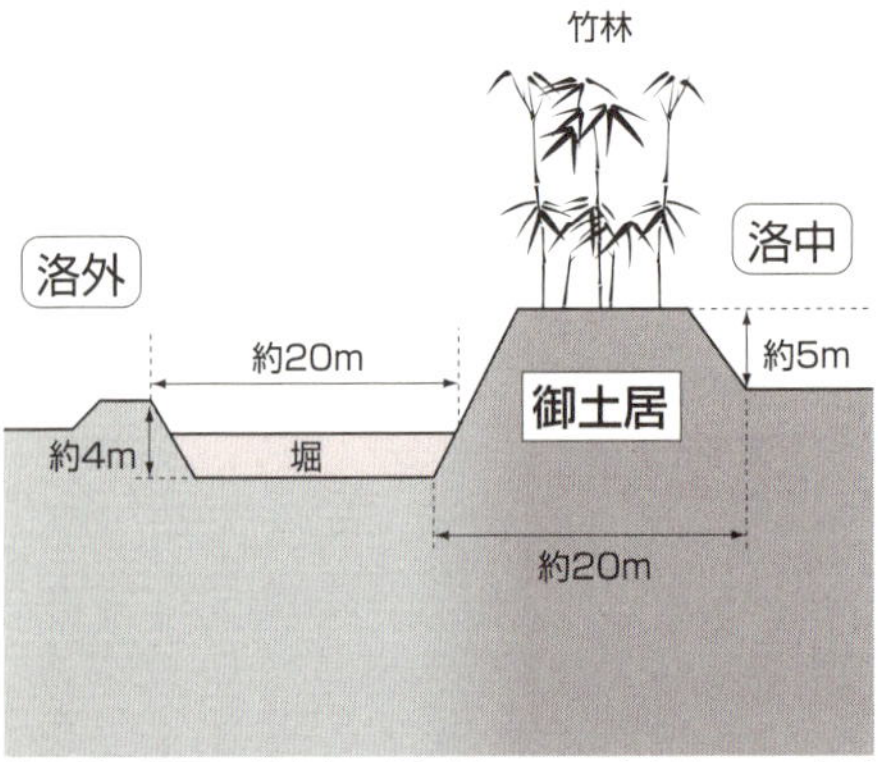

御土居の断面は基底部の幅が約20m、高さ約5mの台形状をしていた。土塁の外側に沿って堀があり、その幅は約20m、深さは最大約4mであった。美観のためか上部には竹が植えられていた。

御土居と京の七口

秀吉がつくった御土居の跡は、今でも京都の町の各地に残っている。

七口とは京の出入り口で、鎌倉時代の終わりころにはすでにつくられていた。時代によって場所や数も変化し、10カ所以上はあったという。秀吉の時代には、東の東海道への粟田《あわた》口、西の山陰街道からの丹波《たんば》口、北の若狭《わかさ》街道、鞍馬《くらま》街道、周山《すやま》街道の大原《おおはら》口や鞍馬口、長坂口、南からの伏見《ふしみ》街道、鳥羽《とば》街道などの伏見口、鳥羽口などがあった。

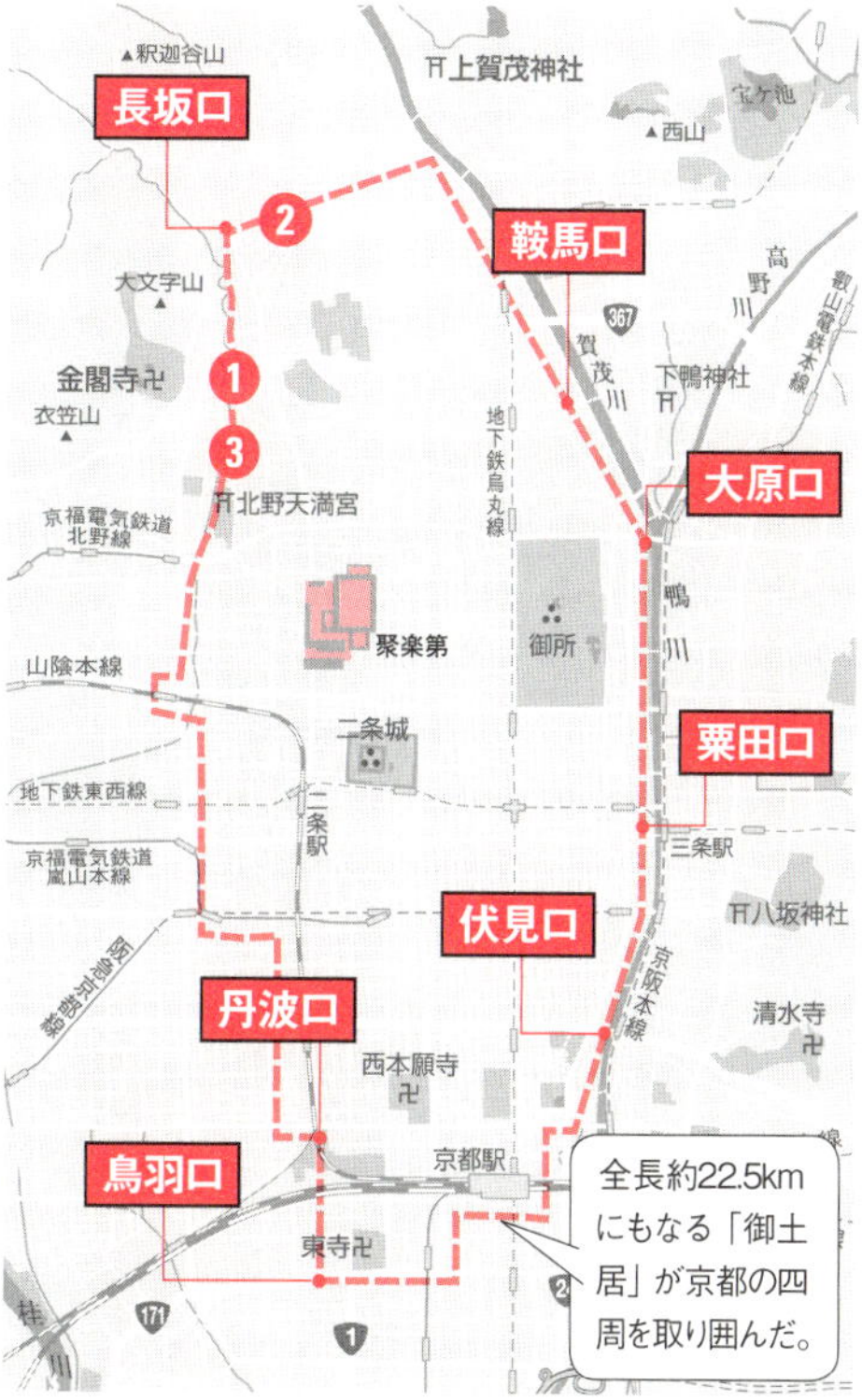

釈迦谷山
長坂口
上賀茂神社
宝ケ池
西山
2
鞍馬口
大文字山
高野川
叡山電鉄本線
367
賀茂川
金閣寺
1
下鴨神社
衣笠山
地下鉄烏丸線
3
大原口
北野天満宮
京福電気鉄道北野線
鴨川
聚楽第
御所
山陰本線
粟田口
二条城
地下鉄東西線
二条駅
三条駅
京福電気鉄道嵐山本線
八坂神社
阪急京都線
伏見口
京阪本線
丹波口
清水寺
西本願寺
鳥羽口
京都駅
東寺
171
1
全長約22.5kmにもなる「御土居」が京都の四周を取り囲んだ。

❶ 平野《ひらの》御土居

平野鳥居前町の御土居は表面がきれいに整形され、出土した石仏が並んでいる。

所在地●北区平野鳥居前町
アクセス●京福電鉄北野線「北野白梅町駅」から徒歩10分

❷ 大宮《おおみや》御土居

鷹ヶ峯へ上る途中にある大宮の御土居。土塁が左側で右のへこみは堀の跡である。

所在地●北区大宮土居町
アクセス●京都駅からバスで40分「玄琢下」下車すぐ

❸ 北野御土居

➡P184

北野天満宮境内の西端、紙屋川沿いに御土居の遺構が残されている。

秀吉がつくった京の町5

大茶会と花見

大名から大衆まで参加の北野大茶湯

天正15（1587）年3月、秀吉は2万5千の兵を率いて九州へ出陣し、**島津《しまづ》義久《よしひさ》**・**義弘《よしひろ》**を下して7月14日に**大坂城**に凱旋する。帰るとすぐに、10月1日から**北野の森**で**大茶会**を催すとの高札を上げさせた。

　そこには百姓、町人誰でも茶の湯が好きであれば身分は問わず、釜ひとつ、椀ひとつ、なければ代わりのものを持参してもいい、と書かれていた。信長の時代までは茶の湯や茶会は厳しく制限されていたが、秀吉は一般大衆にまで茶の湯を広げようと考えた。

　当日は**北野の森**に1500もの茶湯所が設けられ、京をはじめ大坂や堺、奈良からも大勢の参加者であふれた。秀吉は茶を点《た》て会場を見物するなどご機嫌だったが、なぜか10日間の予定が1日で打ち切られている。

秀吉最後のイベント

慶長3（1598）年3月15日、秀吉は**醍醐寺《だいごじ》**で大々的な花見の宴を繰り広げる。前年、伏見界隈を視察していた秀吉は、応仁の乱で荒れた醍醐寺を見て援助の手を差し伸べたが、このとき境内の桜の美しさに花見の宴を開こうと考えたという。すぐに**五重塔《ごじゅうのとう》**など伽藍《がらん》の修復にかかり、**三宝院《さんぼういん》**に庭園を造営したという。

　花見の当日、秀吉は幼い秀頼を抱いて輿《みこし》に乗り、北《きたの》政所《まんどころ》、淀殿、松《まつ》の丸殿《まるどの》などの正室や側室から侍女、諸大名の女房衆など総勢1300名を超える女性ばかりを引き連れ、伏見城から醍醐寺までを行列した。

　一行が到着すると、近畿《きんき》一円から移植された**桜の名木約700本**が満開で出迎えたと伝えられている。

　秀吉は秀頼の手をひいて趣向を凝らした茶屋をめぐってまわり、きらびやかな着物を3度も召し替えた女性たちに囲まれ、日がなご満悦であったという。

　花見のあとすぐに秀吉は病に倒れ、5カ月後の8月18日、**伏見城**で62歳の波乱の生涯を終えた。最後まで豊臣家の行く末と秀頼のことを案じていたという。

秀吉が行った催しと開催地

秀吉は自らの力を誇示するため、人々が驚くような画期的な催しを行なった。

❷ 北野天満宮

➡P184

北野天満宮楼門の南東に残る太閤井戸は、天正15年10月1日に秀吉が北野の松原で催した大茶会の史跡。そばには記念の石碑も建てられて、毎年12月1日には茶道家元による献茶祭も行われている。北野大茶湯が1日で中止された理由は数説ある。通説では、茶会1日目の夕方に肥後で国一揆が勃発したという知らせが入り、秀吉が激怒したからといわれるが、単純に秀吉の気まぐれであるという説もある。

催し名	行われた年	催しの内容
❶禁裏《きんり》茶会	天正13(1585)年	禁裏(天皇の宮殿)において初めて茶会を催し、翌年には黄金の茶室を持ち込んで茶会を開く。
❷北野大茶湯	天正15(1587)年	誰でも参加できる画期的な茶会を北野天満宮の境内で開催し、多くの参加者で賑わう。
❸天皇行幸《ぎょうこう》	天正16(1588)年	聚楽第に後陽成天皇を招いて酒宴や管弦、雅楽、和歌などを楽しんだ。3日の予定を5日に延長した。
❹金くばり	天正17(1589)年	聚楽第に公家や大名を招いて、金銀の大判小判を気前よく配分し、自分の財力を誇示して見せた。
❺醍醐の花見	慶長3(1598)年	醍醐寺境内で行った総勢1300人が参加したという大規模な花見。現在も毎年行われている豊太閤花見行列にその面影が偲ばれる。

秀吉がつくった京の町6

千利休と秀吉

堺から京へ

千利休《せんのりきゅう》は、茶の湯の大成者で「茶聖」と呼ばれる。堺《さかい》の商家に生まれ、幼名を与四郎といい、16歳から茶の湯に親しみ、茶禅一味を掲げた**武野紹鷗**《たけのじょうおう》に師事。堺の南宗寺《なんしゅうじ》に参禅し、本山大徳寺ともつながりがあった。

信長が堺を直轄地としたとき、茶頭《さどう》として採用。信長の死後は秀吉の茶頭となるとともに、茶の交わりを政治に利用する秀吉のそばにいつも控えて、やがて大きな発言力を持つに至る。

天正13（1585）年、**禁裏茶会**で秀吉の後見を務める際、町人の身分では宮中参内できないため、正親《おおぎ》町《まち》天皇より利休の居士号を賜る。天正15年、北野天満宮境内で行われた**北野大茶湯**《きたのおおちゃのゆ》（➡P114）は、利休がいたからこそ成し得た大イベントであった。

利休切腹をめぐる数々の謎

聚楽第を築いたとき、秀吉は城内東北に**利休屋敷**を建て、いつもそばに利休をおいて茶を楽しんだ。茶頭としての利休の存在はますます大きくなり、内々のことは利休、公のことは秀吉の弟の秀長《ひでなが》が仕切るとまでいわれ、ともに豊臣政権の両輪の役割を果たしていた。

ところが秀長没後の天正19年2月13日、秀吉は利休を堺へ追放、28日に**切腹**させてしまう。

切腹の理由は今もってはっきりしない。最も知られている話は利休像の一件。天正17年に利休が初層だけ完成していた大徳寺三門の上層を寄進したことに住持《じゅうじ》の**古渓宗陳**《こけいそうちん》が感謝し、彼の木像を階上に祀るが、それが秀吉の怒りを買ったという。門上に草履を履いた利休像があるのは、門を潜る貴人の頭を土足で踏むことと同じで、思い上がるなということであった。

そのほかにも茶道具の売買で高額な利益を得ていたとか、美貌の娘お吟を秀吉の側室に差し出さなかったなどといわれているが、最近は政治的立場を異にする**石田三成**《いしだみつなり》に陥れられたという説が有力となっている。

表千家の不審菴、裏千家の今日庵が並ぶ小川通。

千利休ゆかりの地

千利休の子孫が、現在も茶道流派を受け継いでいる。

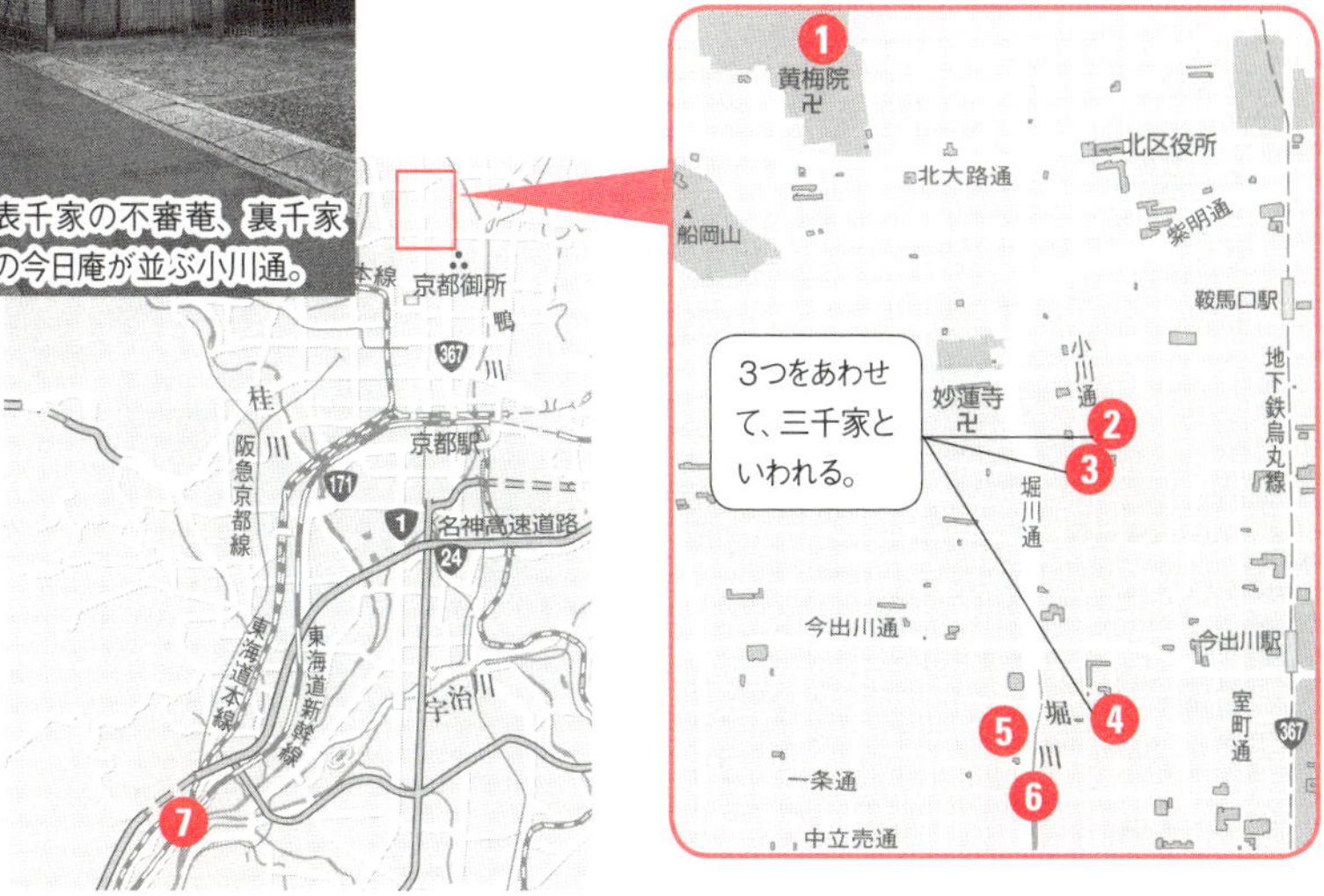

名称	由来、由緒など	所在地／アクセス
❶大徳寺三門	朱塗りの大徳寺三門は、境内の東寄りに勅《ちょく》使門《しもん》と仏殿の間に並んで建てられ、「金毛《きんもう》閣《かく》」の額が掛けられている。近くに三千家《さんせんけ》の菩提寺の聚光院《じゅこういん》がある。	北区紫野大徳寺町53／京都駅からバスで40分「大徳寺前」下車すぐ
❷不審菴《ふしんあん》	利休の孫である宗旦《そうたん》の三男宗佐《そうさ》が受け継いだ表千家の茶室。非公開。	上京区寺之内通堀川東入百々町536／地下鉄烏丸線「鞍馬口駅」から徒歩8分
❸今日庵《こんにちあん》	利休の孫である宗旦の四男宗室《そうしつ》が受け継いだ裏千家の茶室。非公開。	上京区小川通寺之内上ル／地下鉄烏丸線「鞍馬口駅」から徒歩8分
❹官休庵《かんきゅうあん》	利休の孫である宗旦の次男宗守《そうしゅ》を祖とする武者小路千家の茶室。非公開。	上京区武者小路通小川東入613／地下鉄烏丸線「今出川駅」から徒歩8分
❺聚楽屋敷跡	現在の晴明神社の辺りにあった屋敷は、利休晩年の拠点となって、秀吉も度々訪れた。	上京区堀川通一条上ル西／地下鉄烏丸線「今出川駅」から徒歩12分
❻一条戻橋《いちじょうもどりばし》	安倍晴明《あべのせいめい》が式神を隠していた伝説が残る橋上に、秀吉は利休像の首をさらして、通行人に踏ませたという。	上京区堀川／地下鉄烏丸線「今出川駅」から徒歩15分
❼妙喜庵《みょうきあん》（待庵《たいあん》）	臨済宗の寺院。待庵は利休が建てた茶室で、数寄屋造《すきやづく》りの原型といわれている。国宝に指定され、申し込めば拝観できる。	京都府乙訓郡大山崎町小字竜光56／JR京都線「山崎駅」からすぐ

伏見二城

指月伏見城と向島城

天正19（1591）年、弟の秀長、千利休と豊臣政権の両輪を失い、おまけに跡継ぎの鶴松を亡くした秀吉は、聚楽第と関白の座を甥の秀次に譲り、文禄2（1593）年、伏見の**指月**《しげつ》に隠居所として**伏見屋敷**を建設し、移り住む。伏見指月の地は観月の名所だけでなく、京と大坂を舟運で結ぶ交通の要衝であった。

この年、淀殿が再び跡継ぎを産んだ。秀頼の誕生が活力を与えたのか、秀吉は隠居屋敷を城に改め、明《みん》の使節を受け入れることにした。ところが慶長元（1596）年閏*7月、大地震で城は壊滅してしまう。

この**指月伏見城**の出城として造られた**向島城**《むかいじま》は、宇治川の対岸にあり、橋で結ばれて秀吉が往き来する私邸となる予定であったという。

木幡山伏見城

指月伏見城の崩壊を目にした秀吉は、この地での築城をあきらめ、新たに**木幡山**《こはたやま》に城を建設する。なんと大地震の翌日には縄打ちにかかり工事を始めた。慶長2年10月には本丸が完成、翌年5月に天守や殿舎ができあがる。城の完成があまりにも早いのは、壊した聚楽第から多くの建物をそのまま移築したからである。

政庁を伏見へ移した秀吉は、同時に伏見を城下町へつくり替えている。宇治川の川筋を変え、港を整備し、京・伏見・奈良をつなぐ街道を新設した。まわりには濠川を設け、城下には大名や商工業者を集め、交通網が発達した伏見は経済都市として繁栄した。

慶長3年、秀吉が死ぬと伏見城の運命は大きく変わっていく。慶長5年、伏見城は関ヶ原《せきがはら》の前哨戦の舞台となって落城。その後、壊れていた伏見城は修復され**徳川家康**が上洛するときの居城として利用された。

だが**二条城**が築城されると、元和9（1623）年、廃城。大坂夏の陣で焼亡した大坂城に続き、伏見城もとり壊され、秀吉の栄華も消えたのである。

*閏月＝江戸時代まで、暦上の日付と実際の季節を調整するために32〜33カ月に1度設けられていた月。前月の月名に「閏」をつける。閏月が入り1年が13カ月となる年を、閏年という。

秀吉が晩年を過ごした3つの城

秀吉は隠居地に伏見を選ぶが、大地震のたびに崩壊し、3回も城を築いた。

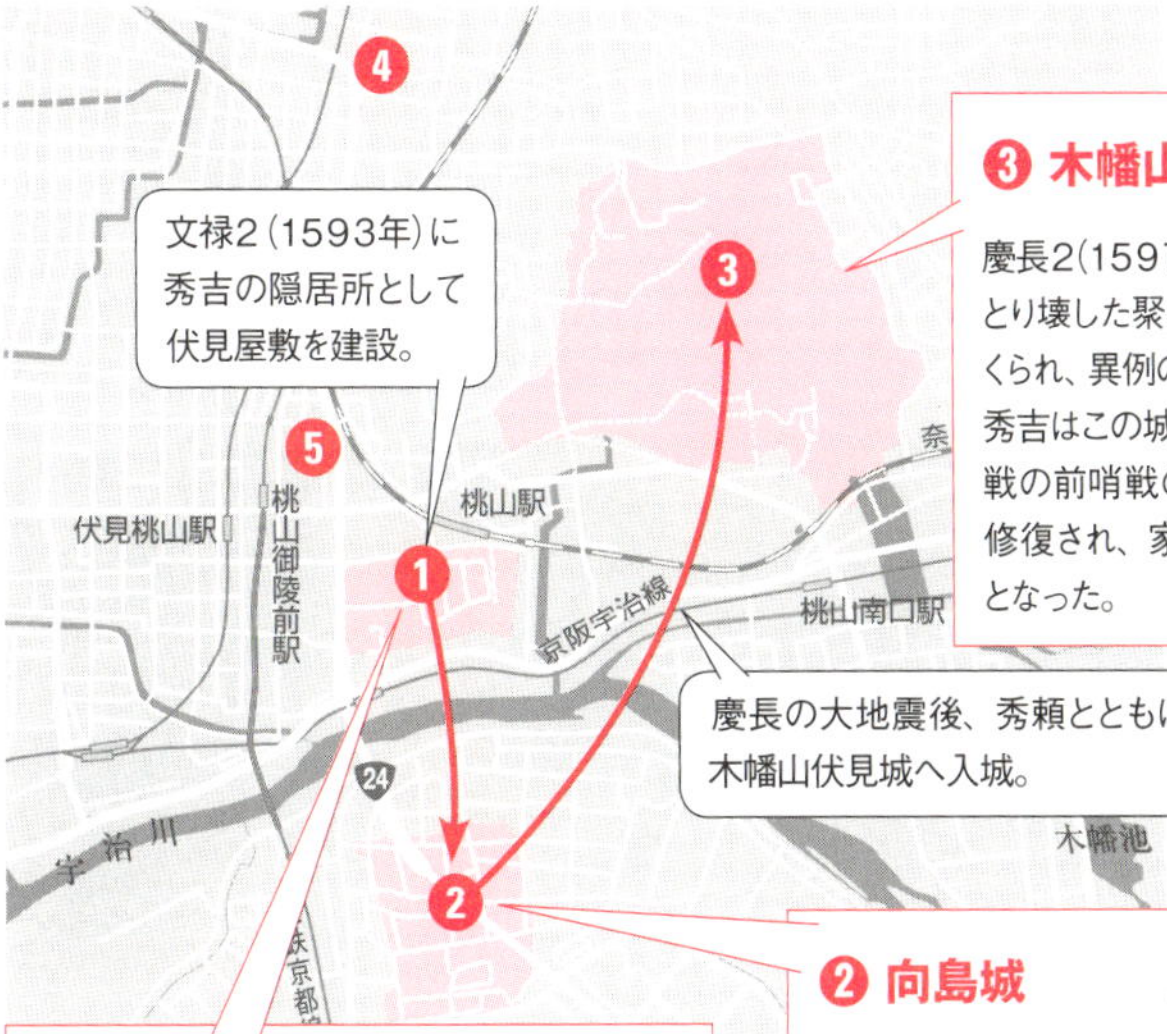
4
文禄2(1593年)に
秀吉の隠居所として
伏見屋敷を建設。
3
5
桃山駅
伏見桃山駅
桃山御陵前駅
1
京阪宇治線
桃山南口駅
慶長の大地震後、秀頼とともに
木幡山伏見城へ入城。
24
宇治川
木幡池
2

❸ 木幡山伏見城

慶長2(1597)年～

とり壊した聚楽第からの用材でつくられ、異例のスピードで完成した。秀吉はこの城で没した。関ヶ原合戦の前哨戦の舞台となったあと、修復され、家康の上洛時の居城となった。

❷ 向島城　慶長元(1596)年～

指月伏見城の出城として宇治川の対岸につくられ、橋で結んで往き来できるようにする予定だった。太閤の御遊所としてつくられた。

❶ 指月伏見城　文禄3(1594)年～

月の名所・指月に造った隠居屋敷を改築した城。大陸進出を考えた秀吉が明からの使節を迎えるために豪華な城につくりあげ、威信を高めようとしたが大地震で倒壊した。

❹ 栄春寺《えいしゅんじ》

木幡山伏見城の遺構の総門があり、墓地一帯は秀吉時代の城下町を囲んだ土塁の遺跡。

所在地●伏見区桃山町丹下
アクセス●京阪電鉄本線「墨染駅」から徒歩7分

❺ 御香宮神社《ごこうのみやじんじゃ》 ➡P46

秀吉が指月伏見城に鬼門除けの神社として移築したが、徳川時代になって戻された。表門は木幡山伏見城の大手門を移したものといい、境内に石垣の残り石がある。

幕末

新選組の登場

幕末から明治維新へ、尊攘過激派の志士が横行する京都の治安維持に必要とされた新選組。6年たらずの活躍だったが、近藤勇をはじめ新選組は士道へのこだわりと幕府への忠誠心が強かった。江戸に浪士組として生まれ、箱館五稜郭に終わった新選組の歴史のなか、ひときわ輝くのが京都時代である。

新選組関連年表

1862年 文久2年	閏8月1日	会津藩主松平容保、京都守護職に任命される
1863年 文久3年	2月23日 3月12日 8月18日 8月21日	浪士組入洛 会津藩預かりとなり、壬生浪士組を名乗る 八月十八日の政変に出陣 武家伝奏により、新選組の名を拝命
1864年 元治元年	6月5日 7月19日	池田屋騒動 禁門の変に出陣
1867年 慶応3年	10月14日	大政奉還
1868年 慶応4年	1月3日 4月11日 4月25日	鳥羽・伏見の戦い（戊辰戦争）始まる 江戸城無血開城 近藤勇、板橋にて斬首される
1869年 明治2年	5月11日	新政府軍、箱館総攻撃。土方歳三戦死

現場を訪ねる

❶ 壬生寺

鑑真和上の創建と伝える古刹。本尊の地蔵菩薩は、厄除けや延命の御利益で知られている。新選組屯所の八木邸や前川邸と近く、境内を隊士が訓練場にしていたなど新選組にまつわる逸話も多い。境内右手に、近藤勇の銅像や芹沢鴨などの隊士の墓が並ぶ壬生塚がある。

所在地●中京区壬生梛ノ宮町31
アクセス●阪急電鉄京都線「大宮」駅から徒歩10分

壬生塚の近藤勇の像。

❷ 金戒光明寺

京都の人に「黒谷《くろだに》さん」と呼ばれる寺。京都へ入った会津藩主松平容保が本拠とし、京都守護職本陣となった。東海道を間近にした高台にあり、石垣に護られた本堂や山門などの伽藍がある要衝の地。背後には、幕末に戦死した会津藩士が眠る会津墓地がある。

所在地●左京区黒谷町121
アクセス●京都駅からバスで20分「岡崎道」下車徒歩5分

❸ 角屋

江戸時代、花街として栄えた島原にあって、太夫や芸妓を呼んで宴を催した店。新選組がたびたび宴会を催し、芹沢鴨が暴れたこと、また長州の志士・久坂玄瑞が密議をしたことで知られる。「角屋もてなしの文化美術館」として公開されている。

所在地●下京区西新屋敷揚屋町32
アクセス●京都駅からバスで10分「島原口」下車徒歩2分

❹ 八木邸

京都郊外の壬生に着いた浪士組は、本部を壬生寺向かいの新徳寺に置き、壬生の郷士の邸宅に分かれて宿泊した。そのうち八木邸に宿泊した芹沢一派と近藤らが、新選組を結成することになる。のちにここで芹沢らが暗殺されたが、今もそのときの刀傷が残る。

所在地●中京区壬生梛ノ宮町24
アクセス●阪急電鉄京都線「大宮」駅から徒歩10分

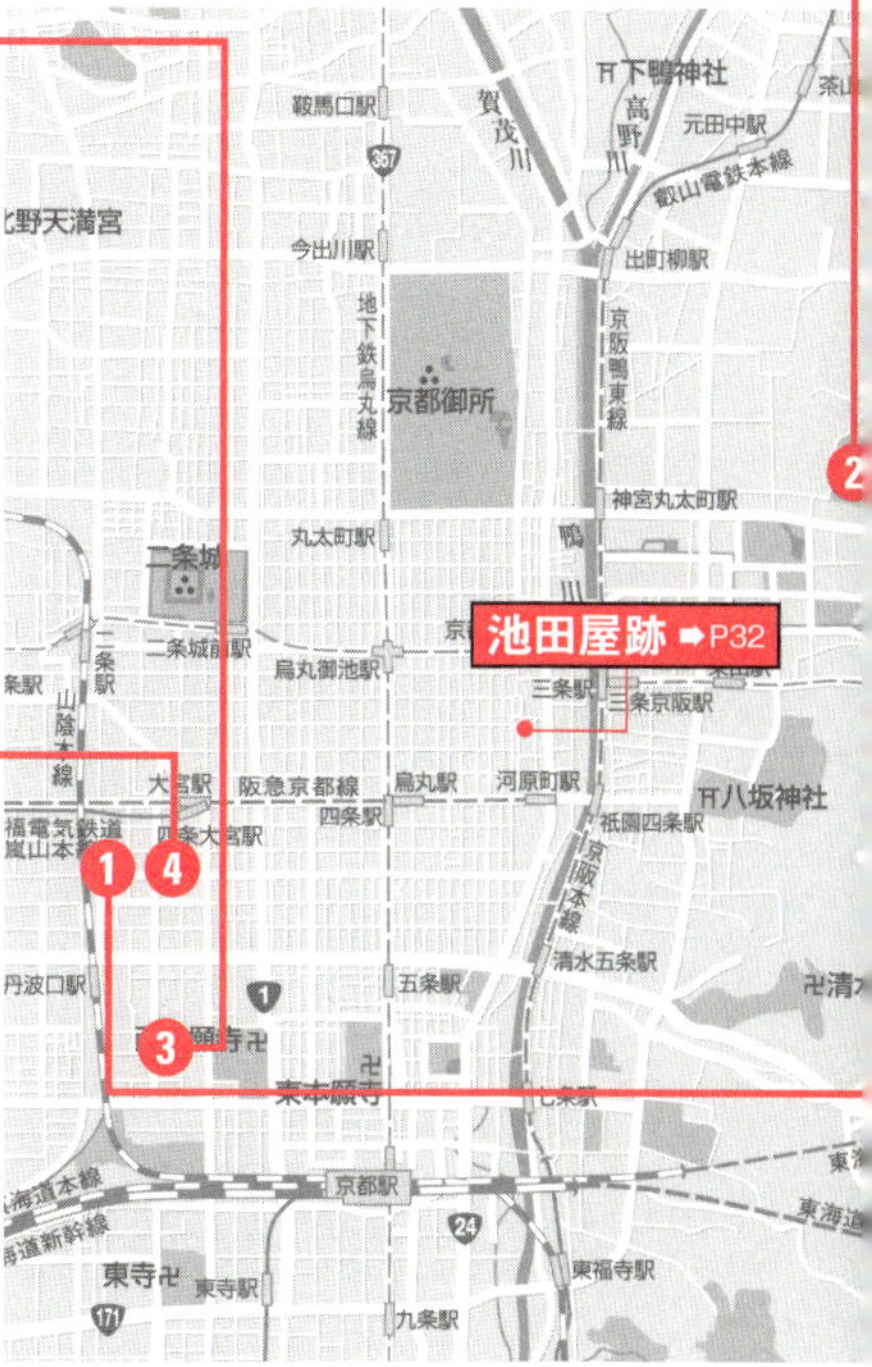

新選組の登場1

浪士組入洛

浪士組、江戸から京へ

文久《ぶんきゅう》2（1862）年の暮れ、将軍家茂の上洛にともなう浪士募集の話が、江戸の**近藤勇**《こんどういさみ》が道場主をつとめる試衛館道場にもたらされた。国の行く末を案じていた近藤をはじめ、**沖田総司**《おきたそうじ》、**土方歳三**《ひじかたとしぞう》、**井上源三郎**《いのうえげんざぶろう》という道場の生え抜き、食客の**藤堂平助**《とうどうへいすけ》や**山南敬助**《やまなみけいすけ》、**永倉新八**《ながくらしんぱち》、**原田左之助**《はらださのすけ》ら、剣の達人が募集に応じた。

だが、この浪士募集を考案したのは、**清河八郎**《きよかわはちろう》という、かつて薩摩藩の一部と組んで倒幕を企てた人物。つまりこの募集には、幕府の金で人材を集めて朝廷を奉じ、**幕府を倒そうという策謀**が巡らされていた。文久3年2月4日、江戸・小石川伝通院に集まった浪士は、総勢234名。鵜殿鳩翁《うどのきゅうおう》が浪士取締、山岡鉄舟《やまおかてっしゅう》らが取締となって8日に京へ向かって旅立った。

八木邸に集う強者

京都郊外の**壬生**《みぶ》に着くとただちに清河は、本部とした新徳寺本堂に浪士たちを集め、将軍警護はあくまでも京へ上る名目、真意は**尊王攘夷の先鋒**となることだと大演説をぶって、全員を圧倒した。

翌日、清河は勤王攘夷の建白書を朝廷に提出し、攘夷の勅諚《ちょくじょう》をもらうことに成功。幕府は清河に完全に裏切られたが、幕府も**生麦事件***の余韻も醒めやらぬ江戸を警備してほしいと呼び戻し、浪士組を朝廷から離すことにした。

清河は、横浜の異人屋敷の焼き討ちを実行しようと考え、江戸へ帰ることに同意する。

しかし「我々は**将軍警護のための浪士組**で、江戸へ帰るわけにはいかない」と異を唱えたのが、八木邸を根城にした近藤ら8名と**芹沢鴨**《せりざわかも》一派5名の13名であった（14名・24名説有り）。そして3月13日、清河は近藤らを残して、江戸へ出発。江戸で清河らの浪士組は新徴組として再編制されたが、4月13日、清河は過激な攘夷活動を危惧した幕府によって暗殺された。

*生麦事件＝文久２年8月21日、島津久光の行列に、馬に乗った4人のイギリス人が乱入、警護の薩摩藩士が無礼打ちとして殺傷した事件。現横浜市鶴見区生麦で起きた。

屯所の変遷

江戸から来た浪士たちは壬生に荷をほどき、時代の流れとともに屯所を移した。

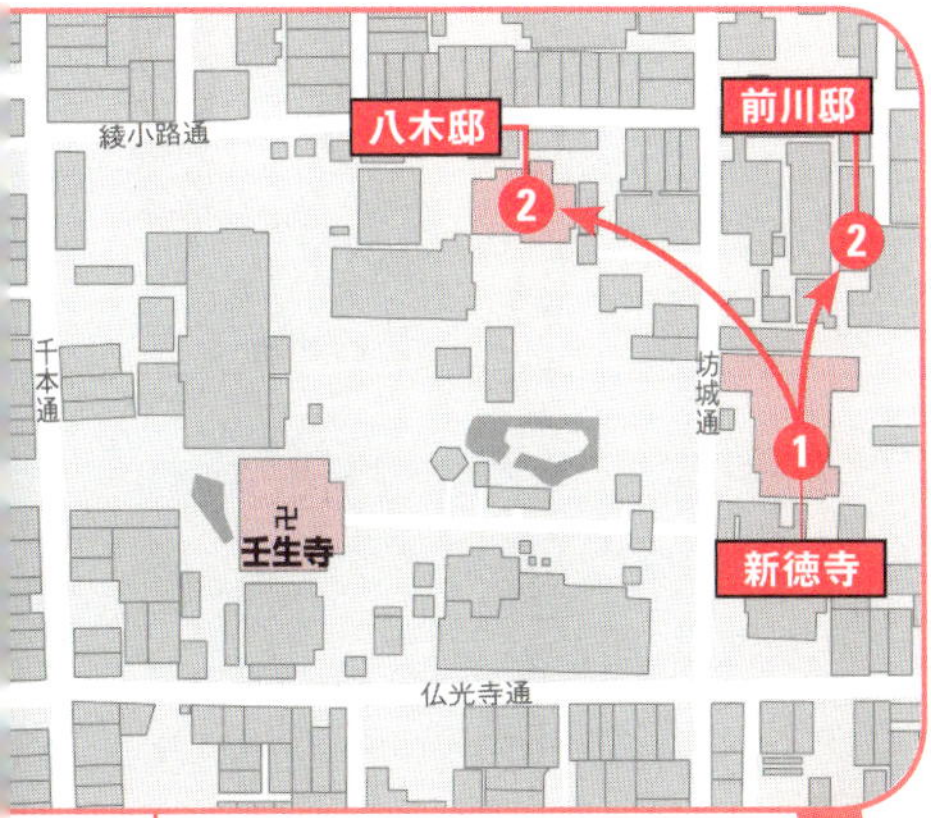

八木邸
前川邸
綾小路通
千本通
坊城通
壬生寺
新徳寺
仏光寺通

①新徳寺 1863年2月～3月

壬生に着いた浪士組は、壬生寺の向かいにある新徳寺に本部を置いた。本堂で清河八郎は、浪士たちを前に尊王攘夷を宣言した。

②八木邸、前川邸 ～1865年3月

郷士八木源之丞方に宿泊した近藤らは芹沢一派とともに壬生浪士組を結成。隊士募集により手狭となり、向かいの前川邸をも屯所とした。

③西本願寺 ～1867年6月

隊士が増えて、壬生の屯所では手狭になり、西本願寺の北集会所へ移転。

④不動堂村 ～1867年12月

西本願寺で射撃練習などを始めたため寺側は苦慮し、近くに屯所を新築。堀川塩小路辺りに表門や使者の間などがある立派な建物だった。王政復古の大号令ののち、伏見奉行所へと移る。

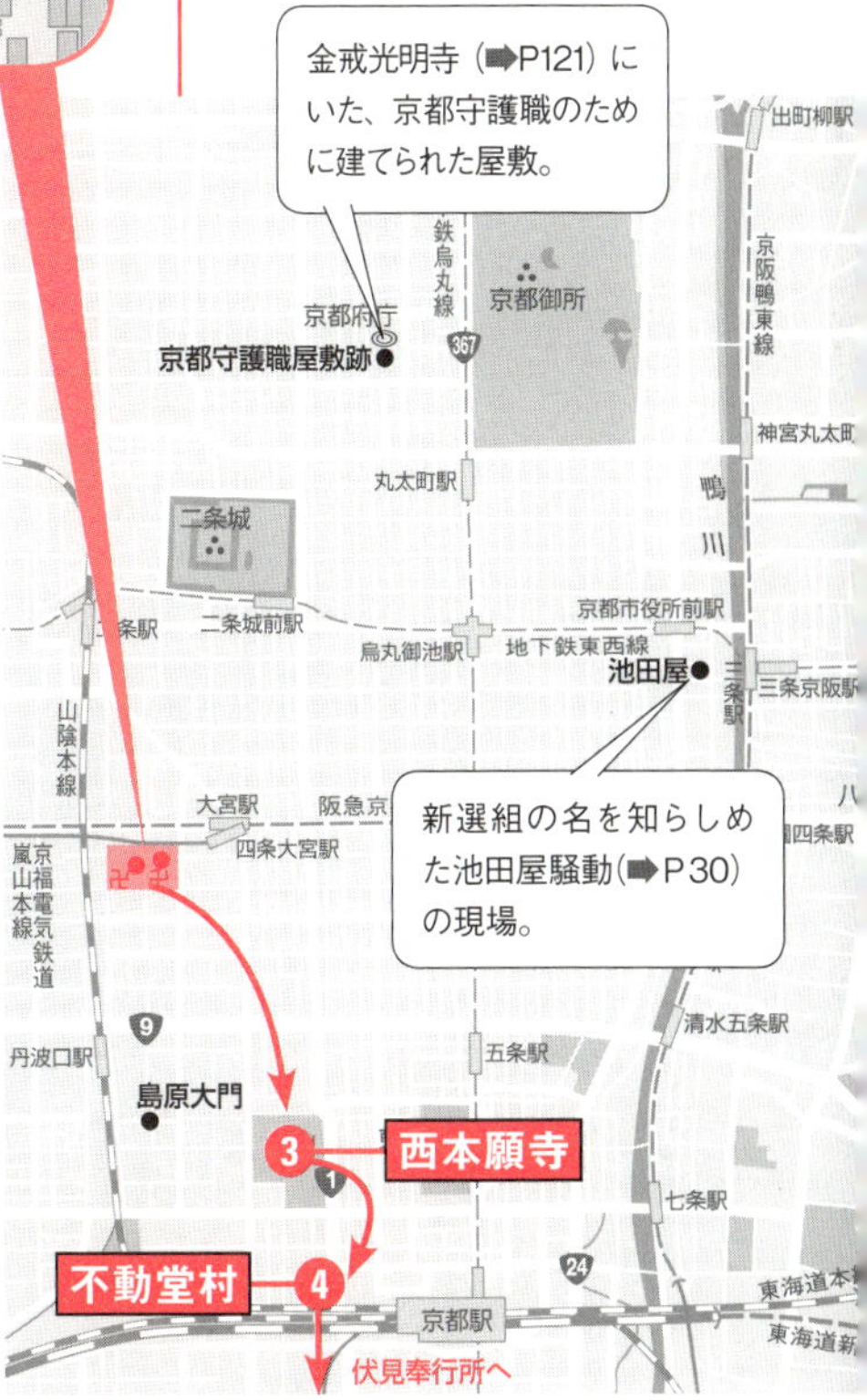

金戒光明寺（➡P121）にいた、京都守護職のために建てられた屋敷。
出町柳駅
京阪鴨東線
地下鉄烏丸線
京都御所
京都府庁
京都守護職屋敷跡
神宮丸太町
丸太町駅
鴨川
二条城
京都市役所前駅
二条駅
二条城前駅
烏丸御池駅
地下鉄東西線
池田屋
三条駅
三条京阪駅
山陰本線
大宮駅
阪急京
四条大宮駅
四条駅
新選組の名を知らしめた池田屋騒動（➡P30）の現場。
京福電気鉄道嵐山本線
丹波口駅
島原大門
五条駅
清水五条駅
西本願寺
七条駅
不動堂村
京都駅
東海道本
東海道新
伏見奉行所へ

リーガロイヤルホテル京都の前にある不動堂村屯所跡の碑。

新選組の登場2

局中法度

京の人々に恐れられた壬生浪士

近藤らは京都守護職**松平容保**《まつだいらかたもり》に「尽忠報国の志士として働きたい」と願い出た。京に横行する天誅*に手を焼いていた容保は了承し、近藤らは**京都守護職御預**の身分で京の治安維持にあたることになった。文久3（1863）年、新選組の前身・**壬生浪士組**の誕生である。局長は**芹沢**、新見《にいみ》、**近藤**で、副長に**土方**と**山南**《やまなみ》という、芹沢派・近藤派の勢力バランスを計った編成を組み、**八木邸**に本拠を置き、**壬生浪士組屯所**と称した。

会津藩から資金が出て、隊士を募集。甲冑や槍などの武具もそろえる。壬生寺境内で調練をし、浪人の取り締まりや市中の巡察を、意気揚々と開始した。こうして京の町衆から「**壬生浪**《みぶろ》」と恐れられた、最強の戦闘集団となるのである。

芹沢鴨暗殺と厳罰の掟

近藤と土方は、隊をまとめるために違反者には死をもって臨む隊規を定めた。「士道に背かない、隊を脱退しない、勝手に金策しない、訴訟をしない、私闘をしない」という五箇条の「**局中法度**《きょくちゅうはっと》」である。

だが壬生浪士組の名声が高まると、強引な金策や強請が行われ、とくに芹沢らの横暴さは目に余った。それは松平容保の耳にも入り、**芹沢派排除**の声が会津藩から出始める。新選組のイメージが壊れると恐れた近藤と土方は、芹沢一派への粛清を考え、まず芹沢配下の新見を、金策や粗暴さを理由に切腹させる。

そして9月18日、島原の角屋で大宴会を開き、芹沢や**平山**《ひらやま》**五郎**、**平間**《ひらま》**重助**《じゅうすけ》らが酔いつぶれるまで酒をすすめた。壬生へ引き上げた3人が八木邸で再び飲み、寝込んだところを**土方**、**沖田**、**藤堂**《とうどう》、**御倉伊勢武**《みくらいせたけ》（土方、沖田、山南、原田の説もある）の4人が襲撃。一気に剣をふるった。神道無念流の使い手の芹沢は、枕元の太刀を取って抵抗したが惨殺された。平山は首をはねられ、平間は致命傷を負わずどこかへ逃げ去った。

＊天誅＝長州藩や土佐藩などの尊王攘夷派の浪士たちが、安政の大獄の関係者や公武合体派を「天誅」と称して次々と襲った。遺体の一部を屋敷に投げ込んだり橋上にさらしたりするなど苛烈を極めた。

成立時の新選組の組織とのちの粛清者

上洛から約3カ月後の文久3（1863）年6月ころ、職制が成立した。

局長
近藤勇
芹沢鴨 ×
新見錦 ×

文久3（1863）年9月半ば、まず新見が切腹させられ、18日（16日説もあり）に八木邸で芹沢と平山が惨殺された。

副長
土方歳三
山南敬助 ×

慶応元（1865）年2月、「江戸に帰る」と書き置いて隊を離れたが、新選組脱退は許されない。大津宿で捕らえられ、沖田総司の介錯で切腹させられた。

勘定方
岸島芳太郎
尾関弥兵衛
河合耆三郎 ×
酒井兵庫

慶応2（1866）年2月、金銭不足の責めを負って切腹させられた。壬生寺に父親が建てた立派な墓がある。

副長助勤
沖田総司
永倉新八
原田左之助
藤堂平助
井上源三郎
平山五郎
野口健司
平間重助
斎藤一
ほか4〜5名

調役兼監察
川島勝司
島田魁
林信太郎

× ＝粛清者

平隊士 約30名

京を歩く 隊士が遊んだ 花街・島原

江戸時代初めには六条にあり、「六条三筋町」と呼ばれて有名な吉野太夫などの名妓を輩出したが、朱雀野付近に移転した際に混乱が起こったことから島原の乱にたとえて「島原」の名になったともいう。
　太夫や芸妓がいる置屋《おきや》、宴を催す揚屋《あげや》があった。島原大門、揚屋建築で重要文化財指定の角屋《すみや》、置屋だった輪違屋《わちがいや》の建物などが残る。

周りを土塀で囲まれていた島原の出入口だった大門。今も出口の柳が風情を添えている。

新選組の台頭

新選組の存在と京都

京都から長州藩ら尊王攘夷派を一掃したのは、文久3（1863）年8月18日に会津藩と薩摩藩が起こしたクーデター「**八月十八日の政変**」である。このとき壬生浪士組は御所南門の警備についていた。その働きが認められ、*武家伝奏《ぶけてんそう》から**新選組**の名を与えられる。

結成当時13名だったメンバーも、最盛期には200名近くにもなり、屯所は八木邸・前川邸から西本願寺北集会所、不動堂村へと、変転する時代とともに移った。

任務も近藤らが長州訊問《じんもん》使となって派遣されるなど、幕府を支える重要な役割をも担うようになる。慶応3（1867）年6月には念願の幕臣に取り立てられた。王政復古の大号令後は不動堂村屯所を離れ、近藤は二《に》条城《じょうじょう》と大坂を往き来し、軍議に参加するようになる。

池田屋騒動と禁門の変の活躍

新選組の存在が大きくなったきっかけは、元治元（1684）年の「**池田屋騒動**」（⬇P30）での圧倒的勝利であった。これは新選組の存在を世に認知させるだけでなく、長州藩の国元にも大きな衝撃を与えた。事件の8日後には、長州藩内の**久坂玄瑞**《くさかげんずい》ら尊攘過激派が会津・薩摩を討つべしと、大挙して京へ進軍を始めた。対する*禁裏守衛総督の**一橋慶喜**《ひとつばしよしのぶ》は、会津・彦根・大垣の3藩などの幕府勢に街道の要所をかためる指示を出す。また京都守護職**松平容保**は、新選組を京都見廻組とともに動員配置する。

7月19日未明、長州藩の軍勢は、御所周辺で会津藩兵らと衝突。「**禁門**《きんもん》**の変**（**蛤御門**《はまぐりごもん》**の変**）」（⬇P34）が勃発した。

新選組は明けて20日、久坂とともに戦っていた**真木**《まき》**和泉**《いずみ》率いる一隊が陣を張る天王山へと出撃。山頂で最後の闘いを挑む真木ら17人を、追い詰めて殲滅させることに成功した。この戦いで長州は朝敵となり、第一次、第二次と続く征長令が下されることになる。

＊武家伝奏＝朝廷と幕府の仲介をする公家の役職。関白とともに朝議を取り仕切った重職。
＊禁裏守衛総督＝禁裏（京都御所）を警護するための役職。幕府の了解のもと、朝廷によって設けられた。

巡回エリア

慶応2（1866）年には、幕府は組織ごとに警備地域を振り分けていた。

京都見廻組

旗本や御家人のなかから選ばれた、剣に優れた治安維持のための組織。

京都所司代

京都の制圧、西日本の大名の監視などを行う幕府の要職。100人ほどの同心が付属。京都の治安維持は本来ここの役割だった。

京都守護職

京都の治安維持のため、幕府が新たに設けた役職。任命された会津藩主松平容保は、千人ほどの藩兵を率いていた。

御定番組

定番《じょうばん》とは二条城警護のために常駐していた幕府の役職。その配下が引き続き二条城周辺、京の中心部を守った。

新選組の登場4

隊の分裂と混乱

伊東甲子太郎一派の入隊

数々の戦闘を経験してより武芸の上達者が必要だと感じた近藤は、禁門の変後、江戸で隊士募集を行っている。その中に北辰一刀流《ほくしんいっとう》の**伊東大蔵**《いとうたいぞう》（のち**甲子太郎**《かしたろう》）という大物が参加してきた。水戸学を修め、文武両道に秀でた伊東は、弟の**鈴木三樹三郎**《すずきみきさぶろう》や師範代の**内海次郎**《うつみじろう》らとともに入隊する。

さらに京都でも隊士の募集をした新選組はこのとき68名という大所帯になっていたが、伊東グループは特別待遇を受け、伊東は参謀という局長に次ぐ重職、弟の三樹三郎は副長助勤に任命されている。

だが、慶応元（1865）年11月と翌年1月、長州訊問使《じんもんし》として西下する近藤に随行した伊東は、長州勢と気脈を通じ、新選組からの分離を考え始める。

油小路での事件、そして戊辰戦争へ

慶応2年秋、新選組が**幕府直参**になると聞いた伊東は、尊王攘夷の志を通すために画策を開始する。翌年3月、**孝明天皇**《こうめいてんのう》**の墓を守る御陵衛士**《ごりょうえじ》の身分を得て近藤らを説得。三樹三郎や**藤堂平助**《とうどうへいすけ》ら11人とともに**高台寺塔頭月真院**《こうだいじたっちゅうげっしんいん》に本拠を構えた。その場所から彼らは「**高台寺党**」と呼ばれる。

高台寺党は別働隊とはいえ事実上の脱党であり、近藤や土方は粛清を考える。11月18日、近藤から酒宴に招かれた伊東は、その帰り道に惨殺された。遺骸を引き取りに来た高台寺党と油小路七条で激突、藤堂らは討ち死にし、高台寺党は壊滅する。

そして12月7日、紀州藩の**三浦休太郎**《みうらきゅうたろう》を護衛していた新選組は、油小路花屋町の**天満屋**《てんまや》で、三浦を龍馬暗殺の黒幕と見なしていた海援隊士の**陸奥宗光**《むつむねみつ》ら16名に襲撃*される。これが新選組、洛中最後の事件であった。

この2日後、**王政復古の大号令**が発せられ、新選組は伏見奉行所に屯所を移し、やがて**鳥羽・伏見の戦い**（➡P44）、**戊辰戦争**の渦中に向かうことになる。

*襲撃された新選組＝近藤勇の従兄弟・宮川信吉と舟津釜太郎の2人が死亡、4人がけがを負った。

油小路事件

高台寺党には、スパイとして斎藤一が加わっていた。近藤暗殺と新選組乗っ取りを企てていた伊東らの動きを斎藤からもたらされた近藤は、先手を打って伊藤らを殲滅することにした。これが油小路の血闘である。

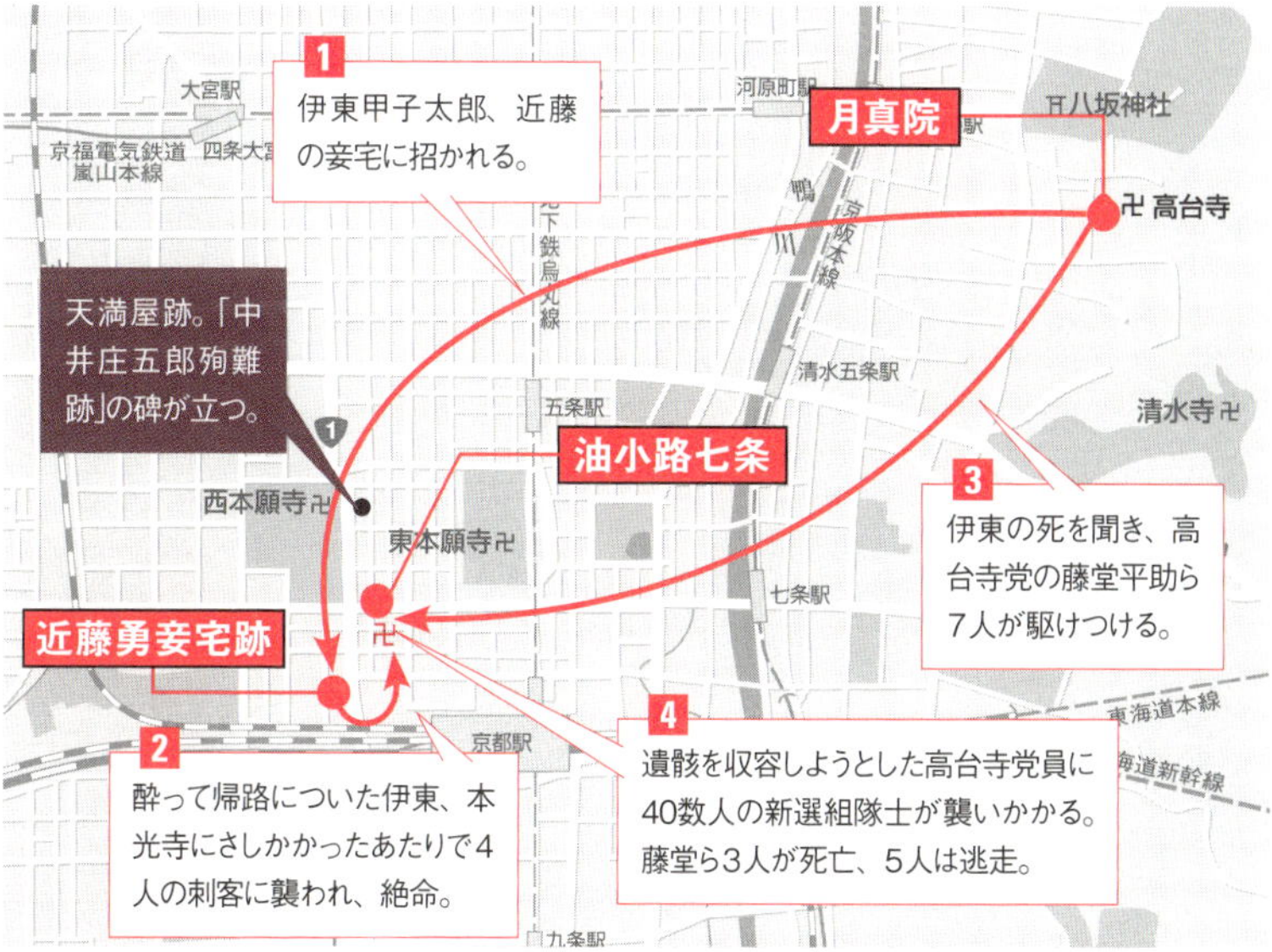
1
伊東甲子太郎、近藤の妾宅に招かれる。
2
酔って帰路についた伊東、本光寺にさしかかったあたりで4人の刺客に襲われ、絶命。
3
伊東の死を聞き、高台寺党の藤堂平助ら7人が駆けつける。
4
遺骸を収容しようとした高台寺党員に40数人の新選組隊士が襲いかかる。藤堂ら3人が死亡、5人は逃走。
天満屋跡。「中井庄五郎殉難跡」の碑が立つ。
月真院
油小路七条
近藤勇妾宅跡
大宮駅
京福電気鉄道
嵐山本線
河原町駅
八坂神社
高台寺
鴨川
京阪本線
地下鉄烏丸線
清水五条駅
五条駅
清水寺
西本願寺
東本願寺
七条駅
京都駅
東海道本線
九条駅

油小路七条

所在地●下京区油小路通木津屋橋上ル
アクセス●京都駅から徒歩7分

酒に酔っていた伊東は謡曲を謡いながら歩いているところを惨殺された。伊東が倒れていたという油小路通木津屋橋上ルにある本光寺門前には石碑が残る。なお、死亡した伊東、藤堂らの墓は東山区の泉涌寺塔頭戒光寺にある。

月真院

所在地●東山区下河原町528
アクセス●京都駅からバスで17分
「東山安井」下車徒歩5分

高台寺党が本拠を置いた月真院は、豊臣秀吉の北政所ねねが創建した高台寺の塔頭寺院。「ねねの道」に面した門脇に建つ石碑だけが幕末維新の面影を今に伝えている。

幕末

坂本龍馬の活躍

土佐藩郷士・坂本龍馬《さかもとりょうま》はペリーの浦賀来航に驚き
やがて海洋から世界へと目を開いていく。
土佐勤王党に加入したが、まもなく脱党、脱藩。
勝海舟《かつかいしゅう》や西郷隆盛《さいごうたかもり》らと出会い、日本中を駆けめぐった。
独自の世界観・国家観を確立させた龍馬は
幕末の日本に大きな足跡を残した。

坂本龍馬関連年表

1835年 天保6年	11月	坂本家の次男として生まれる
1861年 文久元年	9月	土佐勤王党に加入
1862年 文久2年	3月 12月	脱藩 勝海舟の弟子になる
1863年 文久3年	2月	脱藩が赦免される
1865年 元治2年 慶応元年	4月 閏5月	西郷隆盛とともに薩摩へ行く 亀山社中を設立 桂小五郎と会談
1866年 慶応2年	1月 3月	薩長同盟を成立させる 寺田屋事件 お龍と新婚旅行
1867年 慶応3年	4月 6月 10月 11月	土佐海援隊を結成 いろは丸沈没事件 船中八策を起草 薩土盟約 大政奉還 近江屋で暗殺される

現場を訪ねる

❶ 寺田屋

伏見の運河沿いにある寺田屋は、大坂からの舟運が便利で、薩摩藩に用いられた船宿。女将のお登《と》勢《せ》に気に入られた龍馬も、移動に便利なこの宿を隠れ家にしていた。現在、龍馬の遺品を数多く展示。龍馬が襲撃されたときできたという刀傷が残る。

所在地●伏見区南浜町263
アクセス●京阪電鉄京阪本線「中書島駅」から徒歩5分

❷ 酢屋《すや》

材木商の酢屋は海援隊の京都本部が置かれていたところ。龍馬は2階に潜んでいた。

写真提供／酢屋

所在地●中京区河原町三条下ル一筋目東入

アクセス●京阪電鉄京阪本線「三条駅」から徒歩3分

❸ 近江屋跡

土佐藩御用達であった醤油商近江屋は、酢屋が危ないと思った龍馬をかくまうことになった。ふだん龍馬は寺町通に通じる土蔵に潜んでいた。

所在地●中京区河原町通蛸薬師下ル

アクセス●阪急電鉄京都線「河原町駅」から徒歩3分

❹ 越前藩邸跡

二条城近くの油小路二条下ル付近に、龍馬が藩主松平春嶽《しゅんがく》を訪ねて度々訪れた越前藩邸があった。現在、京都守護職邸の正門が移築されている。

所在地●中京区堀川通二条城前

アクセス●地下鉄東西線「二条城前駅」からすぐ

坂本龍馬の活躍1

追われる龍馬

脱藩から海軍操練所開設へ

文久元（1861）年、2度目の江戸遊学から土佐に戻った**坂本龍馬**は、土佐勤王党に加入したが、翌年、長州で**久坂玄瑞**《くさかげんずい》と会談したことで考えを異にし、脱党。さらに脱藩し、大坂、京都を経て江戸へ向かった。

江戸で龍馬は、幕府軍艦奉行並の**勝海舟**に出会う。海外情勢や攘夷論の愚かさを説かれて大いに感銘を受け、すぐさま弟子入りしたが、脱藩の身では不自由なため、勝は前土佐藩主の**山内容堂**《やまうちようどう》に、龍馬の脱藩罪の許しを乞う。文久3年4月、龍馬は三条河原町の京都土佐藩邸に自首、7日間の謹慎のうえ、赦免された。

軍艦とそれを操縦できる人材が必要と考える勝は、**海軍操練所**の計画を練っていた。その実現に大きく貢献したのが、自由の身となった龍馬であった。

龍馬の隠れ家とお龍との出会い

元治元（1864）年5月、龍馬が資金の調達に奔走した海軍操練所が、ついに神戸に誕生する。しかし京ではそのころ、**池田屋騒動**（➡P30）、**禁門の変**（➡P34）が起き、海軍操練所も幕府から尊王攘夷派の集団と目をつけられてしまう。勝は軍艦奉行を罷免されて蟄居《ちっきょ》処分となり、海軍操練所はたった5カ月で閉鎖となった。

幕府の監視も強まり、潜伏せざるを得ない龍馬は、宿を転々としていた。秀吉が大仏を作った方広寺があり「大仏」と呼ばれていた七条大和《やまと》大路界隈にあった隠れ家には、尊攘派浪士が大勢出入りしていた。のちの妻、お龍が働いていた宿屋「扇岩《おうぎいわ》」が近く、このころふたりは出会っている。この隠れ家は池田屋騒動のあと、幕府の手入れを受け壊滅した。

清水寺へ続く産寧坂にあった**明保野亭**《あけぼのてい》も尊攘派浪士のたまり場で、龍馬も度々利用していたとされる。現在、「阪口」という料亭の南に茅葺きの門が残っているが、それが明保野亭のものであったという。

いくつかあった潜伏先

薩摩藩や土佐藩に関係ある場所に宿をとることが多かった。舟運のよい伏見の寺田屋も定宿のひとつ。

長州藩邸跡
料亭幾松
烏丸御池駅
京都市役所前駅
東山駅
池田屋跡
三条駅
三条京阪駅
地下鉄東西線
暗殺の場となった
酢屋
土佐藩邸跡
ここの2階で「船中八策」を清書し、暗殺の数日前までここに潜んでいた。
薩摩藩邸(～1862)
近江屋
河原町駅
阪急京都線
四条駅
烏丸駅
鴨川
京阪本線
地下鉄烏丸線
尊攘派浪士のたまり場で、そのとき龍馬はいなかったものの池田屋騒動の数日後、新選組が踏み込んだ。
367
清水五条駅
明保野亭
清水寺
お龍が働いていた宿屋「扇岩」はここにあった。
尊攘派浪士が出入りしていた隠れ家。お龍の母親が賄いをしており、池田屋騒動のあと襲撃され、母親も連行された。
東本願寺
扇岩
七条駅
24
大仏の隠れ家
京都駅
東海道新幹線

産寧坂にある、明保野亭の遺構の山門。明保野亭には長州藩士がよく集まっており、池田屋騒動のあと、新選組らが踏み込み、誤って土佐藩士を負傷させるという事件も起こった。現在は料亭・京都阪口となっている。

所在地●東山区清水３丁目334
アクセス●京都駅からバスで15分
「清水道」下車徒歩10分

坂本龍馬の活躍2

薩長同盟

薩摩藩邸で初めて西郷に会う

元治元（1864）年8月、龍馬は勝の使いで京都の錦小路にあった**薩摩藩邸**を訪れている。帰ってから勝に初めて会った**西郷隆盛**の印象を聞かれ「小さく叩けば小さく響き、大きく叩けば大きく響く」と、寺の鐘にたとえてその人となりを語ったという。器の大きさを感じさせる西郷に対して、龍馬は自らを鐘を突く撞木《しゅもく》にたとえ、まだまだ小さいと省みている。こうして龍馬に、薩摩との繋がりができる。

元治元年10月、海軍操練所が閉鎖になると、龍馬は薩摩藩に世話になる。慶応元（1865）年閏5月には薩摩へと渡り、薩摩の技術力や海外からの文化に圧倒される。新しい日本をつくるためには薩摩と長州を結びつけなければと、龍馬は考えるに至った。

薩摩藩邸で西郷と桂が手を結ぶ

薩長同盟に向けて動き出した龍馬は、公卿の＊**三条**《さんじょう》**実美**《さねとみ》らに薩摩と長州の協力の重要性を説いて根回しし、下関で**桂小五郎**《かつらこごろう》に薩摩の西郷との会談を約束させる。ところが龍馬の盟友・**中岡慎太郎**《なかおかしんたろう》が薩摩から連れ出した西郷は、桂に会わずに京都へ向かってしまった。同盟への道のりはいったん遠のくが、龍馬は怒る桂を再度説得。「薩摩からの会談申し込み」と「薩摩名義で武器を購入する」という2条件で了解を得る。もちろん、同じように西郷にも了承させる。

慶応2年1月10日、桂はひそかに京へ入り、相国寺《しょうこくじ》近くの**二本松薩摩藩邸**の門を潜った。薩摩は錦小路の藩邸が手狭になり、御所の北に藩邸を新築していた。10日後、龍馬は伏見の寺田屋から同盟締結の期待をもって薩摩藩邸へと向かった。ところが、藩邸に滞在する桂に会ってみると、話はまったく進展してない。龍馬は怒り嘆き、桂と西郷に日本のために手を結ぶようにと懇願した。翌日、龍馬立ち会いのもと、ようやく薩長同盟が成立することになる。

＊三条実美＝尊攘派の公卿。八月十八日の政変で朝廷に追われ、長州に逃れた。第一次長州征伐時に九州の太宰府や宗像などへ移されており、その間に龍馬と会っている。

薩長同盟成立までの龍馬の主な行動

薩長を結びつけるため、龍馬は西日本を駆け回る。

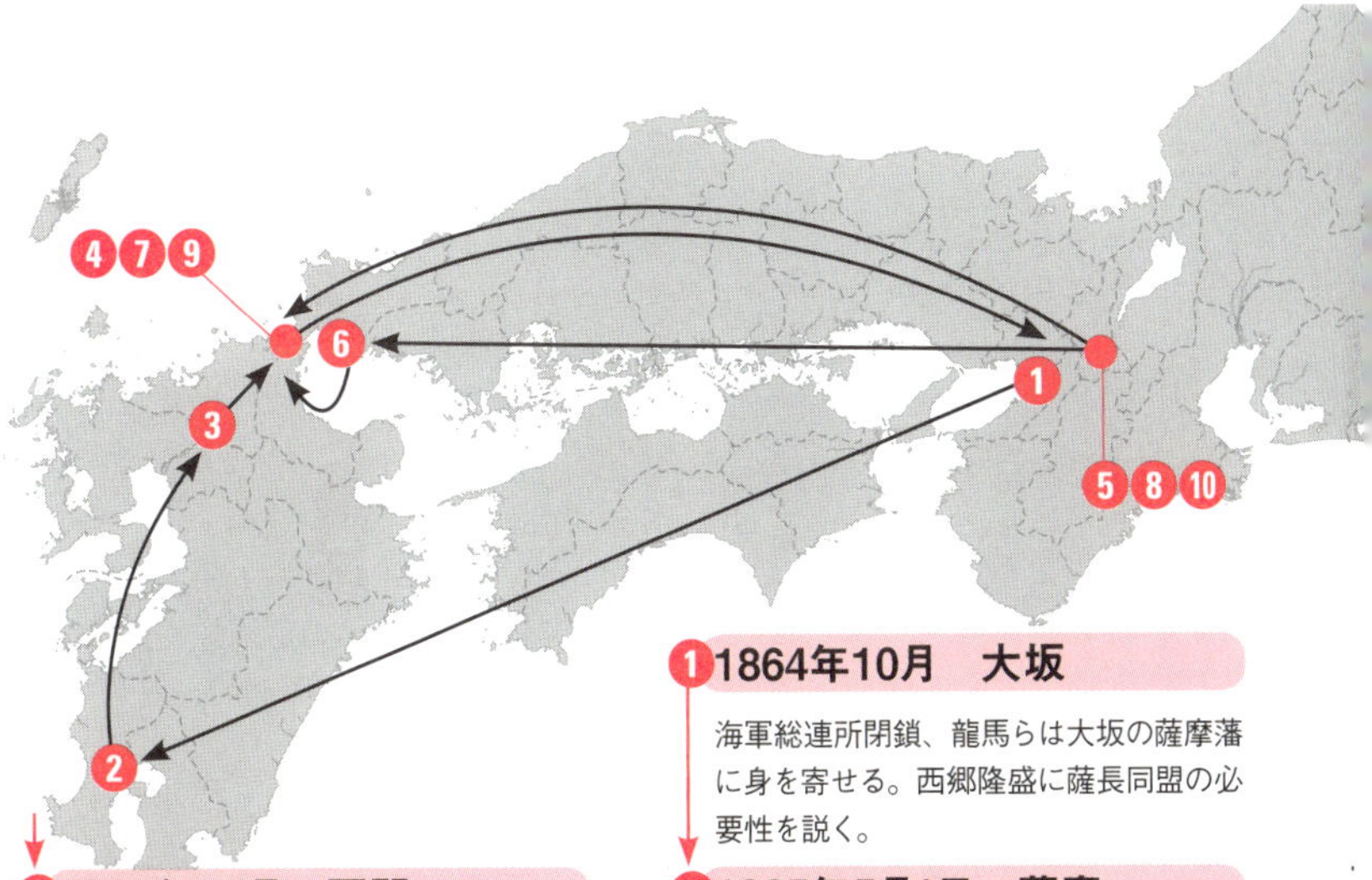

1 1864年10月　大坂

海軍総連所閉鎖、龍馬らは大坂の薩摩藩に身を寄せる。西郷隆盛に薩長同盟の必要性を説く。

2 1865年5月1日　薩摩

小松帯刀らを説得する。

3 1865年5月24日　太宰府

禁門の変（➡P34）で失脚した三条実美らと謁見、薩長同盟の構想を語る。

4 1865年閏5月1日　下関

桂小五郎と会見し、同意を得る。26日、桂とともに西郷を待つが、西郷が土壇場でキャンセル。

5 1865年閏5月下旬　京都

薩摩藩邸で西郷を説得。6月24日、西郷に長州藩の武器と艦船購入のための名義貸しを依頼する。

6 1865年10月　山口

10月4日、長州藩に薩摩藩への兵糧米供給を依頼。18日、龍馬らが長崎で設立した亀山社中の斡旋により、薩摩藩名義で長州藩が「ユニオン号」（桜島丸）を購入。

7 1865年10月　下関

桂と会見、上京を勧める。

8 1865年11月　京都

西郷と会見、長州藩が兵糧米供給を快諾したと伝える。

9 1865年12月14日　下関

「ユニオン号」の使用権の食い違いを収める「桜島丸改定条約」を締結させる。

10 1866年1月20日　京都

薩摩藩邸にて、同盟を締結。

二本松薩摩藩邸があったのは、現在の同志社大学の場所。写真は大学の南面にある薩摩藩邸の門。

坂本龍馬の活躍3

寺田屋事件

薩摩藩御用の寺田屋と龍馬

日本各地をめぐって行動する龍馬にとって、大坂への舟運の発着場という便利な場所にある**寺田屋**は、格好の隠れ家であった。

伏見の薩摩藩邸に近く藩の定宿であった寺田屋では、文久2（1862）年4月23日、攘夷倒幕の挙兵をめぐって薩摩藩士同士が斬りあう凄惨な事件が起きている。しかし、女将のお登勢の人物を見込んでいた龍馬は、最愛のお龍とその家族をここに預けていた。

慶応2（1866）年1月23日夜、**薩長同盟の立会人**という大役を果たした龍馬は、伏見の寺田屋に戻っていた。幕府が龍馬を捕縛しようとしているとの忠告もあったが、大仕事を終えた安堵感で、護衛の長府藩士・三吉慎蔵《みよししんぞう》ともどもくつろいでいた。

襲撃を逃れ薩摩藩邸から薩摩へ

深夜、寺田屋の周囲は約130名の**伏見奉行所**の捕り方に包囲されていた。龍馬たちは2階の部屋で話し込んでいたが、風呂に入っていたお龍が外の異変に気づき、すぐに裸のまま階段を上りふたりに知らせた。

捕り方が部屋に踏み込んだときには、龍馬は愛用のピストル、慎蔵は槍を構えて待ち受けていた。迫る捕り方に龍馬のピストルが火を噴き、乱闘が始まる。ふたりの反撃に恐れをなした捕り方がひるむ間に、龍馬と慎蔵は裏手から逃走した。

だが、龍馬は手に深い傷を負った。民家の雨戸を破って走り材木小屋に隠れたが、出血が多く動けなくなった。慎蔵が**伏見薩摩藩邸**へ助けを求めると、先にお龍が駆け込んでいた。救われた龍馬らは、警護のもと、京の薩摩藩邸に送られる。

傷の手当を受けた龍馬は、西郷や小松帯刀のすすめもあり、容態が安定すると療養のためお龍を伴い薩摩へと旅発つことになった。こうして龍馬とお龍の日本初ともいわれる新婚旅行*となったのである。

＊坂本龍馬とお龍の新婚旅行＝傷をいやすため、日当山温泉、塩浸温泉など鹿児島県内の温泉地を巡ったのち、高千穂峰に登り、霧島神宮などを巡った。約1カ月ほどの休息だった。

龍馬らの逃走ルート

伏見奉行所の捕り方から逃れ、龍馬は必死で逃走する。

伏見薩摩藩邸
伏見中学校
3
薩摩藩邸からの助けは舟でやってきた。龍馬は舟で藩邸まで運ばれた。
伏見区役所
お龍は別の道を通って、三吉より先に藩邸に駆け込んだ。
2
護衛の三吉慎蔵は、助けを求めて薩摩藩邸まで走る。
濠川
京阪本線
材木小屋
1
重傷を負った龍馬はここに身を隠す。
伏見桃山駅
コーナン
イオン
寺田屋
宇治川派流

龍馬が逃げ込んだ材木小屋。跡地には月桂冠酒造の工場が建つ。

東京大学史料編纂所蔵

伏見薩摩藩邸跡碑

寺田屋から約1kmほどのところにあった薩摩藩邸。現在は松山酒造株式会社の酒蔵が建っている。

所在地●伏見区東堺町472
アクセス●京阪本線「丹波橋駅」・近鉄京都線「近鉄丹波橋駅」から徒歩7分

江戸時代 薩摩島津伏見屋敷跡

坂本龍馬の活躍4

大政奉還

新時代への「船中八策」を構想する

慶応3（1867）年6月9日、「いろは丸衝突事件」*のトラブル解決を終え、龍馬は土佐藩重役の**後藤《ごとう》象二郎《しょうじろう》**とともに、長崎から兵庫へ向かう夕顔丸に乗船していた。土佐藩主**山内容堂**に**大政奉還の建白**をすすめ、実現させる目的で、京都へ向かっていたのである。

この船旅の途中、龍馬は大政奉還の土台となる綱領を考え、新しい日本のかたちを巻紙に書き連ねる。「政権の朝廷への奉還」「二院制議会の設置」「有能な人材の登用」「憲法制定」などの8項目で、それはそのまま明治維新後の新政府の方針となっていった。

京都に着くと、隠れ家にしていた河原町三条の材木商・**酢屋**に入り、通りの見える2階の部屋に籠もった。ここで船の中で練り上げた8項目を清書したという。

武力倒幕の薩長と慶喜の決断

慶応3年10月3日、後藤は大政奉還を目指すことで土佐藩をまとめ、幕府老中筆頭・**板倉勝静《いたくらかつきよ》**に建白書を提出。一方、龍馬は薩摩の**小松帯刀《こまつたてわき》**を説得しながら、15代将軍慶喜の側近・**永井尚志《ながいなおゆき》**に協力を求める。

だが土佐藩と盟約していたものの薩摩藩は、裏では長州藩と**武力討幕**を目指していた。西郷や桂は「**討幕の密勅**」を得ようと、公家**岩倉具視《いわくらともみ》**と画策。京都御所石薬師《いしやくし》門近くの町家では、**大久保利通《おおくぼとしみち》**が**錦《にしき》の御旗《みはた》**（➡P44）をひそかに作製していたという。

13日、幕府は二条城大広間に各藩重役を集め、**大政奉還の上奏案**を発表。情勢は大きく動き出した。後藤から報告を受け「大望成らぬときは死を覚悟していた」と語った龍馬は、慶喜の大英断に感銘を受けたという。

翌日、慶喜が朝廷に大政奉還を上奏。実は薩摩と長州もこの日、岩倉を通して密勅を得ており、その武力討幕の機先を制したことになる。ここに龍馬の願う**平和的討幕が実現**した。しかしこの約1カ月後、龍馬は盟友の中岡とともに暗殺されるのであった（➡P38）。

*いろは丸衝突事件＝土佐海援隊が大洲藩から借りたいろは丸が、紀州藩の船と衝突後、沈没。乗っていた龍馬は巧みに交渉し、紀州藩から多額の賠償金を引き出した。日本初の海難審判事故とされている。

龍馬が書いた新政府綱領八策

船中八策をもとに起草された「新政府綱領八策」。これをもとに「五箇条の御誓文」がつくられたといわれる。龍馬の直筆が2枚残っており、これは国立国会図書館のもの。もう1本は下関市立長府博物館に保存されている。

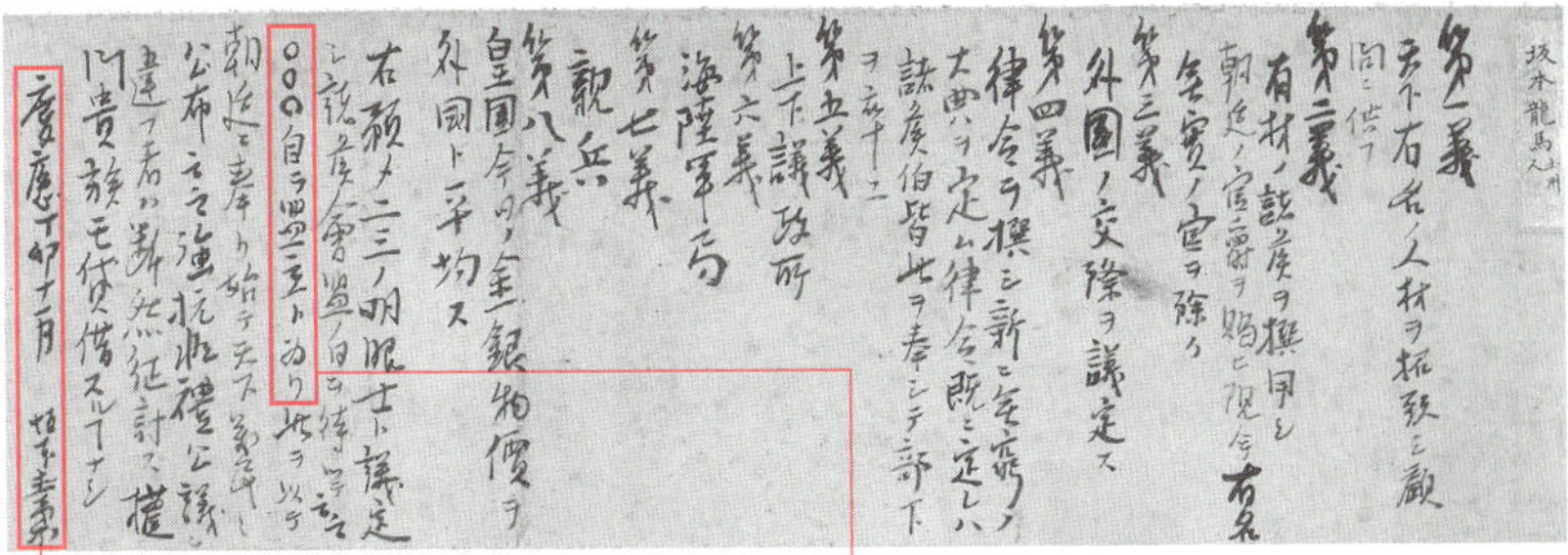
第一義
天下有名ノ人材ヲ招致シ顧
問ニ供フ
第二義
有材ノ諸侯ヲ撰用シ
朝廷ノ官爵ヲ賜ヒ現今有名
無実ノ官ヲ除ク
第三義
外国ノ交際ヲ議定ス
第四義
律令ヲ撰シ新ニ無窮ノ
大典ヲ定ム律令既ニ定レハ
諸侯伯皆此ヲ奉シテ部下
ヲ率ス
第五義
上下議政所
第六義
海陸軍局
第七義
親兵
第八義
皇国今日ノ金銀物価ヲ
外国ト平均ス
右預メ二三ノ明眼士ト議定
シ諸侯会盟ノ日ヲ待ツテ云云
〇〇〇自ラ盟主ト為リ此ヲ以テ
朝廷ニ奉リ始テ天下万民ニ
公布云云強抗非礼公議ニ
違フ者ハ断然征討ス権
門貴族モ貸借スル事ナシ
慶応丁卯十一月　坂本直柔

慶応丁卯十一月　坂本直柔

「慶応丁卯《ひのとう》」は慶応３年、「直柔《なおなり》」は龍馬の本名。ある時期までは「直陰《なおかげ》」といった。「龍馬」は通称である。

○○○自ラ盟主ト為リ

盟主の名前が伏せ字になっている。ここには「慶喜公」と入れようとしたという説のほか、山内容堂、松平春嶽らの名前が挙がるが、定かではない。

大政奉還が行われた二条城

大政奉還のために諸大名を集めたのは、二条城で一番格式の高い大広間であった。

将軍
徳川慶喜
老中
板倉勝静
京都所司代
松平定敬
京都守護職
松平容保
若年寄
永井尚志

大政奉還の上奏案を発表、諸大名らに是非を問う会議は、二条城二の丸御殿大広間一の間で行われた。二の丸御殿で一番格式の高い部屋で、広さは48畳。将軍が諸大名と対面する際に使われていた部屋だという。左の絵は昭和10年に歴史画家邨田《むらた》丹陵《たんりょう》が描いたもので、手前で平伏しているのは在京の諸大名ら。

「大政奉還」聖徳記念絵画館蔵

京 PICK UP

京の花街

幕末の志士たちも通った京の花街。現在も美しい芸舞妓が活躍している。

島原と五花街

京都といえば舞妓さんが人気者だが、舞妓さんがいるのが**花街**である。花街とは、芸妓や舞妓が所属する**置屋**と、芸妓や舞妓を呼んで宴を催す**お茶屋**が集まった地域。京都には5つあり、上七軒《かみしちけん》、祇園甲部《ぎおんこうぶ》、祇園東《ぎおんひがし》、先斗町《ぽんとちょう》、宮川町《みやがわちょう》を**京の五花街**と呼んでいるが、別格の**島原**を入れて六花街ともいわれる。

　室町時代からの歴史を誇るのは**上七軒**で、西陣との結びつきで大きく発展した。最も知られているのは**祇園**で、甲部と東に分かれている。

　島原は豊臣秀吉が公認した初の廓《くるわ》で、公家や大名も出入りした。芸妓の最高峰の「**太夫**《たゆう》」は10万石の大名と同じ「正5位」の位を持っていた。明治時代以降衰退し、現在は置屋兼お茶屋の輪違屋《わちがいや》1軒が営業するのみである。

島原、祇園と歴史人物たち

花街は、その発展とともに、歴史上の人物との関わりも深くなった。上七軒は**豊臣秀吉**が催した北野大茶湯がきっかけで隆盛となった。祇園花見小路に粋な佇まいを見せる一力亭は、**大石内蔵助**がひいきにしたといわれる格式高いお茶屋で、歌舞伎「仮名手本忠臣蔵」の場面にも登場する。

　幕末には新選組や勤皇の志士たちが島原や祇園に大勢出入りして活動資金を費やし、花街は活況を呈する。島原は新選組の屯所に近く、芹沢鴨や近藤勇らが遊んだ角屋（➡P121）が有名だが、ここでは**西郷隆盛**や**桂小五郎**、**坂本龍馬**も密談を持ったという。祇園では**高杉晋作**や**大久保利通**など多くの志士が、お茶屋を隠れ家や密会場としていた。

→犬矢来と紅壁が美しい調和を見せる一力亭と祇園のメインストリートの花見小路通。
↓祇園甲部歌舞練場。歌舞練場とは、芸舞妓の稽古場兼発表会会場。それぞれの花街では春に大きな会が催される。

京の六花街

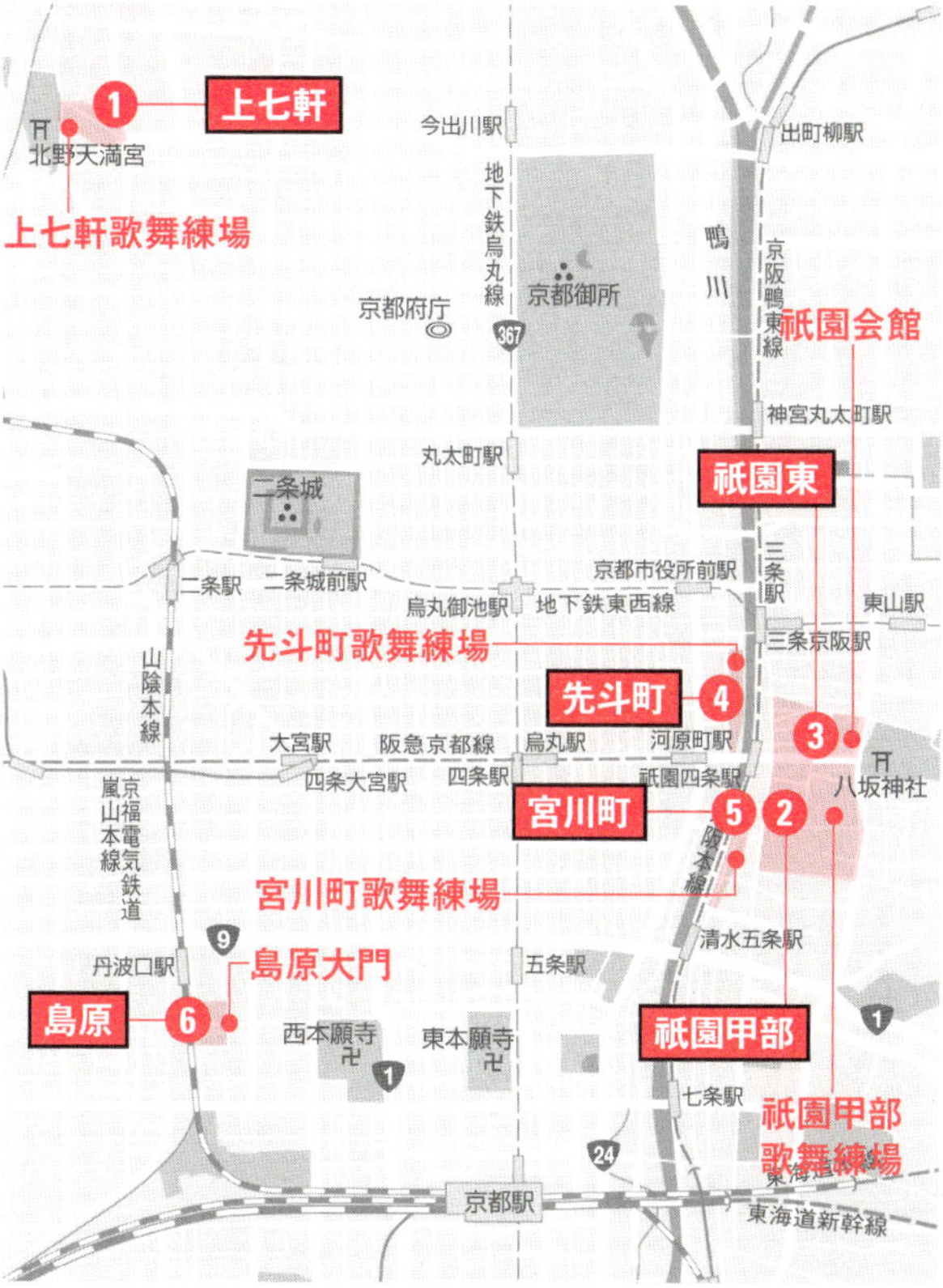

1 上七軒

室町時代の北野天満宮社殿再建時に余った材木で、7軒の茶店を建てたことに始まる。豊臣秀吉の北野大茶湯で団子を献上したことで発展。紋章の五つ団子はここからきているという。さらに西陣の織物産業の隆盛とともに栄えてきた。

2 祇園甲部

祇園は、江戸初期の八坂神社門前の水茶屋が始まりとされる。四条花見小路界隈が祇園甲部。京都最大の花街で、幕末には500軒のお茶屋があり、千人以上の芸舞妓がいたという。明治5（1872）年に1回目が行われた、「都をどりはヨーイヤァサー」で始まる、4月に行われる「都をどり」は有名。

3 祇園東

祇園の南部分、四条花見小路上ルのあたり。明治時代に祇園甲部から分離した。

4 先斗町

鴨川と木屋町通の間にあり、町名の「ぽんと」はポルトガル語だといわれている。鴨川の護岸工事後、旅籠や茶屋が立ち並んだことから始まったとされる。

5 宮川町

歌舞伎発祥の地である鴨川沿いは、芝居小屋や宿などが立ち並んだ。そこから発展したとされる。

6 島原

室町時代に足利義満が許可したことから始まったとされる歴史ある花街。江戸時代中期に現在の場所に移転させられた。現在も太夫がおり、太夫道中などのイベントも開催されている。

京PICK UP

維新の志士たちとその史跡

幕末の京都の町には、政治を変えるためにさまざまな藩から多くの人々が集まった。志士たちが残した足跡も数多い。

長州藩邸跡の京都ホテルオークラ西側に立つ桂小五郎像。

維新三傑
長州藩
（1833〜1877年）

池田屋の難を逃れた 桂小五郎

幕末、桂小五郎《かつらこごろう》（のちに木戸孝允《きどたかよし》）は京都で公家や他藩との折衝役をする。長州藩が八月十八日の政変で京都を追われても、桂は1人京都に残って活動した。そのとき力になったのが、のちの松子《まつこ》夫人、芸者の幾松《いくまつ》である。

当時、桂が隠れ住んだのが、高瀬川沿いの一之舟入から木屋町通を南へ下がったあたり。夫の没後は松子夫人が住んでいたといい、現在、幾松という料理旅館になっている。入口に桂小五郎幾松寓居跡の碑がある。なお、河原町御池あたりに長州藩邸があったので、河原町通に面して桂小五郎像が建てられている。

元治元（1864）年の禁門《きんもん》の変《へん》（➡P34）で長州藩は中央政界から後退、京都留守居役だった桂は幕府の追及をかわし、但馬出石に逃げた。慶応元（1865）年、長州に帰って改革を断行し、藩政の中枢を担う。翌年、京都の薩摩藩邸で西郷隆盛《さいごうたかもり》らと薩長同盟を結ぶ。倒幕後の新政府では参与となった長州藩を代表する人物。

❶ 幾松

所在地●中京区木屋町通御池上ル
アクセス●地下鉄東西線「京都市役所前駅」からすぐ

維新三傑
薩摩藩
（1830〜1878年）

大久保利通

維新を導いた政治的人物

倒幕へと藩論を導き、薩長同盟へと進展させ、朝廷から倒幕の密勅を手に入れた。御所そばの隠れ家で岩倉具視《いわくらともみ》と画策し、錦の御旗（➡P44）をつくったという。上洛中の2年間を過ごしたといわれる家の跡に、碑がある。

❷ 大久保利通邸跡

所在地●上京区河原町通今出川下ル西入
アクセス●京阪電鉄鴨東線・叡山電鉄叡山本線「出町柳駅」から徒歩８分

維新三傑
薩摩藩
（1828〜1877年）

西郷隆盛

維新第一の功労者

薩摩藩の下級武士の家に生まれたが、藩主島津斉彬《しまづなりあきら》への意見提出から登用され、江戸へ行く。安政５（１８５８）年、将軍継嗣問題で斉彬の意向を受けて京都へ向かう。清水寺《きよみずでら》成就院《じょうじゅいん》の僧・月照《げっしょう》らと内勅を得ようと奔走する。西郷と月照は、清閑寺《せいかんじ》の茶室「郭公亭《かっこうてい》」で密議をこらしたという。

❸ 清閑寺にある郭公亭跡

所在地●東山区清閑寺歌ノ中山町３
アクセス●京阪電鉄京阪本線「五条駅」からバスで５分「清閑寺山ノ内町」下車徒歩10分

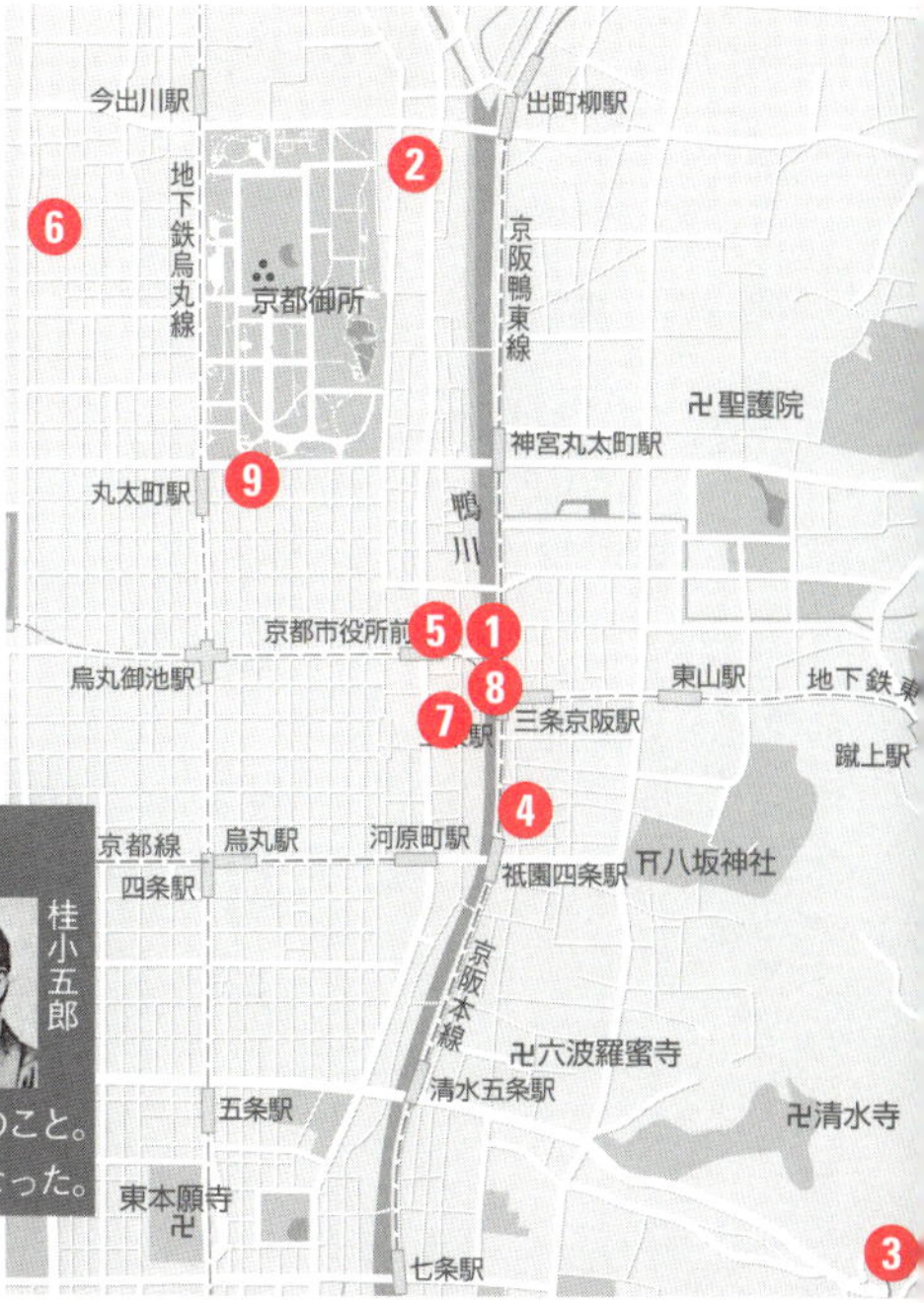

維新三傑とは

西郷隆盛

大久保利通

桂小五郎

明治維新に貢献した代表的な三人の人物のこと。三人の死後、その功績を称して呼ぶようになった。

肖像画はすべて国立国会図書館蔵

長州藩
（1839〜1867年）

幕末の風雲児

高杉晋作

討幕運動に活躍し、若くして病没した稀代の革命的人物。文久年間に京都祇園白川あたりに住み、将軍家茂《いえしげ》の下鴨《しもがも》神社社参にヤジを飛ばしたという。

❹ 高杉晋作《たかすぎしんさく》寓居跡

所在地●東山区縄手通白川橋上ル東側
アクセス●京阪電鉄京阪本線「祇園四条駅」から徒歩2分

長州藩
（1824〜1869年）

近代兵制を創った軍事の天才

大村益次郎

長州藩に認められ兵学者として活動、長州藩軍政の中枢を担う。維新後は新政府の兵部大輔《ひょうぶだゆう》となり、国民皆兵に取り組んだが、木屋町の旅館で襲われ死去。

❺ 兵部大輔大村益次郎《おおむらますじろう》公遺址

所在地●中京区二条木屋町下ル一之船入町
アクセス●地下鉄東西線「京都市役所前駅」からすぐ

薩摩藩
（1835〜1870年）

薩長同盟に関わった薩摩藩家老

小松帯刀

藩政改革に取り組み、京都では朝廷や幕府、諸藩との連絡・交渉役を務めた。小松邸は近衛《このえ》家邸内にあったとされ、薩長同盟もこの邸で成立したともいう。

❻ 小松帯刀《こまつたてわき》寓居参考地

所在地●上京区堀川一条東入松之下町53-13
アクセス●地下鉄烏丸線「今出川駅」から徒歩15分

土佐藩
（1838〜1897年）

大政奉還の推進者

後藤象二郎

坂本龍馬《さかもとりょうま》が考えた船中八策《せんちゅうはっさく》をもとに大政奉還を推し進めた後藤は、龍馬の隠れ家の酢屋に近い河原町三条南2筋目東の醤油屋の離れに住んでいた。

❼ 後藤象二郎《ごとうしょうじろう》寓居跡

所在地●中京区河原町三条南2筋目東入
アクセス●京阪電鉄京阪本線「三条駅」からすぐ

土佐藩
（1829〜1865年）

土佐勤王党を結成した剣豪

武市瑞山

学識も高く画才も豊かで、半平太《はんぺいた》の名で知られている剣客。土佐勤王党の弾圧で切腹した。住まいにした料亭「丹虎《たんとら》」は、吉村寅太郎《よしむらとらたろう》寓居跡の隣。

❽ 武市瑞山《たけちずいざん》寓居跡

所在地●中京区木屋町三条上ル
アクセス●京阪電鉄京阪本線「三条駅」から徒歩3分

福井藩
（1809〜1869年）

龍馬に影響を与えた春嶽の知恵袋

横井小楠

福井藩の松平 春嶽《まつだいらしゅんがく》に招かれ、政治顧問となり、幕政改革、公武合体の推進などで活躍。維新後に新政府の参与となるが寓居近くの寺町通で暗殺された。

❾ 横井小楠《よこいしょうなん》遭難の地

所在地●中京区寺町通丸太町下ル
アクセス●地下鉄烏丸線「丸太町駅」からバスで2分「裁判所前」下車徒歩3分

3章
古地図と絵で見る京都

1 江戸時代初期（1662年）

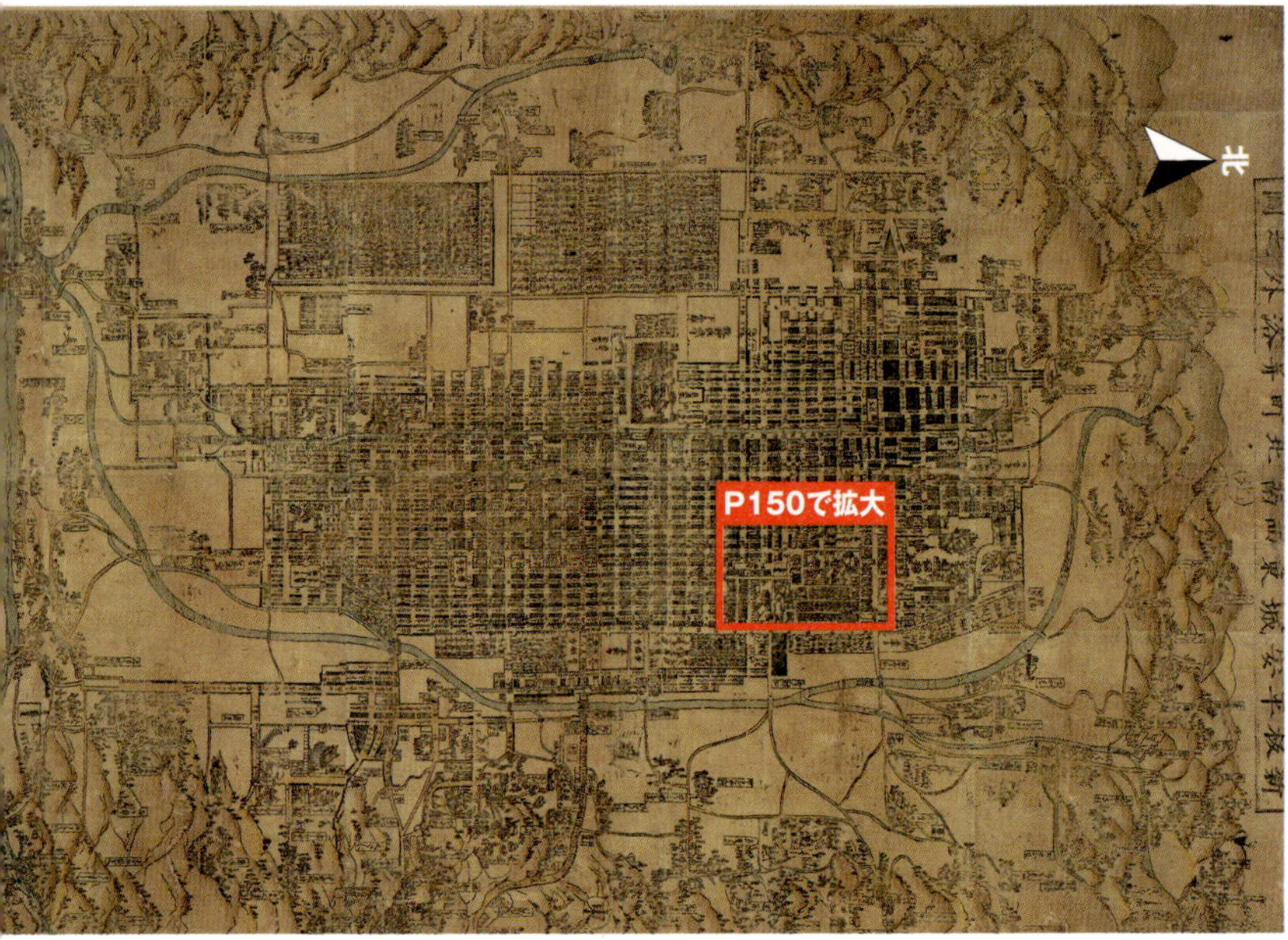
北
P150で拡大

2 江戸時代中期（1740年ころ）

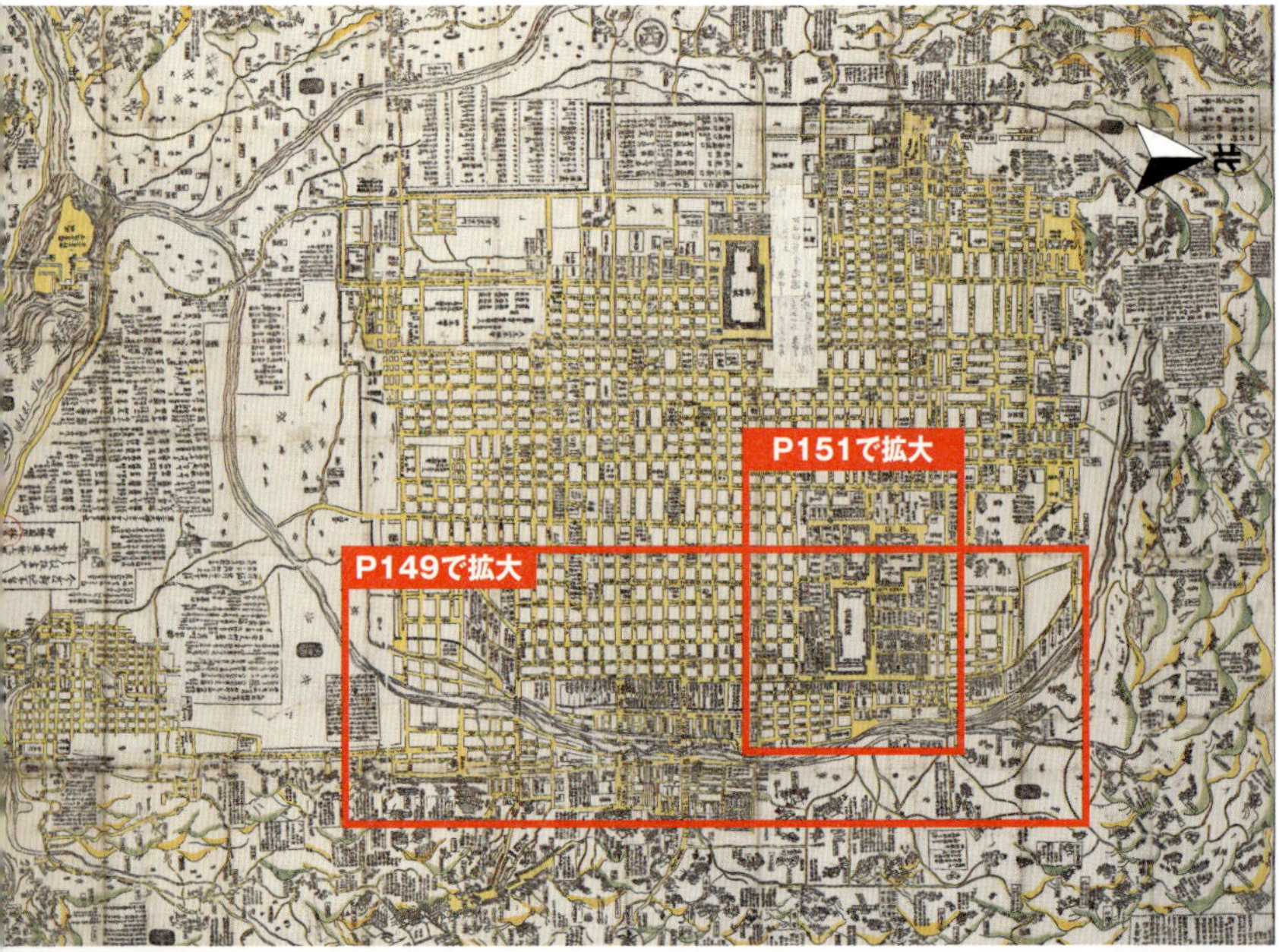
北
P151で拡大
P149で拡大

③ 江戸時代末期(1862年)

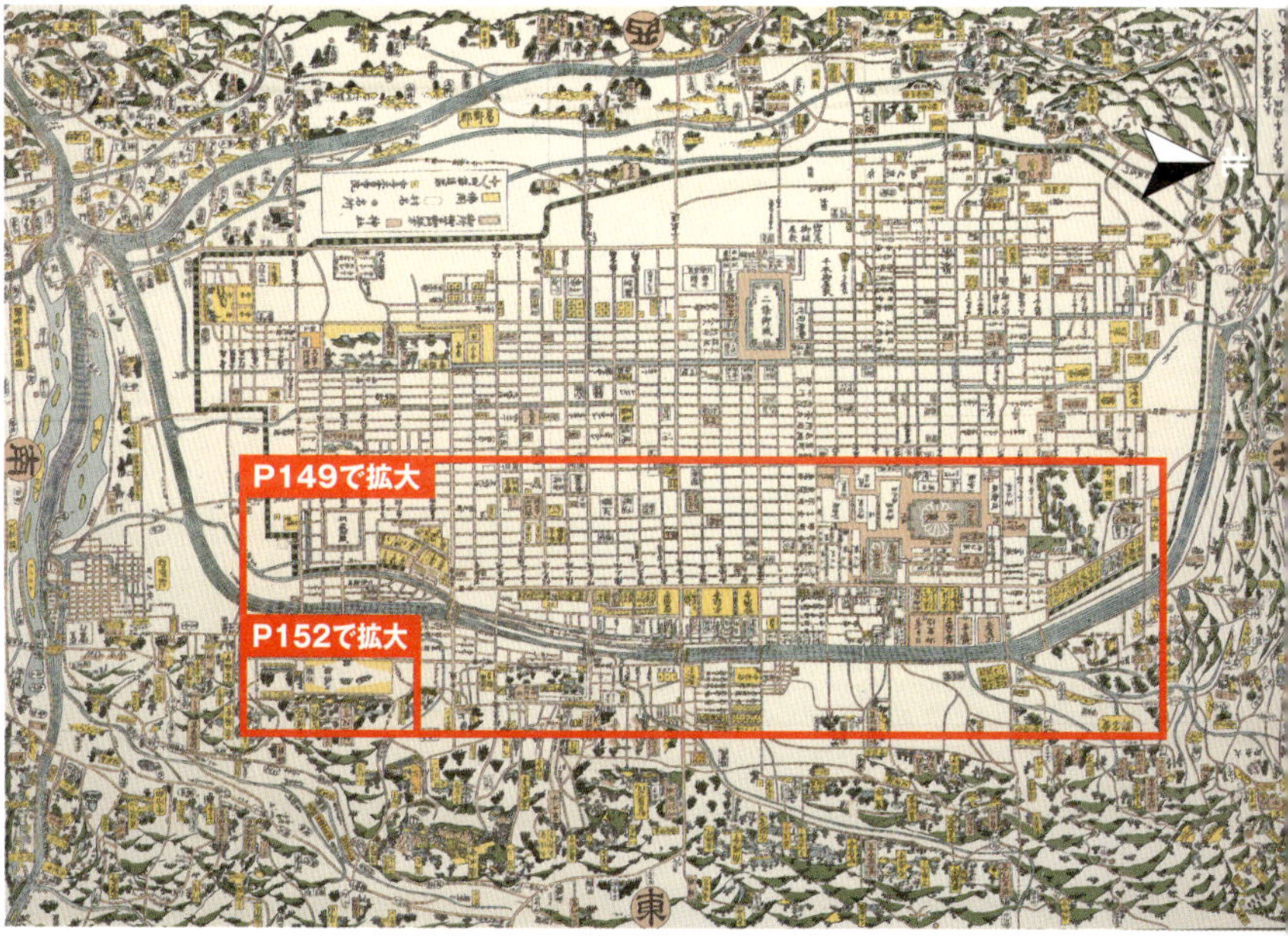
P149で拡大
P152で拡大
北
南
東

④ 昭和時代(1952年)

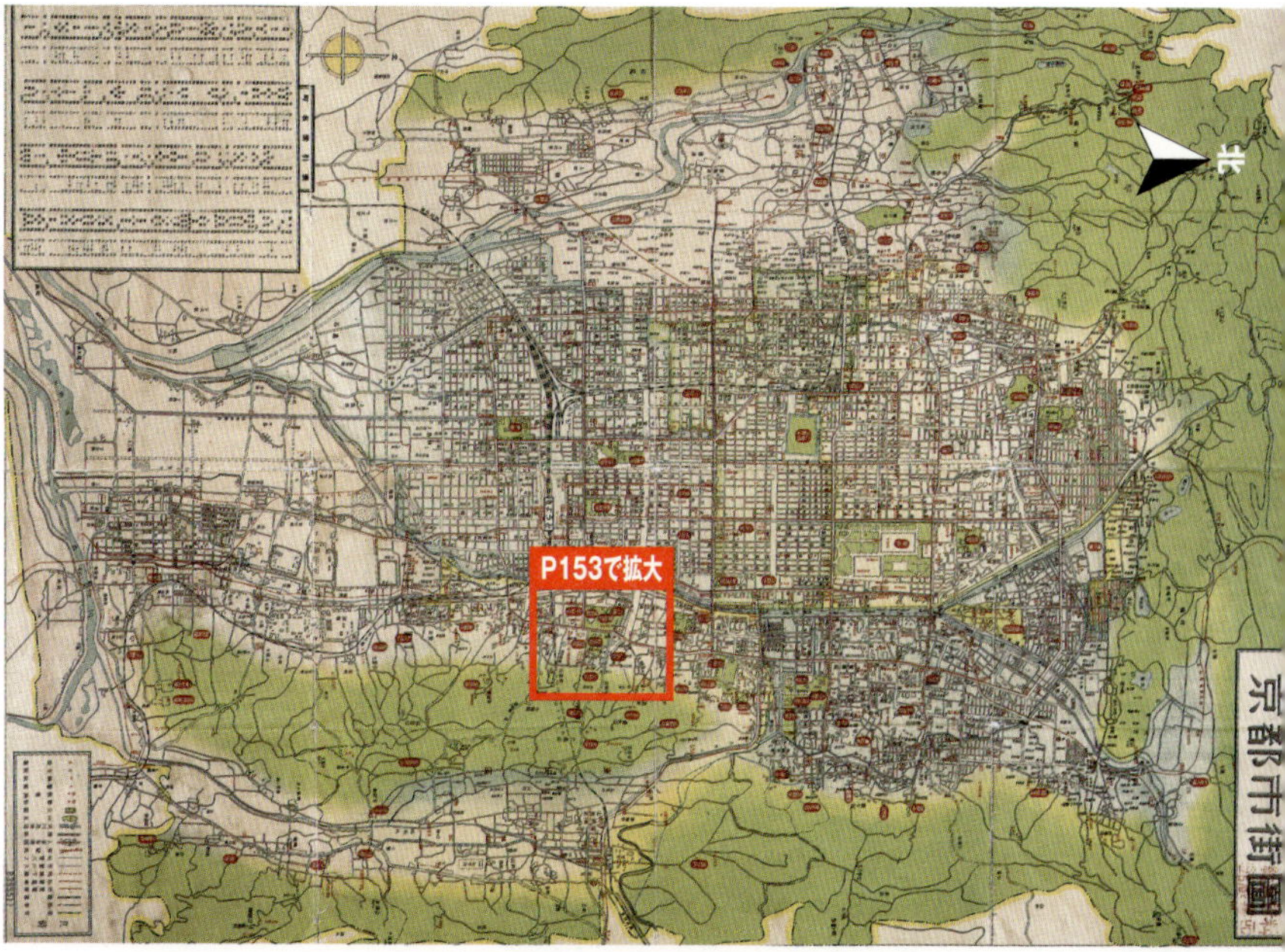
P153で拡大
北
京都市街圖

古地図に見る京の町の変遷

前のページには、変遷がわかるように、ほぼ100年ごとに4枚の古地図を掲載した。スペースの都合上、北を右側にして全体を配置している。

地図はすべて京都府立総合資料館蔵

京都の市街地を描いた地図は、**江戸時代初期**に初めて描かれた。最も古い地図は、洛中のみ（1591年に秀吉がつくった御土居《おどい》の内側）が描かれたものだった。

江戸時代初期に版元（木版の製作と印刷を行い、絵や書物などを販売した）林吉永が、描く範囲を洛外まで拡大させ、**北、東、西の3方を山に囲まれた範囲**が描かれるようになる。洛中は白い四角で区画を表し、洛外の主要な寺社や名所は絵で描かれ、観光用としての人気が高まった。

江戸時代後期、版元の竹原好兵衛が多色刷りを用いた色合いのあざやかな地図を刊行する。縮尺を統一し、寺社名およびその宗派、町名、通り名などの細かい情報が盛り込まれた。竹原は30年以上にわたって幾度もの改訂を重ね、天保2（1831）年に京の基本地図となる、代表作「**京町細見大成**」を完成させた。

このように改訂を重ねた京の地図。全体像は大きくは変わらないが、時代ごとの出来事を追って見比べてみると、その変化を見つけることができる。

次ページからは、3つのポイントに注目する。

・**鴨川沿いの御土居の変化**➡P149
・**禁裏周辺の町の変化**➡P150
・**方広寺大仏殿の焼失**➡P152

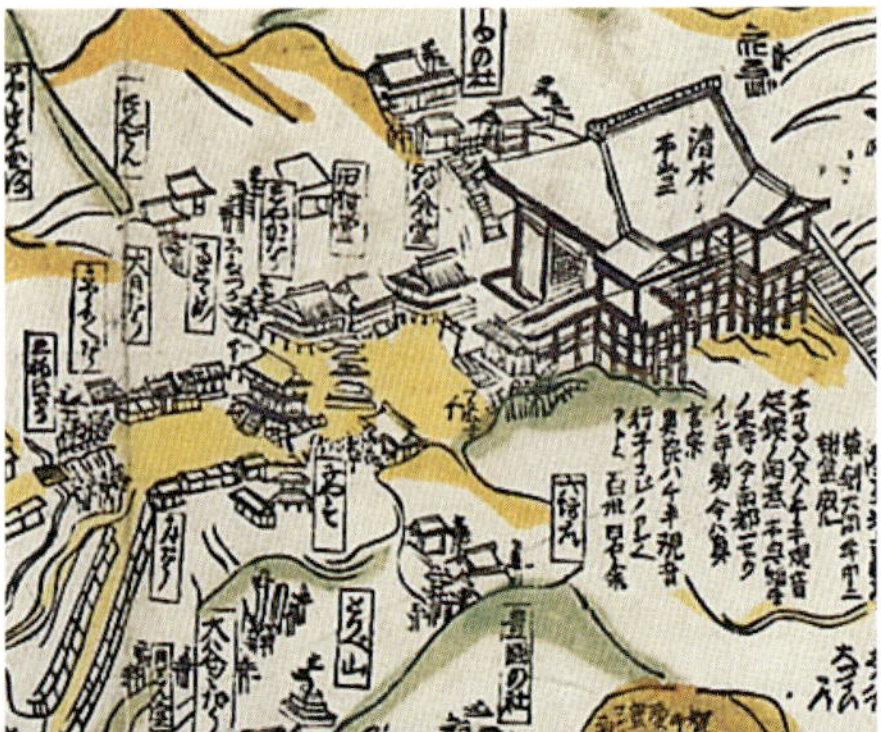

林吉永が出版した地図の中にある、東山の清水寺。洛外の寺院や山々は、絵でわかりやすく表現されている。

鴨川沿いの御土居の変化

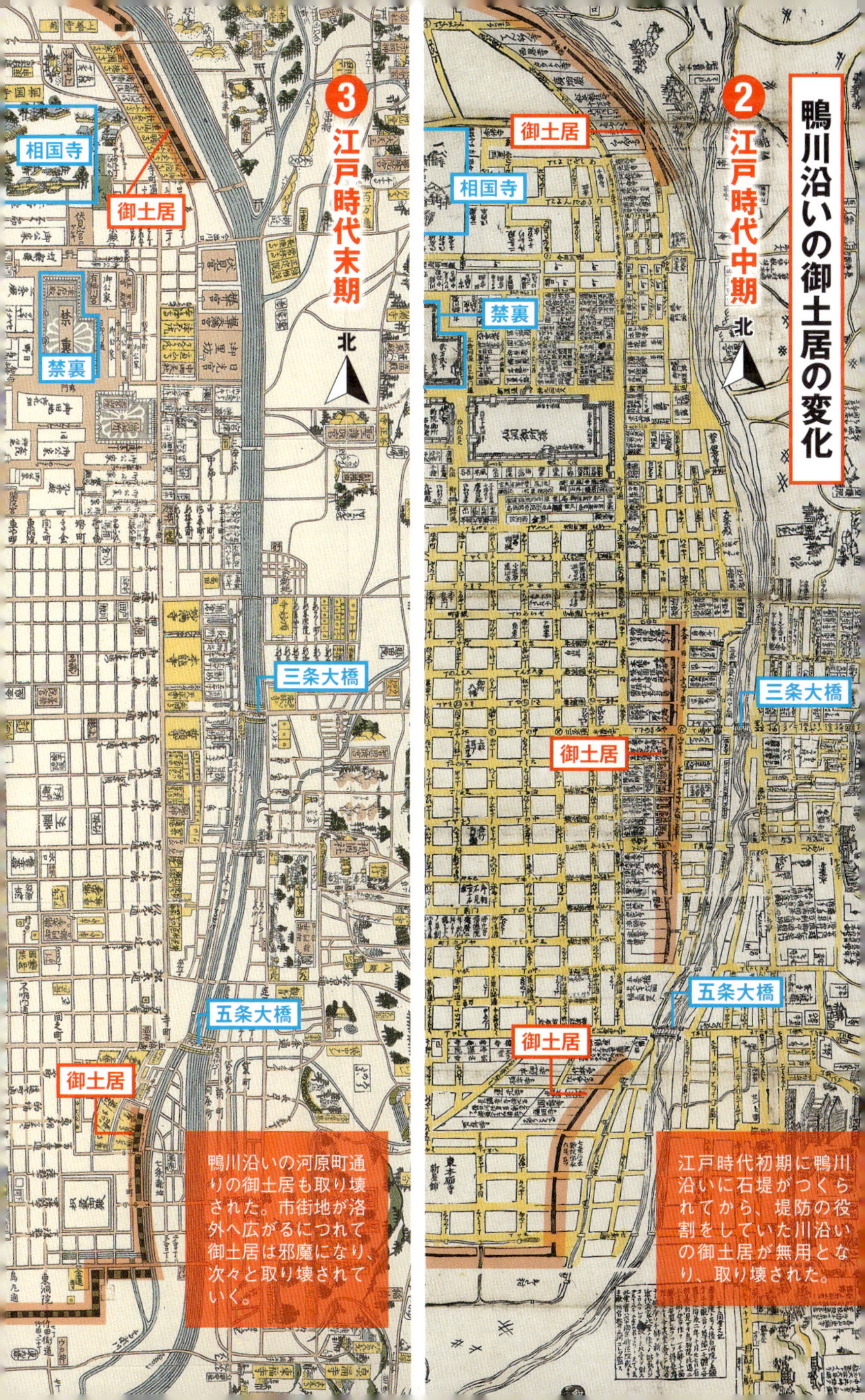
③江戸時代末期
北
相国寺
御土居
禁裏
三条大橋
五条大橋
御土居
鴨川沿いの河原町通りの御土居も取り壊された。市街地が洛外へ広がるにつれて御土居は邪魔になり、次々と取り壊されていく。
②江戸時代中期
北
御土居
相国寺
禁裏
三条大橋
御土居
五条大橋
御土居
江戸時代初期に鴨川沿いに石堤がつくられてから、堤防の役割をしていた川沿いの御土居が無用となり、取り壊された。

禁裏周辺の町の変化

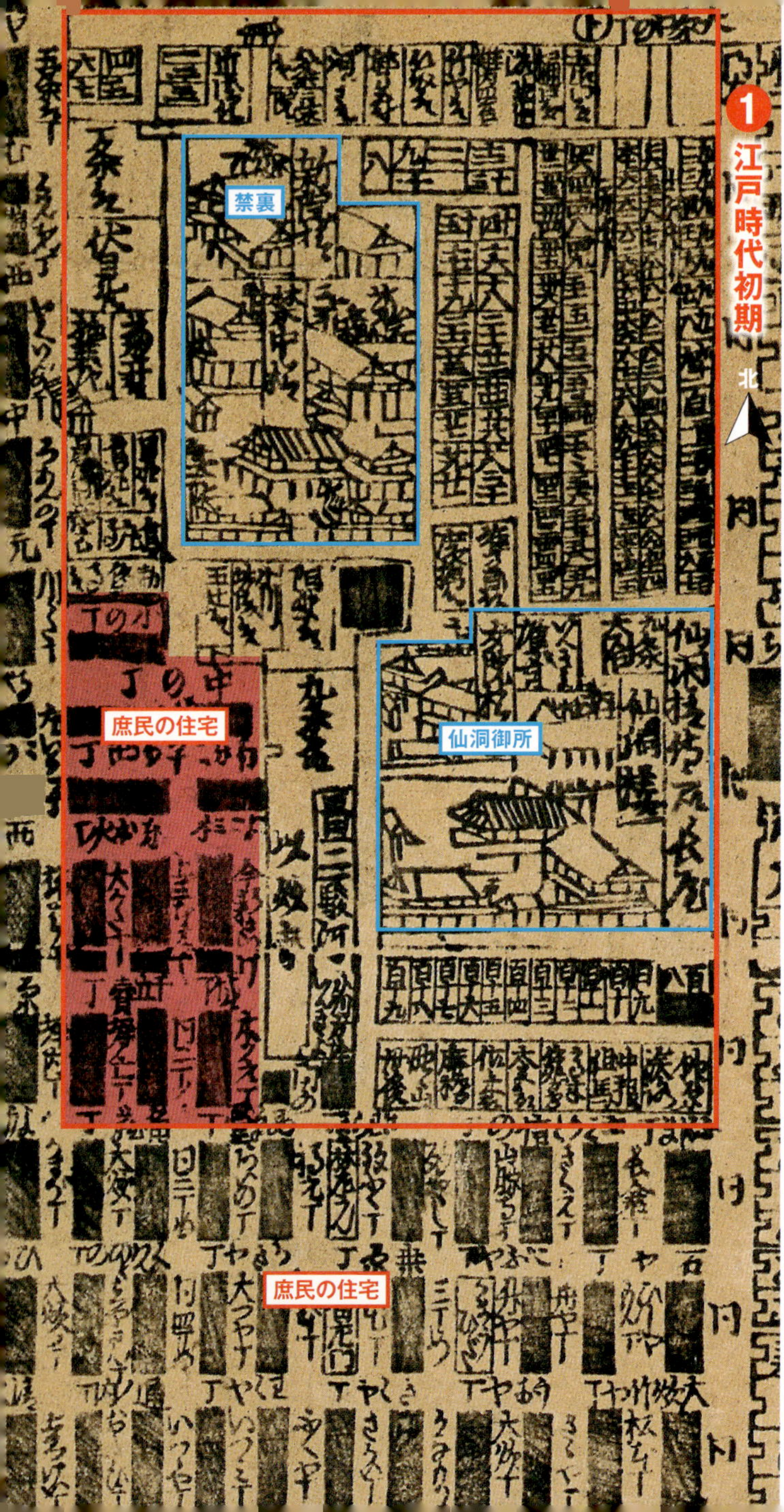
1
江戸時代初期
北
禁裏
仙洞御所
庶民の住宅
庶民の住宅

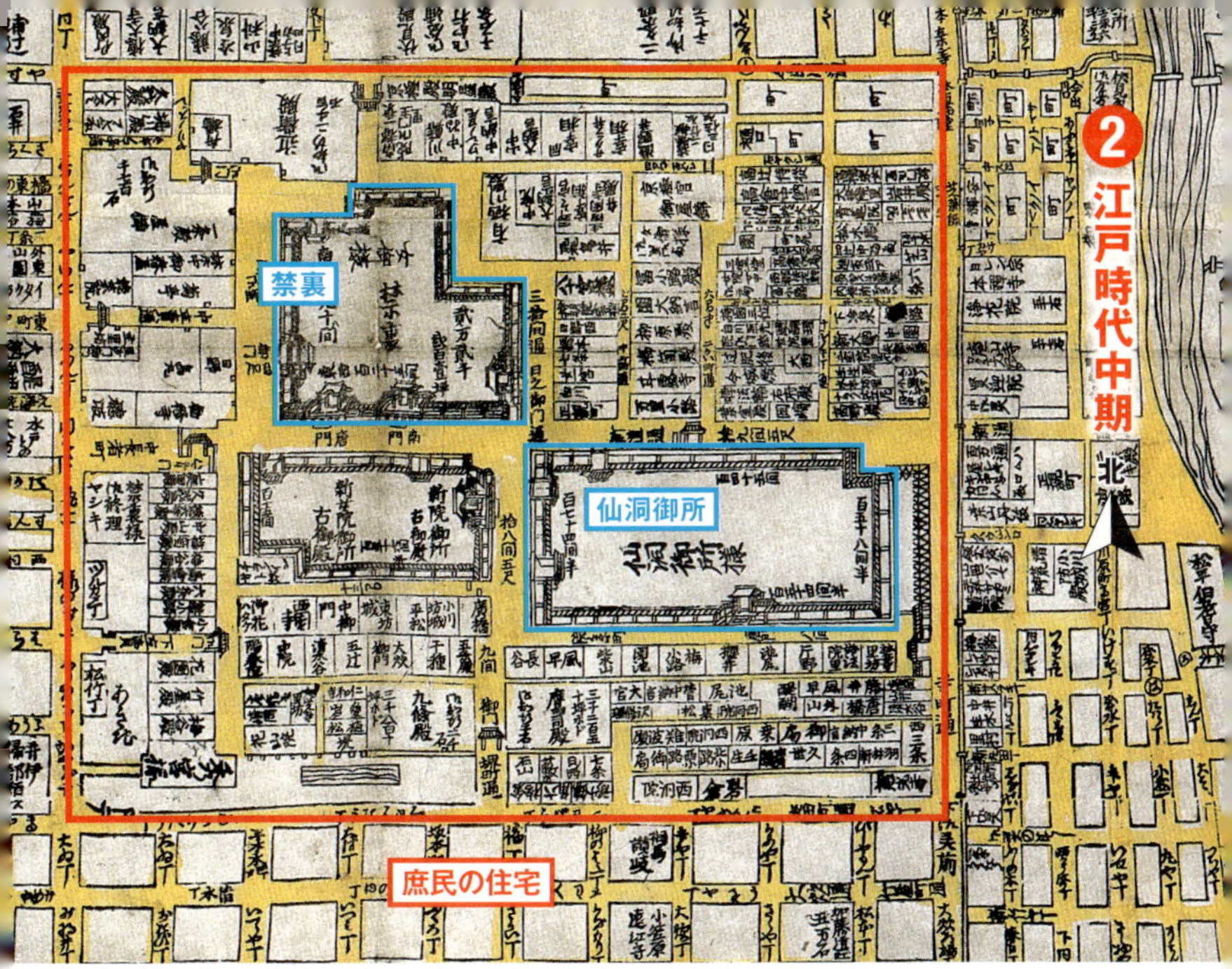
2
江戸時代中期
禁裏
仙洞御所
北
庶民の住宅

江戸時代初期

赤枠内に庶民の家が混在（地図上のピンク色の部分）しており、公家と庶民の町の境目はまだあいまいである。

江戸時代中期

1708年の宝永の大火のあと、公家と庶民の町との区分がはっきりし、庶民の家は赤枠の外へと移る。その後は明治維新まで、天皇の御所（禁裏）、公家の町とその周辺の公園は御所といわれる。

現在

明治時代に御所が東京に移ってからは、公家の町の邸宅はなくなる。京都御苑として整備され、現在に至る。

現代MAP
今出川通
今出川御門
石薬師御門
烏丸通
乾御門
朔平門
皇后門
室町通
清所門
京都御所
京都迎賓館
中立売御門
宜秋門
廬山寺
地下鉄烏丸線
紫宸殿
建春門
蛤御門
建礼門
清和院御門
京都御苑
大宮御所
仙洞御所
出水通
白雲神社
寺町御門
下立売通
下立売御門
宗像神社
富小路広場
厳島神社
堺町御門
丸太町通
丸太町駅
堺町通
富小路通
寺町通

方広寺大仏殿の焼失

③江戸時代末期

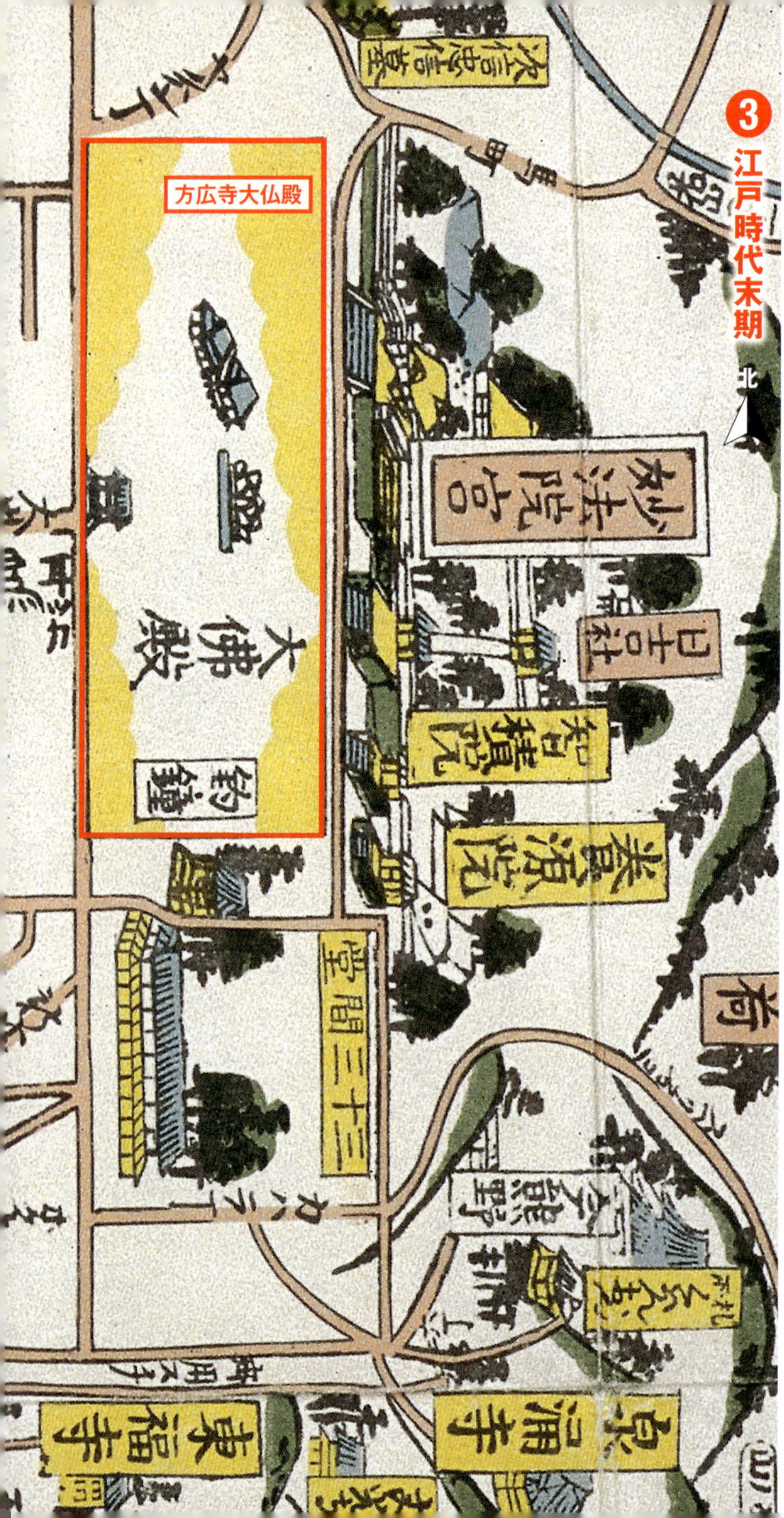

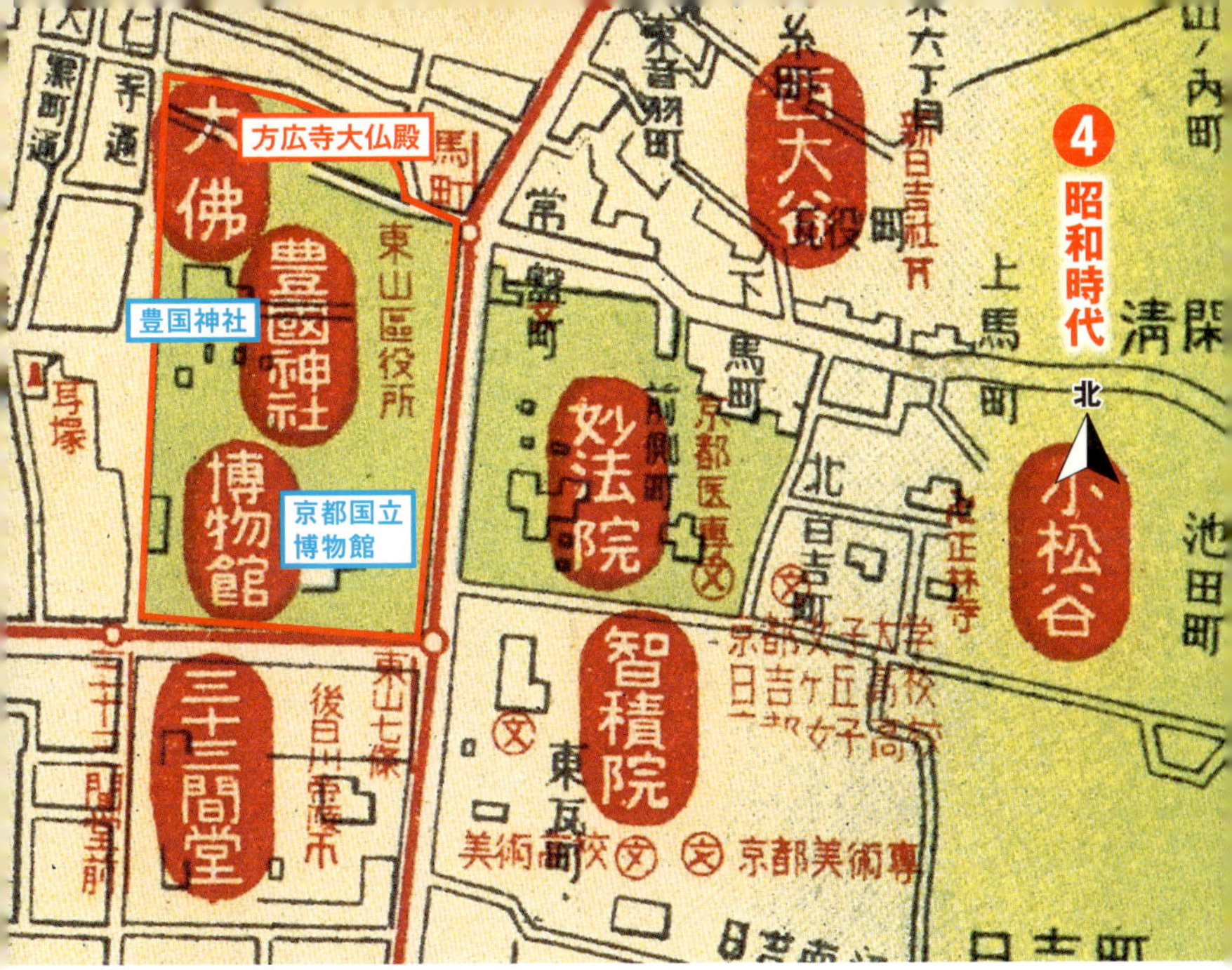

江戸時代末期

豊臣秀吉が建てた方広寺大仏殿（➡P108）は、火災や地震での大破と再建を繰り返す。江戸時代中期の落雷では、破損した一部は再建するも、完全な再建は行われなかった。しかし広大な敷地は残されたままだった。

昭和時代

明治時代に明治天皇の命令で、方広寺大仏殿の跡地に豊臣秀吉を祀る豊国神社が建てられ、大仏殿の本殿が片隅に残るのみとなった。

現在

1973年の火災で大仏殿は完全に焼失。方広寺となり、境内にその遺構が残る（➡P109）。

洛中洛外図に見る京の町

洛中洛外図屏風は、地図がなかった時代の京都の景観がわかる貴重な史料。縦160・4㎝、横365・2㎝（上杉本）と、巨大なスケールだ。

洛中洛外図屏風とは京都の**洛中**（**市街地**）と**洛外**（**その周り**）の景観を俯瞰から描いたもので、建物や人々の様子などが細かく描きこまれた風俗画。室町時代末ころから江戸時代に描かれ、**100点ほどが現存**しているという。室町時代に描かれたものはわずか4つ（下記参照）で、その中でもとくに**上杉本**が有名である。

多くは権力者が政治的に利用したとされるが、絵画として贈り物にも使われた。御所や邸宅などが実際よりも華やかに描かれていることから、制作者から発注者（権力者）への配慮があったことが見受けられる。

室町時代の京を描く4作品

上杉本《うえすぎぼん》

作成年 1565年
制作者 狩野永徳
所蔵場所 米沢市上杉博物館

織田信長《おだのぶなが》が狩野永徳《かのうえいとく》に描かせ、上杉謙信《うえすぎけんしん》に贈ったものと伝わる。国宝。右隻は鴨川沿いおよび東山を中心に、左隻は北山および京の西側を描く。2400人以上の人物が描かれ、街路名など情報量も多い。

歴博甲本《れきはくこうほん》(町田家本《まちだけぼん》)

作成年 1525年
制作者 狩野元信
所蔵場所 国立歴史民俗博物館

現存する洛中洛外図屏風の最古のもの。重要文化財。右隻《うせき》は下京の洛中と洛外、左隻《させき》は上京の洛中と洛外を描く。1300人以上ものさまざまな人物が描かれている。誰が何のために制作したのかは不明。

歴博乙本《れきはくおつほん》(高橋本《たかはしぼん》)

作成年 1580年代頃
制作者 狩野松栄、宗秀ら
所蔵場所 国立歴史民俗博物館

もっとも近年発見された。重要文化財。右隻は東山から内裏まで、左隻は花の御所を中心に、上京から京都の西側が描かれている。権力者の家などが描かれていないことから、発注者は権力者ではないと考えられている。

東博模本《とうはくもほん》

作成年 1540年代前半
制作者 狩野元信周辺
所蔵場所 東京国立博物館

歴博甲本に次いで古いものとみられている。現存するのは写しのみ。右隻5扇《せん》が失われている。右隻は東山および東側、左隻は北山および西側が描かれている。寺社や邸宅、建物の向きなど、不正確な部分が多い。

※枠内に描かれた絵は、P157〜162で拡大

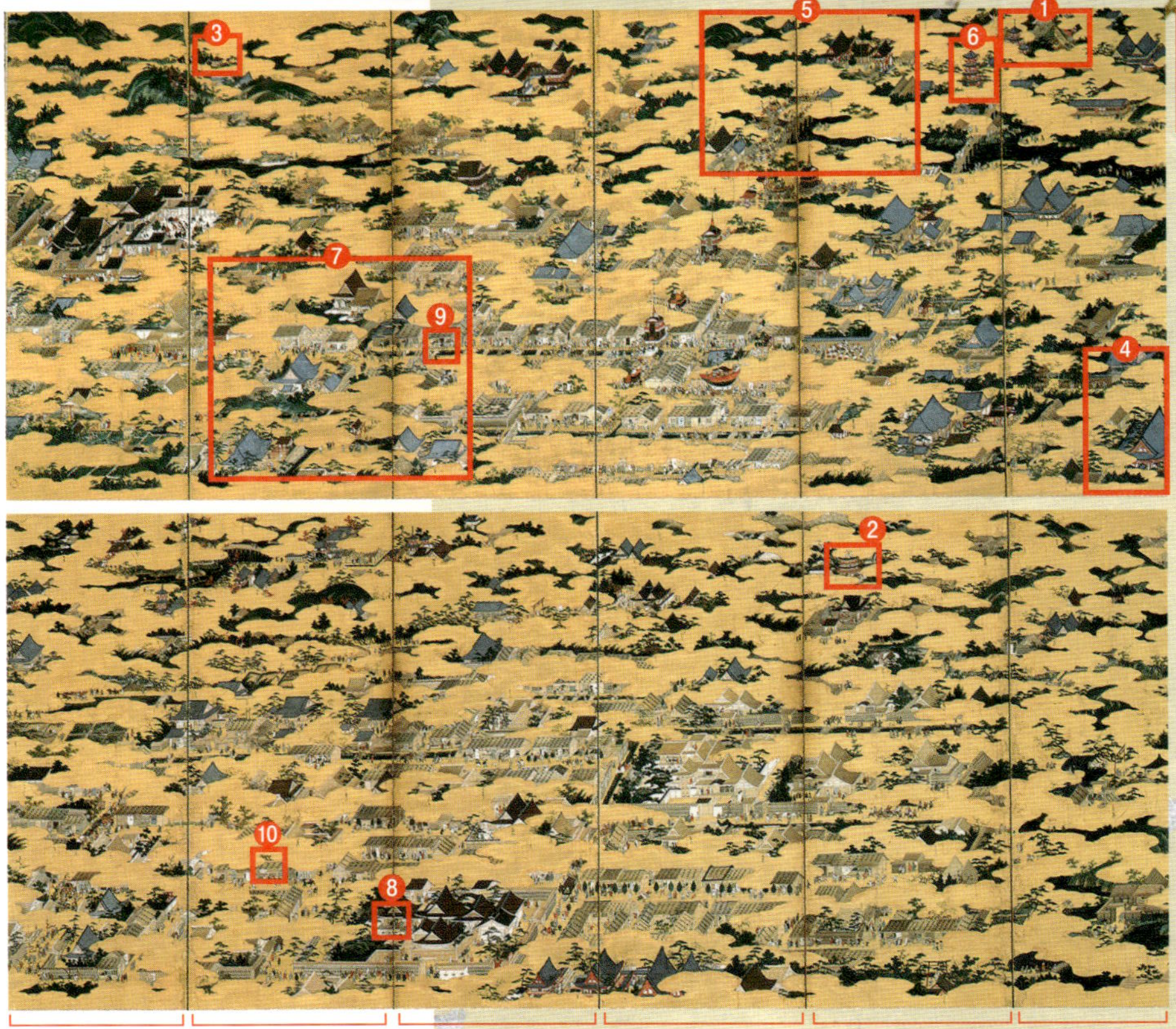

「右隻」と「左隻」の2つの屏風からなり、合わせて一双と呼ぶ。また、それぞれ折りたためるように6画面ずつで構成されており、その1画面を「扇《せん》」と呼ぶ。右から1扇、2扇と数え、屏風の中の位置を示すときは「右隻1扇」と表示する。

※枠内に描かれた絵は、P157〜162で拡大

歴博甲本

右隻

左隻

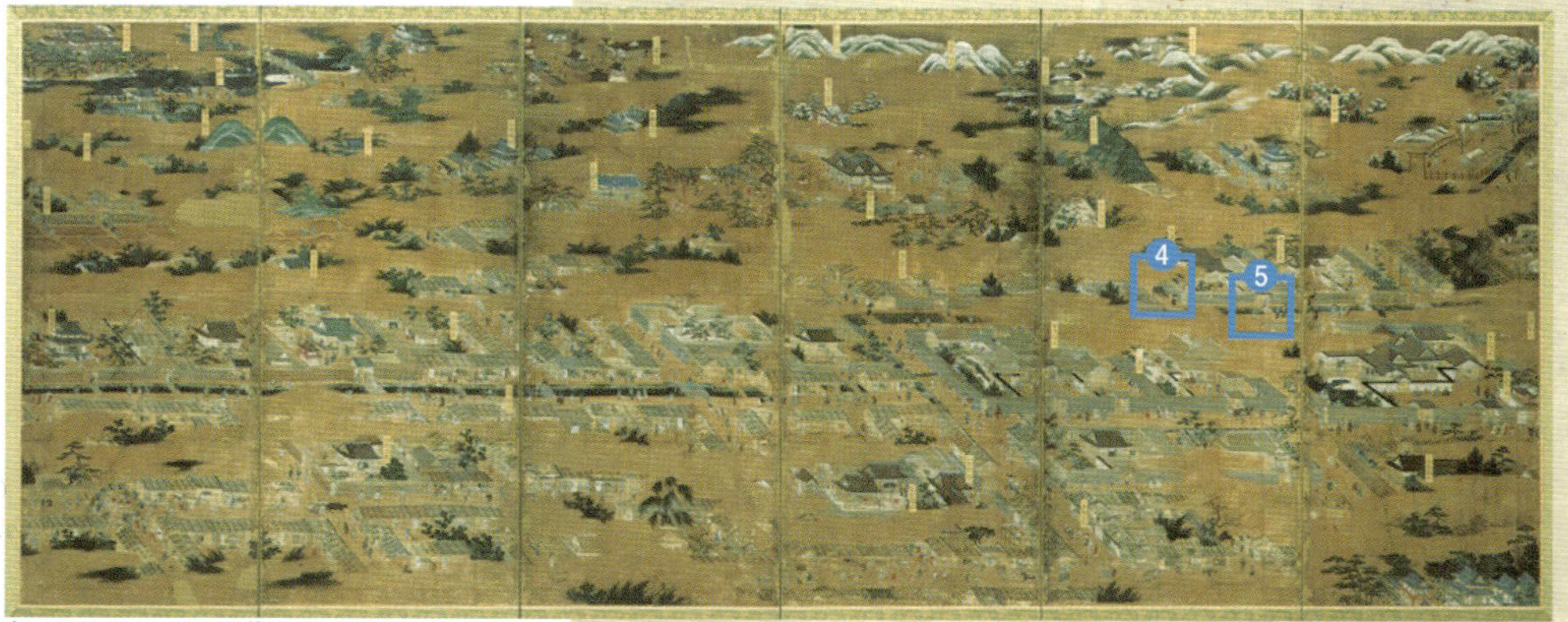

6扇 5扇 4扇 3扇 2扇 1扇

現存する建物を見る

清水寺

❶「上杉本」右隻1扇

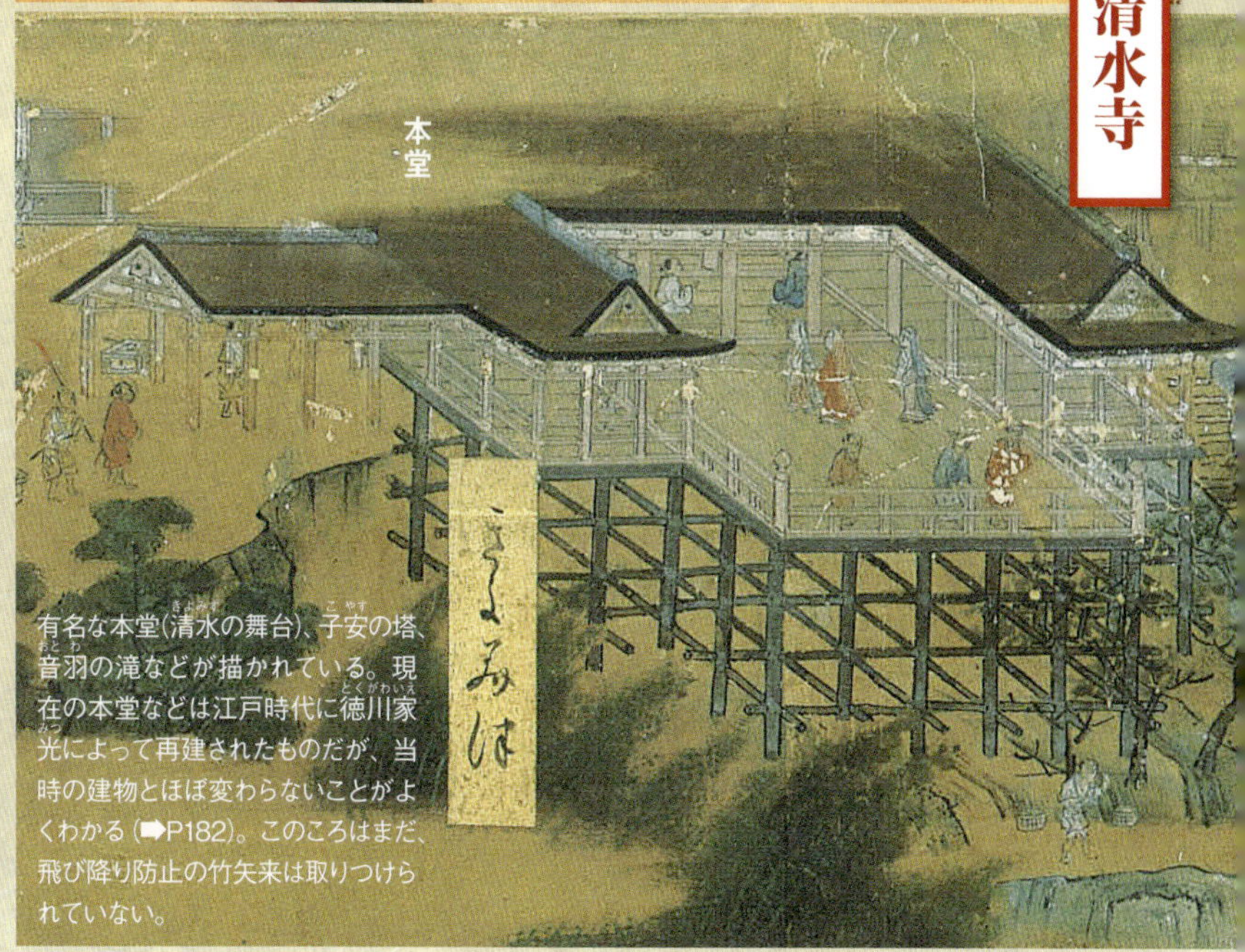

有名な本堂(清水《きよみず》の舞台)、子安《こやす》の塔、音羽《おとわ》の滝などが描かれている。現在の本堂などは江戸時代に徳川家光《とくがわいえみつ》によって再建されたものだが、当時の建物とほぼ変わらないことがよくわかる(➡P182)。このころはまだ、飛び降り防止の竹矢来は取りつけられていない。

❶「歴博甲本」右隻2扇

鹿苑寺（金閣）

❷「上杉本」左隻2扇

鹿苑寺《ろくおんじ》の金閣《きんかく》の雪景色が描かれている。現在の金閣は再建されたものだが、当初の金閣も3層構造の建築様式（➡P91）であったことがわかる。

慈照寺（銀閣）

❸「上杉本」右隻5扇

東山の山奥に描かれた慈照寺《じしょうじ》の銀閣《ぎんかく》。山に囲まれており探しづらいが、屋根上の鳳凰が目印。

東寺

❹「上杉本」右隻1扇

描かれている五重塔は落雷などで焼失する前のもの。写真の現在の塔は1644年に再建されたものだ。

❺「上杉本」**右隻2〜3扇**

八坂《やさか》神社（祇園社《ぎおんしゃ》）を出発し、四条大橋を渡る祇園祭の神輿《みこし》渡御《とぎょ》の様子。

❻「上杉本」**右隻2扇**

平安時代に栄えた法観寺《ほうかんじ》の塔。現在のものは、室町時代に足利義教《あしかがよしのり》が再建。高さ46mで、今も京都の町のシンボルとして、その存在感を示す。

遺構の残らない建物を見る

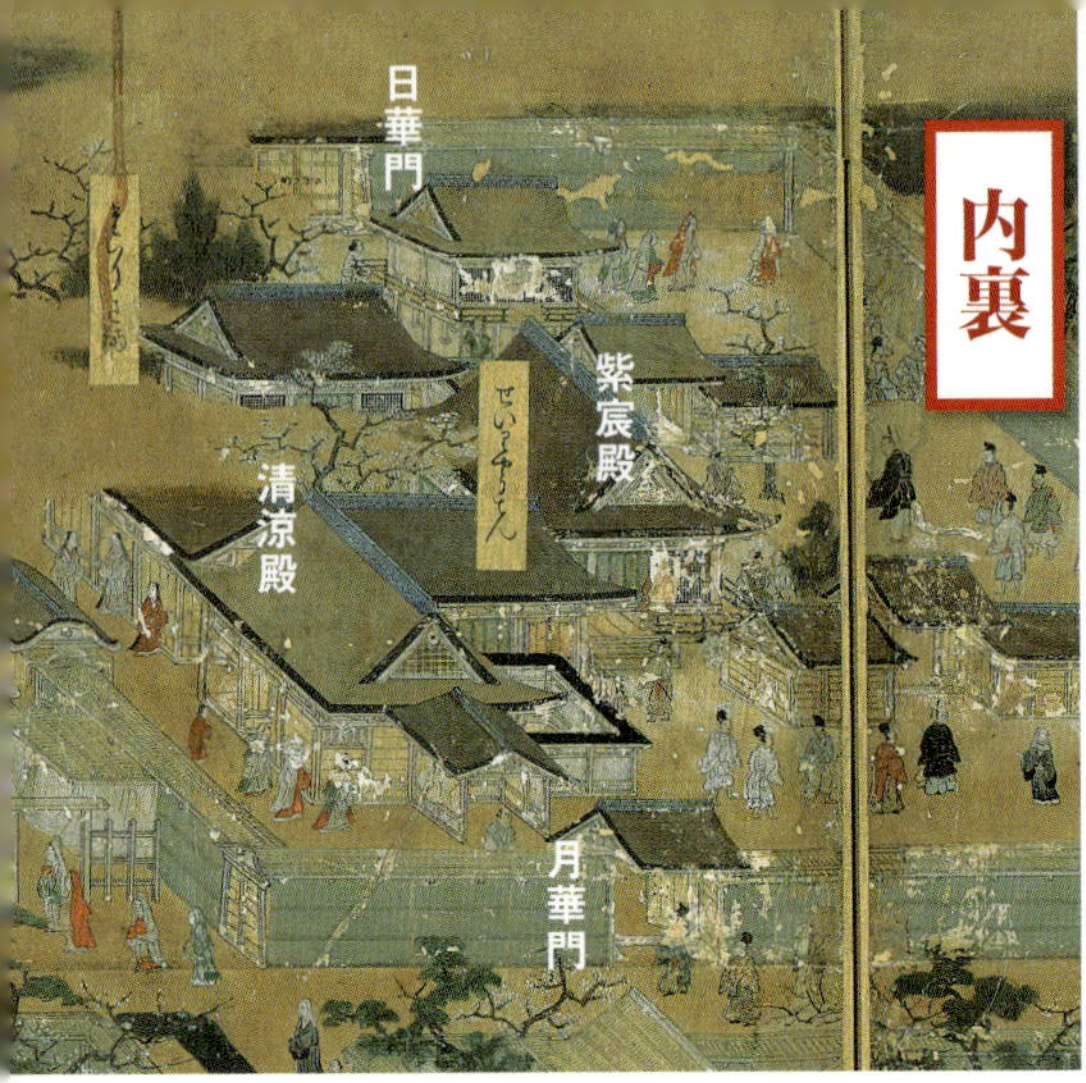

内裏
日華門
紫宸殿
清涼殿
月華門

❷「歴博甲本」**右隻5～6扇**

天皇の邸宅内の紫宸殿の右側の広場で儀式が行われている。清涼殿の左側に描かれている女たちは宮中に仕える女房衆といわれる。

❼「上杉本」**右隻4～5扇**

織田信長が自害した本能寺《ほんのうじ》から、織田信忠《のぶただ》がいた妙覚寺《みょうかくじ》までが約600m。その隣に二条御新造《にじょうごしんぞう》がある。(➡P27)

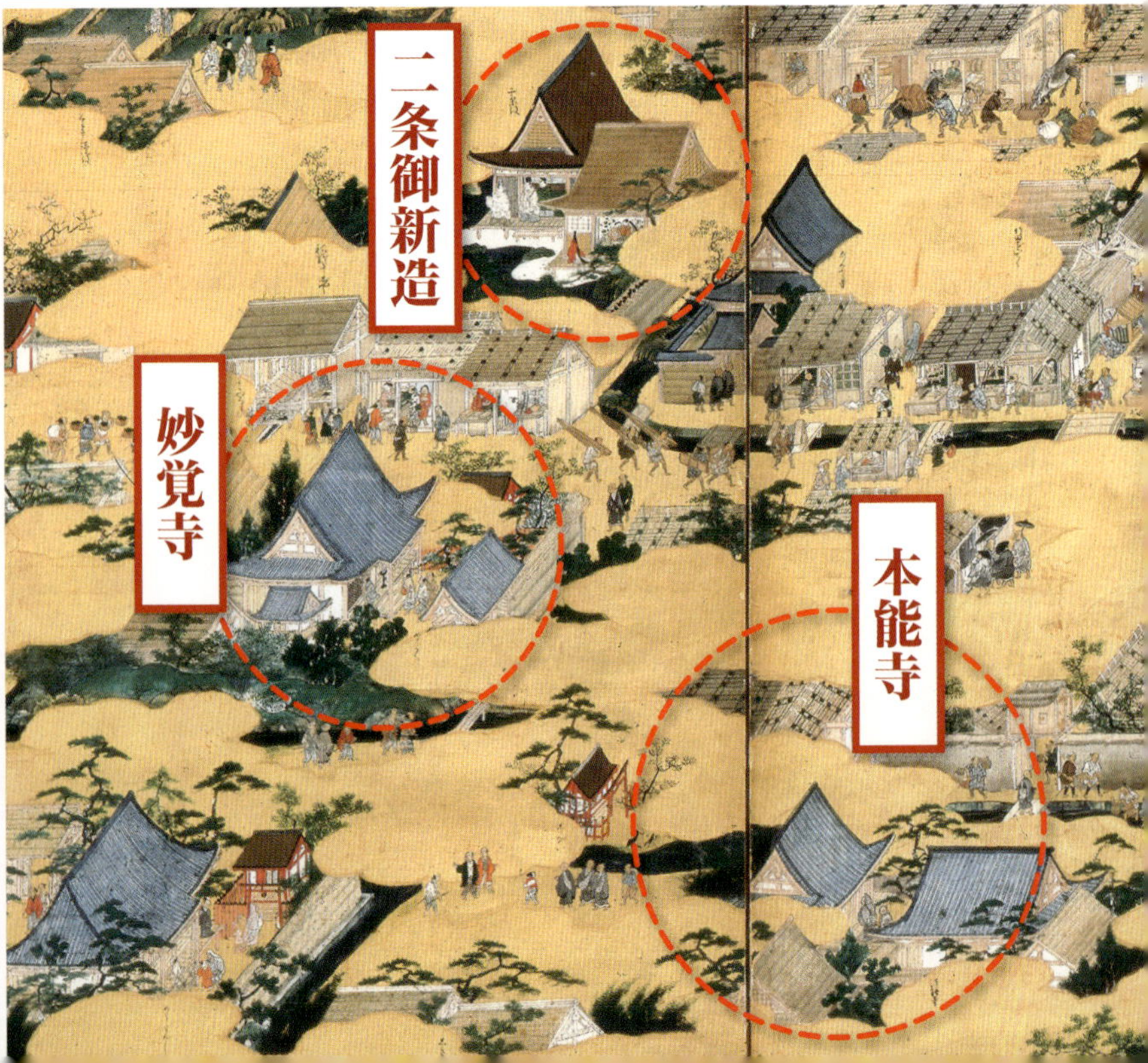

二条御新造
妙覚寺
本能寺

描かれた人物たちを見る

⑧「上杉本」左隻4～5扇

足利義輝

足利将軍邸（花の御所）の屋敷を歩く赤い装束を着た人物は、左右と後ろに3名を従え、高い身分であることがわかる。この人物が13代将軍足《あし》利義輝《かがよしてる》と考えられている。

⑨「上杉本」右隻4扇

商人

室町通には、商店や職人の家が立ち並んだ。店舗販売以外にも、商品を天秤棒で担いで歩く、振り売りという商人が何人も町を歩いている。

⑩「上杉本」左隻5扇

女や子どもたち

猿回しの芸を鑑賞している。猿つかいのかけ声に合わせて、猿が踊りなどを行う芸で、当時は正月に行われる縁起ものとして人気があった。

③「歴博甲本」右隻1扇

武士

三十三間堂の軒下で通し矢をしている。通し矢とは弓の競技で、三十三間堂などの長い廊下のある寺で行われた。端から端へ、矢を射通すことができた本数を競う。江戸時代にもっとも盛んになった。

④「歴博甲本」左隻2扇

大原女

薪を頭の上に乗せて歩く女が、牛を連れて歩いている。このように薪を売り歩く女のことを、大原女《おおはらめ》と呼んだ。時代祭では大原女に仮装した女たちが歩く。

⑤「歴博甲本」左隻2扇

尼僧

尼寺の宝鏡院《ほうきょういん》の門前に、坊主頭で黒染めの着物を着た女が二人いる。尼僧とは20歳以上の未婚女性、または既婚であっても出家した女のことで、尼寺で修行を行った。

4章
社寺をめぐる

古社・名刹をめぐる

京都には伝統ある祭りが行われる寺社や、歴史に残る人物の、ゆかりある寺社が多くある。

歴史を刻む社寺

1	清水寺➡P182	12	建仁寺➡P189
2	北野天満宮➡P184	13	東福寺➡P189
3	菅原院天満宮神社➡P185	14	万寿寺➡P189
4	菅大臣神社➡P185	15	西本願寺➡P190
5	吉祥院天満宮➡P185	16	東本願寺➡P190
6	上御霊神社➡P187	17	渉成園➡P190
7	下御霊神社➡P187	18	源光庵➡P192
8	今宮神社➡P187	19	養源院➡P192
9	南禅寺➡P188	20	宝泉院➡P193
10	天龍寺➡P189	21	正伝寺➡P193
11	相国寺➡P189	22	興聖寺➡P193

京の三大祭と神社

京都には歴史の深い祭礼が多いが
葵祭、祇園祭、時代祭の3つが三大祭と呼ばれる。
どれも古都の町を舞台に華麗な行事が行われる。

葵祭
[上賀茂神社・下鴨神社]

↑神山《こうやま》の麓にある上賀茂神社。楼門前に反り橋の玉橋が架かり、境内を、ならの小川がさらさらと流れる。

→神山を模して神の依代《よりしろ》を表わした立砂《たてずな》。細殿《ほそどの》の前にあり、境内に清々しさを漂わせる。

上賀茂神社
所在地●北区上賀茂本山339
アクセス●京都駅からバスで36分
「上賀茂御薗橋」下車徒歩4分

下鴨神社
所在地●左京区下鴨泉川町59
アクセス●京都駅からバスで35分
「下鴨神社前」下車すぐ

下鴨神社の社殿。南に広がる糺《ただす》の森は12万4千平方メートルもの広さの、平安時代から変わらぬ原生林。

葵祭の主な行事①

5月1日 競馬会足汰式《くらべうまえあしぞろえしき》
上賀茂神社

5月5日の競馬会に出る馬の体調など、優劣を見きわめる儀式が境内で行われる。

5月3日 流鏑馬神事《やぶさめしんじ》
下鴨神社

糺《ただす》の森に設けられた馬場で行われる。武家や公家の衣装をまとった射手が、100m間隔に立てられた的に矢を放つ。

5月4日 斎王代女人列御禊の儀《さいおうだいにょにんれつぎょけいのぎ》
両賀茂社隔年交替

斎王が御手洗《みたらし》川に手を浸し、禊ぎを行う。鎌倉時代まで内親王が務めていた斎王《さいおう》に代わり、現在は一般から選ばれた斎王代《さいおうだい》が行う。

P168へ続く

斎王代女人列御禊の儀

流鏑馬神事

上賀茂《かみがも》神社は正式社名を「賀茂別雷《かもわけいかづち》神社」、**下鴨《しもがも》神社**は「賀茂御祖《かもみおや》神社」という。2社をあわせて「**賀茂《かも》社**」と呼ぶ。古代からの豪族・賀茂氏の先祖を祀る神社だったが、平安京の遷都で、**都を鎮護する第1の神**となった。

葵祭《あおいまつり》は賀茂神のたたりを鎮めるために始められた賀茂社の例祭で、起源は平安京以前の欽明天皇の時代と伝えられる。平安時代には**石清水祭《いわしみずさい》・春日祭《かすがのまつり》**とともに**三大勅祭**であった。「賀茂祭《かものまつり》」が正式名称だが、江戸時代になって「葵祭」と呼ばれるようになる。参列する人々の衣冠や牛馬を、二葉葵の葉で飾るためだ。

葵祭は京都御所内の「**宮中《きゅうちゅう》の儀**」、行列の「**路頭《ろとう》の儀**」、神社での「**社頭《しゃとう》の儀**」の3つに分かれるが、現在は宮中の儀は行われていない。5月の青空の下、御所から都大路を新緑の賀茂社へ進む「路頭の儀」は、京都ならではの風雅な情景だ。

葵祭の主な行事②

5月5日

賀茂競馬《かもくらべうま》 ―上賀茂神社―

午前に菖蒲根合わせの儀式が、午後には競馬が行われる。舞楽の衣装を着た二人が馬出しの桜から菖蒲の楓まで駆け比べをする。堀河天皇の代、寛治7（1093）年に始められたと伝わる行事。

歩射神事《ぶしゃしんじ》 ―下鴨神社―

葵祭の安全祈願のために行われる「鳴弦蟇目《めいげんひきめ》神事」のことで、立ち並んだ射手が、裏に鬼と書かれた的を射る。

5月12日

御蔭祭《みかげまつり》 ―下鴨神社―

比叡山の麓にある奥宮の御蔭《みかげ》神社から御神《ごしん》霊《れい》を移す儀式。御神霊を迎えたあと、下鴨神社の糺の森で東遊の舞などが行われる。

5月15日

路頭の儀

賀茂競馬

御蔭祭

平安時代、祭といえば葵祭のことだった。古典文学にも、今日と同じような祭見物の様子が多く描かれている。

よく知られるのは『**源氏物語**』の葵の巻の「車争い」だ。光源氏の正妻・葵上《あおいのうえ》と恋人の六条《ろくじょうの》御息所《みやすんどころ》がそれぞれ見物に出かけ、牛車を止める場所を争う。兼好《けんこう》法師《ほうし》の『**徒然草**』にも下鴨神社の祭見物が混雑する様子が描かれているほか、『**枕草子**』『**今昔物語集**』などにも記述が残る。

祭事は5月1日の競馬会足汰式から始まる。クライマックスの15日へ向け、流鏑馬《やぶさめ》神事、斎王代女人列御禊《さいおうだいにょにんれつぎょけい》の儀、御《み》蔭祭《かげまつり》など、いずれも華やかな平安王朝そのままの祭礼が見られる。

そして15日午前10時半、勅使《ちょくし》、検非違使《けびいし》、内蔵使《くらのつかい》、斎王代ら**総勢500余名**が、京都御所を出発。牛車や風流傘《ふうりゅうがさ》とともに列をなし、平安絵巻そのままに両賀茂社を目指して進む。

葵祭行列巡行MAP
毎年5月15日
上賀茂神社
15:30
御薗橋
総距離約8km
一ノ鳥居から境内を社殿へ向かって進む。下鴨神社と同じように社頭の儀があり、最後に「走馬の儀」が行われる。
下鴨本通から北大路通を経て、賀茂川沿いの賀茂街道を北上し上賀茂神社へと向かう。賀茂街道は行列が見やすいポイント。
賀茂街道
北山駅
府立植物園
北大路駅
北大路通
下鴨本通
新緑と雅やかな平安絵巻が素晴らしい調和を見せる。社殿前で勅使による儀式や東遊の舞、馬場で「走馬の儀」が行われる。
下鴨神社
14:20
11:40
叡山電鉄本線
出町柳駅
地下鉄烏丸線
京都御所
10:30
京都御所の建礼門から広い御苑内を出発。堺町御門から丸太町通を東へ向かい、河原町通を北進して下鴨神社へ向かう。堺町御門辺りから見ると、御所の建物が背景となり情緒がある。
京阪鴨東線
河原町通
神宮
丸太町駅
丸太町通
10:50
二条城
地下鉄東西線
京都市役所前駅
二条城前駅

＊時間は先頭通過予定時刻。行列の通過所要時間は約1時間。

祇園祭

［八坂神社］

↑八坂神社本殿は、本殿と拝殿の2つの建物を覆ったもので祇園造と呼ばれ、重要文化財指定。
→八坂神社の正門は南楼門だが、一番目立つのは四条通に面している西楼門だ。

西楼門

「洛中洛外図屏風 上杉本」に描かれた祇園祭。　米沢市上杉博物館蔵

所在地●東山区祇園町北側625
アクセス●京阪電鉄京阪本線「祇園四条駅」から徒歩5分

祇園祭の主な行事①

7月10～14日 鉾建《ほこだて》・山建《やまだて》

各山鉾町

山鉾が組み立てられる。釘を使わずにわら縄だけで固定する「縄がらみ」と呼ばれる伝統技法で組み立てられる。

7月13日 長刀鉾稚児社参《なぎなたぼこちごしゃさん》

八坂神社

長刀鉾の稚児が、立烏帽子水干《たてえぼしすいかん》姿で八坂神社に詣る。「お位《くらい》もらい」ともいう。

7月14～16日 宵山《よいやま》

各山鉾町

各山鉾に駒形提灯がいくつも点灯され、祇園囃子の笛や鉦、太鼓が奏でられる。旧家では屏風や工芸品などを飾る屏風祭が催され、各山鉾町の会所では、貴重なご神体や懸装品が展示される。

P172へ続く

宵山

長刀鉾稚児社参

「祇園《ぎおん》さん」と親しまれている八坂神社《やさか》は、平安京遷都以前から素戔嗚尊《スサノオノミコト》を祀っていたと伝える古社である。

社伝によると、貞観11（869）年6月に都に疫病が流行。天変地異も起こったことから、祇園社（八坂神社）から神泉苑（➡P53）へ矛《ほこ》66本を建てて神輿《みこし》を送った。この「**祇園御霊会**《ぎおんごりょうえ》」といわれた疫病除けの神事が**祇園祭**《ぎおんまつり》の始まり。

悪疫神を依りつかせた**山鉾**《やまほこ》は、しだいに飾りつけられるようになり、いまや動く美術館ともいわれるほどの華やかさである。山鉾は巡行の1週間ほど前から各山鉾町の道路で組み立てられる。巡行の前夜は**宵山**《よいやま》といい、飾りつけが終わった山鉾に駒形提灯《こまがたちょうちん》が灯る。

祇園祭の粽《ちまき》は食べるものではなく、家内安全厄除けのご利益があり、玄関などに飾られる。

祇園祭の主な行事②

7月17日

山鉾巡行《やまぼこじゅんこう》

神輿渡御《みこしとぎょ》

八坂神社石段下～四条御旅所

夕方、3基の神輿の差し上げ、差し回しが行われる。巡行後、四条寺町の御旅所へ。

7月24日

花傘巡行《はながさじゅんこう》

石段下～市役所～八坂神社

子ども神輿や神饌《しんせん》花車、宮川町と祇園甲部の芸舞妓を乗せた花傘車などが通りを練る。

還幸祭《かんこうさい》

四条御旅所～八坂神社

3基の神輿が四条の御旅所《おたびしょ》を出て、氏子町内をまわり八坂神社へ還る。

7月31日

疫神社夏越祭《えきじんじゃなごしのまつり》

八坂神社内疫神社

参拝者が大茅輪《おおちのわ》をくぐり無病息災を祈願。

花傘巡行

還幸祭

7月1日、ひと月におよぶ多彩な神事や祭事が幕を開ける。なかでも一番の見どころは、17日の**山鉾巡行**《やまぼこじゅんこう》である。

「**山**」や「**鉾**」は町ごとに建てられる。「鉾」とは山車の屋根の上に、ビルの4～5階にまで達する高い柱が立ったもの。「山」は屋根やご神体の後ろに松があり、曳き手がいるものと神輿のように担ぐものがある。山も鉾も、それぞれに**ご神体がのっている**。

山鉾は室町時代の応仁の乱前には**60基**を数え、安土桃山時代に貿易が盛んになると南蛮渡来の絨毯などが飾られるようになり、より豪華となった。

幕末の禁門の変（➡P34）で焼失した山鉾もあったが、町衆の力で連綿と続けられてきた。昭和20（1945）年の敗戦時にも29基の山鉾が残り、現在、鉾が8基、傘鉾が2基、山が23基、合計**33基**の山鉾が受け継がれている。

南観音山

河原町御池での辻廻し。

山鉾建の位置と巡行MAP

毎年7月17日

山鉾は7月10日から順次各町内で組み立てられ(山鉾建という)、宵山では提灯が飾られる。緑(鉾)とピンク(山)の図は、各山鉾が立てられる位置を表す。巡行は、それぞれの場所から四条烏丸に移動して出発する。

辻廻しが行われる。
新町通
室町通
京都市役所
10:30
御池通
11:30
烏丸御池駅
京都市役所前駅
油小路通
役行者山
姉小路通
辻廻しが行われる。
鈴鹿山
三条通
西洞院通
黒主山
八幡山
浄妙山
六角通
河原町通
鯉山
北観音山
霰天神山
橋弁慶山
蛸薬師通
山伏山
占出山
南観音山
錦小路通
注連縄切りが行われる。
菊水鉾
螳螂山
孟宗山
放下鉾
長刀鉾
四条通
河原町駅
祇園四条
阪急京都線
四条傘鉾
郭巨山
月鉾
函谷鉾
烏丸駅
四条駅
9:45
高島屋
鶏鉾
くじ改めが行われる。
芦刈山
伯牙山
綾傘鉾
油天神山
白楽天山
仏光寺通
船鉾
木賊山
東洞院通
山鉾が方向転換をする辻廻しが行われる。重さ8～12トンもの巨大な山鉾を、水をまいた竹の上で回転させる。
太子山
岩戸山
高辻通
京阪本線
烏丸通
大船鉾
(2012年復興)
保昌山
松原通
五条通
清水五条駅

17日午前9時、「エンヤラヤー」のかけ声で長刀鉾を先頭に、各山鉾が四条通を東へ進む。四条堺町で、山鉾のくじを確認する「くじ改め」が、四条麩屋町で、長刀鉾の稚児が俗界と神域の境界とされる注連縄を切る「注連縄切り」が行われる。それぞれの交差点での方向転換「辻廻し」が最大の見せ場。巡行後、山鉾はすぐに解体される。集めた疫病神を四散させないようにするためだという。

＊時間は先頭通過予定時間。
巡行の通過所要時間は約2時間。

時代祭

［平安神宮］

所在地●左京区岡崎西天王町
アクセス●地下鉄東西線「東山駅」から徒歩10分

左近の桜と右近の橘が植えられた端正な姿の拝殿は、平安京の大極殿を模した建物。左右に蒼龍楼・白虎楼などがある。

通りに面した応天門は丹塗りと碧瓦の美しい楼門である。

朱塗りの社殿が白砂に輝く**平安《へいあん》神宮**は、明治28（1895）年、**平安京遷都1100年記念**として建てられた神社。**桓《かん》武《む》天皇**と**孝明天皇**を祭神とする。**応天門《おうてんもん》**は桓武天皇が造営した平安京の正庁、朝《ちょう》堂院《どういん》を8分の5の規模で再現したものだ。

時代祭《じだいまつり》は、創建の際に記念事業として始められた平安神宮の神幸祭《しんこうさい》。祭が行われる10月22日は、延暦13（794）年に、桓武天皇が平安京に入った日。

京都御所から平安神宮までを明治維新から江戸、安土桃山、室町、吉野、鎌倉、藤原、延暦と、**各時代へとさかのぼった行列**が続く。時代装束をまとって登場する人々は時代ごとの有名な人物たちで、秋空の都大路を華麗な行列が進んでいく。

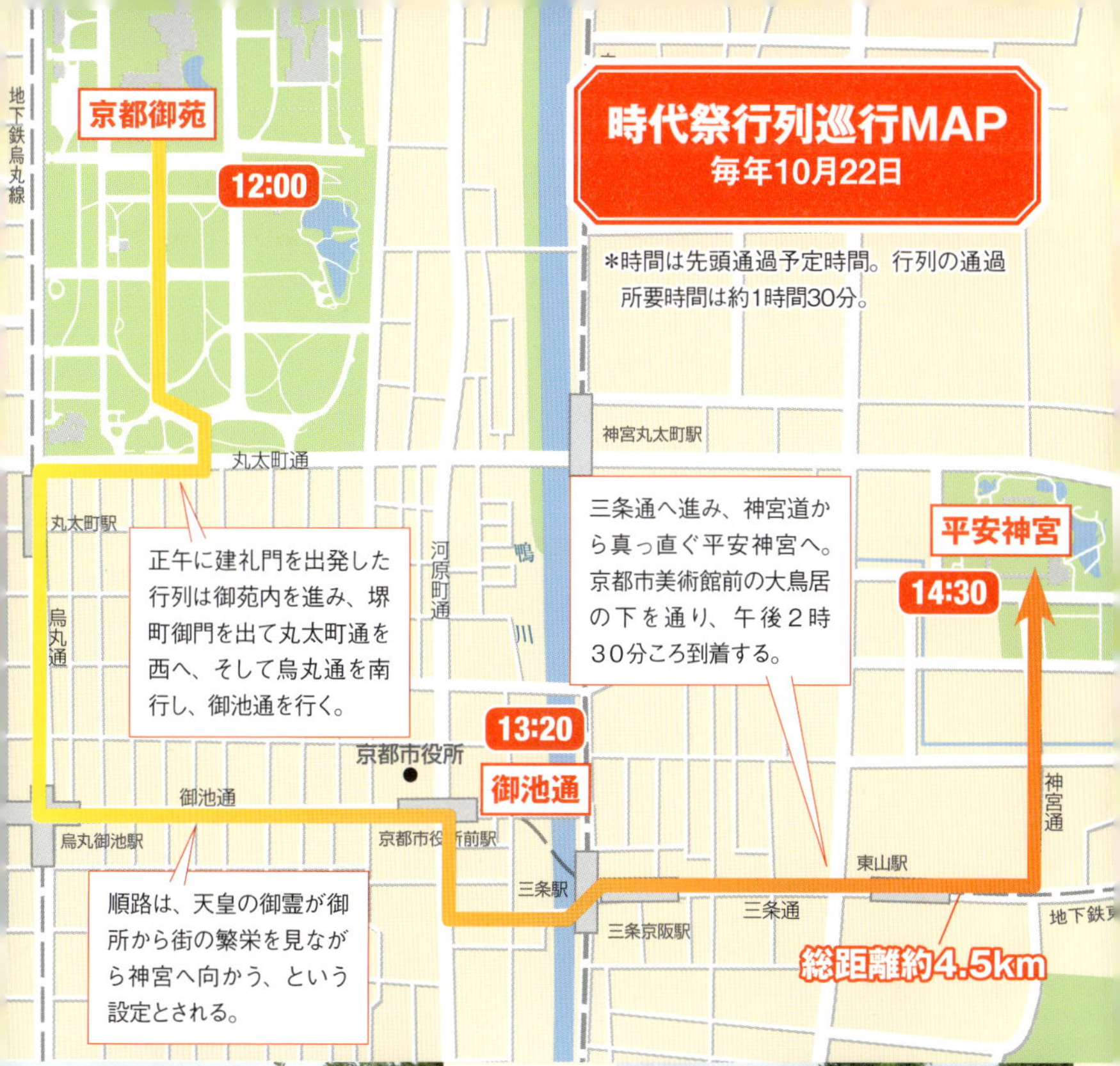
時代祭行列巡行MAP
毎年10月22日
＊時間は先頭通過予定時間。行列の通過所要時間は約1時間30分。
京都御苑
12:00
正午に建礼門を出発した行列は御苑内を進み、堺町御門を出て丸太町通を西へ、そして烏丸通を南行し、御池通を行く。
順路は、天皇の御霊が御所から街の繁栄を見ながら神宮へ向かう、という設定とされる。
13:20
御池通
三条通へ進み、神宮道から真っ直ぐ平安神宮へ。京都市美術館前の大鳥居の下を通り、午後２時30分ころ到着する。
14:30
平安神宮
総距離約4.5km
地下鉄烏丸線
丸太町通
丸太町駅
烏丸通
御池通
烏丸御池駅
京都市役所
京都市役所前駅
河原町通
鴨川
三条駅
三条京阪駅
神宮丸太町駅
東山駅
三条通
神宮道

牛車

吉野時代の武者行列

平安時代婦人列の巴御前

平安時代婦人列の紫式部と清少納言

名僧と名刹

平安のころから盛んになった仏教。京都にはそのころからの古刹が多く存在する。名刹を生んだ名僧らとともに紹介する。

平安時代初め、これまでの南都（奈良）仏教と異なる**新仏教**が京に生まれる。**最澄《さいちょう》の天台宗《てんだいしゅう》**と、**空海《くうかい》の真言宗《しんごんしゅう》**の平安仏教である。

唐で**禅**や**密教**などを学んだ最澄に始まる**比叡山延暦寺《ひえいざんえんりゃくじ》**は、日本仏教の聖地となり、多くの名僧を輩出した。同様に唐へ留学した空海は本格的な密教をもたらし、**高野山に金剛峯寺《こんごうぶじ》**を開く。

この2人がもたらした新仏教は、祈祷や呪術により平安京を守る宗教として、朝廷や貴族階級に強く信仰される。しかし、平安後期になると疫病の流行や飢饉、戦《いくさ》で都は混乱に陥り、「**末法《まっぽう》の世**」が来るのは近いと信じる人々も多くなった。阿弥陀仏と糸で手を結んで息絶えた藤《ふじ》原《わらの》道長《みちなが》、**平等院《びょうどういん》**を建立した息子の頼通《よりみち》など、**極楽浄土を求める**貴族が増加する。

だが、一般庶民は浄土を求めようにも寺院や阿弥陀堂を建立することはできない。そこに比叡山の最澄門下から、**念仏を唱えるだけで誰もが浄土へ往生できる**と教える、**法然《ほうねん》**や**親鸞《しんらん》**などの鎌倉仏教が次々と生まれた。

法然（1133～1212年）
平安～鎌倉時代

法然は父の遺言で出家。比叡山に登って天台宗を学び、18歳で法然房源空となる。43歳で中国浄土教の善導の教えに触れて浄土宗を開くが、やがて比叡山を下り、東山吉水《よしみず》で念仏の教えを広める。建永2（1207）年、念仏停止の令で法然は讃岐《さぬき》へ流され、帰京後没する。

3 知恩院《ちおんいん》 浄土宗

浄土宗の開祖である法然上人が念仏を広め、入滅したとされる地に立つ浄土宗の総本山。正式名称は華頂山《かちょうざん》知恩教院大谷寺《おおたにでら》という。東山の山すそに広がる境内には、日本最大級の三門から法然像を安置する御堂《みどう》、法然廟と下から上へ続く。

所在地●東山区林下町400
アクセス●地下鉄東西線「東山駅」から徒歩8分

知恩院三解脱門（三門）

写真提供／知恩院

1
比叡山
高山寺 ➡P181
大徳寺 ➡P181
叡山電鉄本線
広沢池
山陰本線
建仁寺 ➡P178
3
六波羅蜜寺 ➡P180
本願寺 ➡P179
東海道本線
京阪京津線
2
京都駅
東海道新幹線
阪急京都線
名神高速道路
東海道本線
東海道新幹線
桂川
阪神高速8号京都線
奈良線
宇治川
京阪宇治線
萬福寺 ➡P178
京滋バイパス
近鉄京都線
興聖寺 ➡P178

空海 (774～835年)

平安時代

空海は24歳で儒教・道教・仏教を比較した『三教指帰《さんごうしいき》』を執筆。長安で中国浄土教の僧侶・恵果《えか》から密教を伝授され帰国し、真言宗を開宗。乙訓寺《おとくにでら》や神護寺《じんごじ》などに入り、高野山に金剛峯寺を開いて真言密教の権威となる。嵯峨《さが》天皇に重用され東寺《とうじ》(教王護国寺)を賜って、都を守る真言密教の道場とした。諡《おくりな》は弘法大師《こうぼうだいし》。

2 東寺 真言宗

弘法大師の寺としてあつい信仰に支えられる東寺は、羅城門《らじょうもん》の東西に2つの官寺が建立された平安京の時代から位置を変えていない。広い境内に五重塔、金堂、講堂などの豪壮な伽藍が並ぶ。また大日如来像《だいにちにょらいぞう》や五大明王像《ごだいみょうおうぞう》など多数の仏像・仏具などを有し、我が国最大の密教美術の宝庫である。

所在地●南区九条町1
アクセス●京都駅から徒歩15分

最澄 (767～822年)

平安時代

最澄は12歳で出家。奈良仏教は堕落していると、瞑想の地を求め比叡山へ上り修行後、唐へ留学。多くの経典を持ち帰り天台宗を開く。最澄の教えは鎌倉仏教に受け継がれ、比叡山から多くの名僧が生まれ、日本仏教の母山ともいわれる。

1 延暦寺 天台宗

最澄が最初に結んだ草庵《そうあん》の一乗止観院《いちじょうしかんいん》が、現在の延暦寺根本中堂《こんぽんちゅうどう》の始まり。東塔、西塔、横川など、三塔十六谷の堂塔がある。

所在地●滋賀県大津市坂本本町4220
アクセス●京都駅からバスで65分「延暦寺バスセンター」下車

栄西《ようさい》 （1141〜1215年）
平安〜鎌倉時代

宋で禅を学び帰ったが、京は平安仏教の力が強く、禅宗の普及を新階級の武家勢力へと的を絞る。鎌倉幕府に援助を求め、まず鎌倉に北条政子《ほうじょうまさこ》創建の寿福寺《じゅふくじ》を開く。臨済宗の開祖。

5 建仁寺 臨済宗

建仁2（1202）年、幕府の力を背景に京へ戻った栄西が、将軍源　頼家《みなもとのよりいえ》から寄進された土地に京で初めての禅刹として創建。京都五山の三位。貴重な文化財を数多く有するほか、日本に茶を伝えた栄西を讃える茶祖の碑などもある。

所在地●東山区大和大路通四条下ル小松町
アクセス●京阪電鉄京阪本線「祇園四条駅」から徒歩7分

道元《どうげん》 （1200〜1253年）
鎌倉時代

名門貴族の家柄に生まれた道元は、比叡山で仏道を志し三井寺《みいでら》で天台宗、建仁寺で臨済宗を学ぶ。禅を極めるために宋へ渡り修行を重ね、帰国後、興聖寺、永平寺《えいへいじ》を開く。「只管打坐《しかんたざ》（ただひたすら坐禅をすること）」を基本とした曹洞宗の祖。

6 興聖寺《こうしょうじ》 曹洞宗

「只管打坐」の実践道場として、道元禅師が伏見深草に開く。道元が越前の永平寺へ赴くと衰退。江戸時代に入って宇治川沿いの地に再建された。

所在地●宇治市宇治山田27-1
アクセス●JR奈良線「宇治駅」から徒歩20分

隠元《いんげん》 （1592〜1673年）
安土桃山時代

中国福建省生まれ。63歳のときに禅を教えるために日本に招かれ、弟子とともに渡来。徳川4代将軍家綱《いえつな》は隠元に感謝し、寛文元（1661）年、宇治の地に黄檗山《おうばくさん》萬福寺を建立させた。

7 萬福寺《まんぷくじ》 黄檗宗

近世以前の仏教各派のなかで、最も最後に開宗した黄檗宗の中心寺院。伽藍や仏像の様式、儀式作法から精進料理にいたるまで中国風で、日本の一般的な仏教寺院とはまったく異なっている。

所在地●宇治市五ヶ庄三番割34
アクセス●JR奈良線･京阪宇治線「黄檗駅」から徒歩5分

東本願寺御影堂

親鸞 （1173〜1262年）

鎌倉時代

朝廷の役人だった日野有範《ひのありのり》の長男に生まれ、幼くして出家。比叡山で修行を積むが、29歳のときに山から下りて、京都の六角堂《ろっかくどう》に100日間参籠《さんろう》する。法然に弟子入りして専修念仏に帰したが、法然とともに念仏弾圧を受け、僧籍を剥奪され越後へ流される。赦免後は東国で布教、60歳を過ぎて帰京した。

4 本願寺《ほんがんじ》 浄土真宗・真宗 ➡P190

親鸞入滅後、門弟らが大谷廟堂《おおたにびょうどう》を建立したのが本願寺の始まり。現在は、西本願寺と東本願寺がある。

高山寺 ➡P181
大徳寺 ➡P181
船岡山
比叡山
延暦寺 ➡P177
広沢池
山陰本線
賀茂川
高野川
叡山電鉄本線
鴨川
琵琶湖
知恩院 ➡P176
5
4
4
東海道本線
京阪京津線
京都駅
桂駅
六波羅蜜寺 ➡P180
東寺 ➡P177
阪急京都線
名神高速道路
桂川
東海道新幹線
奈良線
宇治川
京阪宇治線
近鉄京都線
京滋バイパス
7
6

建仁寺の方丈庭

比叡山
延暦寺 ➡P177
9
10
賀茂川
高野川
叡山電鉄本線
367
建仁寺 ➡P178
知恩院 ➡P176
広沢池
山陰本線
162
鴨川
本願寺 ➡P179
9
8
東海道本線
京阪京津線
1
京都駅
桂駅
東海道新幹線
東寺 ➡P177
阪急京都線
東海道本線
東海道新幹線
171
名神高速道路

空也《くうや》 (903～972年) 平安時代

皇室の出身という伝説がある民間浄土教の先駆者で、若いころから聖《ひじり》として修行を積み、「南無阿弥陀仏」の名号を唱えながら各地を遍歴。道路や橋をつくり、いわゆる社会事業を行った。やがて布教を庶民から貴族階級へと広げ、多額の寄付を集めて十一面観音像などを造仏。応和3(963)年、鴨川の岸に建立した宝塔で金字大般若経供養会を催す。これが西光寺で、空也の死後、六波羅蜜寺と改名される。

8 六波羅蜜寺 真言宗

六波羅(六原)の界隈は「六道の辻」といわれる古代からの葬送の地。この世とあの世の境とされ、現在も先祖供養の六道詣《ろくどうまいり》りが盛んである。平家ゆかりの地でもあり、国宝の十一面観音像や清盛像など多くの仏像や寺宝を有している。

所在地●東山区五条通大和大路上ル東
アクセス●京都駅からバスで15分「清水道」下車徒歩7分

←空也像(六波羅蜜寺蔵)。鹿の角の杖をつき、胸の鉦《かね》をたたきながら念仏を勧進して歩いた。口から出ているのは念仏の「南無阿弥陀仏」の6文字を造形化したという6体の阿弥陀像。

明恵が住んだという高山寺の石水院。後鳥羽上皇の賀茂別院を移築したものだとされ、鎌倉初期の寝殿造がそのまま残る。

明恵《みょうえ》 (1173〜1232年) 鎌倉時代

武士の子に生まれ、高雄山神護寺で文覚《もんがく》に華厳経・密教を学ぶ。釈迦の仏跡を巡礼する目的で天竺へ行こうとしたが果たせず、栄西について禅を極める。熊野の山奥で厳しい修行を積み、後鳥羽上皇から神護寺近くの栂尾山《とがのおやま》を賜って、高山寺を再建(実質的に開山)した。

9 高山寺 華厳宗

紅葉の名所としても知られる山深い地に建つ。所蔵する「明恵上人樹上坐禅像」に木や石の上で修行する姿が描かれているように、明恵は境内の山中あらゆる場所で坐禅したと伝えられる。後鳥羽上皇の学問所という石水院や金堂、開山堂などがあるほか、「鳥獣人物戯画」をはじめとする膨大な数の文化財も伝える。

所在地●右京区梅ヶ畑栂尾町8
アクセス●京都駅からバスで55分「栂ノ尾」下車徒歩5分

京 ミニ知識

明恵がつくった
最古の茶園

奈良時代にすでに茶は日本へ入っていたが、そのころは団茶という団子にした茶葉を煎じて飲む方法であった。茶をひいて飲む抹茶法をもたらしたのは、建仁寺の栄西。栄西は『喫茶養生記』を鎌倉幕府3代将軍の源実朝《さねとも》に献上したという。

栄西は中国から持ち帰った茶の種を入れた壺を、高山寺にいた明恵に贈った。もらった茶の種を境内に植えたところ、清滝川《きよたき》からの川霧と山間の温度差が栽培に適してよく育ち、栂尾《とがのお》茶として知られるようになった。宇治の茶はこの栂尾から移植したもので、高山寺こそが日本茶の始まりである。

境内にある茶園に立つ碑。現在も5月には茶摘みが行われている。

一休 (1394〜1481年) 室町時代

後小松天皇の落胤《らくいん》で、南朝の家系といわれる高貴な生まれ。建仁寺などを経たのち、大徳寺の高僧・華叟宗曇《かそうそうどん》の弟子となって一休の道号を授かる。81歳のとき後土御門《ごつちみかど》天皇より大徳寺の住持に任ぜられ、応仁の乱などで荒廃していた大徳寺の再興に尽力した。

10 大徳寺 臨済宗

後醍醐天皇の祈願所であり、秀吉が信長の葬儀を営んだことでも有名。多くの戦国大名ゆかりの塔頭寺院がある。茶の湯ともつながりが深く、山門は千利休の切腹の原因となったことで知られる。本坊北の真珠庵は、一休を開祖として創建された。

所在地●北区紫野大徳寺町53
アクセス●京都駅からバスで40分「大徳寺前」下車すぐ

歴史を刻む社寺

救いや鎮魂のためのよりどころである社寺には
さまざまな歴史ドラマが残されている。

坂上田村麻呂と清水寺

桜と紅葉で有名な錦雲渓の急崖に張り出す舞台は、本尊の十一面千手観世音菩薩像を祀る本堂の南正面にある。

所在地●東山区清水1-294
アクセス●京都駅からバスで10分「五条坂」下車徒歩10分

　奈良時代末、**延《えん》鎮《ちん》上人**が夢のお告げで金色の水が流れる川を探すと、音《お》羽《とわ》山中の滝のそばに庵《いおり》を発見。そこに観音像を祀った。2年後、妻の安産祈願の鹿狩りで音羽山中に入った**坂上《さかのうえの》田《た》村《むら》麻《ま》呂《ろ》**が上人に出会って感銘を受け、金色の千手観音像を納めた御堂（北観音寺）を奉納。それが清水寺の始まりと伝えられる。

　田村麻呂は平安時代の武官で、延暦16（797）年、**征夷大将軍**となった。2度の**東国征討で戦功を上げた**ことでその名を知られる。大納言にまで昇進したが、弘仁2（811）年、54歳で病死。甲冑を着て立ったまま死んだといわれるなど、数々の伝説が残る人物である。山科区勧《かん》修《しゅう》寺《じ》の児童公園に「坂上田村麻呂の墓」とする石碑が残っている。

　田村麻呂が建立した**北《きた》観《かん》音《のん》寺**は、**音羽の滝**の清らかな水にちなんで**清水寺と改名**され、国家鎮護の道場として栄える。また西国三十三所観音霊場の一つとして、多くの人々の信仰を集めた。

　有名な舞台は、**舞楽を奉納するためのもの**。崖下にケヤキの巨大な束柱を立てて支えた舞台造（懸造《かけづくり》）で、高さは13m。京都市街が眺望できる景勝の地だ。

西門
仁王門
鐘楼
春日社
北総門
経堂
開山堂
朝倉堂
釈迦堂
阿弥陀堂
本堂
三重塔
奥の院
轟門
清水の舞台
音羽の滝
子安塔
清水寺
境内MAP
※赤字は重要文化財

鮮やかな丹塗《にぬり》で「赤門」とも呼ばれる仁王門は清水寺の正門。応仁の乱後に再建された室町様式の入《いり》母《も》屋《や》造《づくり》、檜皮葺の楼門だ。平成15(2003)年に解体修理が行われた。

京 ミニ知識

身投げ防止の柵があった 清水の舞台

「清水の舞台から飛び降りる」という表現があるが、実際にかなりの人が飛び降りている。観音様に祈って飛べば願いがかなうと信じられ、元禄7（1694）～元治元（1864）年の記録では、のべ235人もの人が飛び降りている。明治時代には、舞台の周囲に身投げ防止用の竹矢来が設けられていたという。

身投げ防止用の竹矢来のあった清水の舞台。 国際日本文化研究センター蔵

菅原道真と北野天満宮

境内には早咲きから遅咲きまで多種の梅が植えられており、八棟造の社殿の前にも道真が愛した梅の花が咲く。毎月25日は縁日「天神さんの市」で、露店が並びいっそうの賑わいを見せる。

所在地● 上京区馬喰町
アクセス● 京福電車「白梅町駅」から徒歩5分

北野天満宮の祭神・**菅原道真**《すがわらのみちざね》は、承和12（８４５）年6月25日、学者の血筋に生まれ、幼くして天分を発揮。**参議から右大臣にまで上り詰めた**人物である。

ところが、異例な出世をする道真の存在に、時の左大臣**藤原時平**《ふじわらのときひら》は脅威を感じ、道真が陰謀を企んでいると**醍醐天皇**《だいご》に讒《ざん》言《げん》。道真は無実の罪で、九州**大宰府**《だざいふ》**へ左遷**されてしまう。

「東風《こち》吹かば匂いおこせよ梅の花　あるじなしとて春を忘るな」は、邸の庭に咲く梅花を見て詠んだ別離の歌である。

延喜3（９０３）年2月25日、道真は望郷の念をつのらせながら59歳で亡くなる。すると都では、大洪水、疫病、大火、干ばつと、天災人災が猛威を振るい始める。この**天変地異は道真の怒り**だ、との噂が流れるようになった矢先、とうとう御所**清涼殿《せいりょうでん》にまで落雷**。たまらず御霊を鎮める意味合いと王城鎮護のために建てられたのが、北野天満宮の始まりと伝える。天暦元（947）年のことである。

時代を経るうちに祭神の道真は、その天分から**学芸の神様**として信仰され、「天神さん」と親しまれるようになる。

北野天満宮の本殿は国宝で、本殿と拝殿とが石の間でつながれ、**八棟造《やつむねづくり》**と呼ばれる。華麗な彫刻の三光門とともに豊臣《とよとみ》秀頼《ひでより》が寄進した、桃山建築の代表である。境内には北野大茶湯の石碑、御土居《おどい》など秀吉ゆかりの跡が多く残る（➡P105、112）。

道真が愛したという梅の花が境内一円に咲くことで知られ、春には50種、約1500本の梅がほころぶ。受験の神様としての信仰もあつく、春先は多くの参拝者が詰めかける。

菅原道真ゆかりの地

京都市内には、道真由来の神社が点在している。

1 菅原院天満宮神社

京都御苑下立売《しもたちうり》御門の向かいにあり、道真の曽祖父・菅原古人《ふるひと》の邸宅「菅原院」跡と伝える。境内には「菅公御産湯の井」や、道真遺愛の石灯籠がある。

所在地●上京区烏丸通下立売下ル堀松町406
アクセス●地下鉄烏丸線「丸太町駅」から徒歩4分

2 菅大臣神社

道真邸宅の跡で、道真誕生の地とも伝えられる。「東風吹かば…」と歌を詠んだ地で、境内には大宰府まで飛んでいったとの伝説の飛梅が花開く。

所在地●下京区仏光寺通新町西入菅大臣町
アクセス●地下鉄烏丸線「四条駅」から徒歩5分

3 吉祥院天満宮

道真の祖父・清公《きよきみ》が唐へ行く途中に海上で霊験を得たという吉祥天女を、帰国後に祀ったのが始まり。道真生誕地ともいわれ、胞衣塚《えなづか》がある。

所在地●南区吉祥院政所町3
アクセス●JR東海道本線「西大路駅」から徒歩15分

怨霊を祀る御霊神社

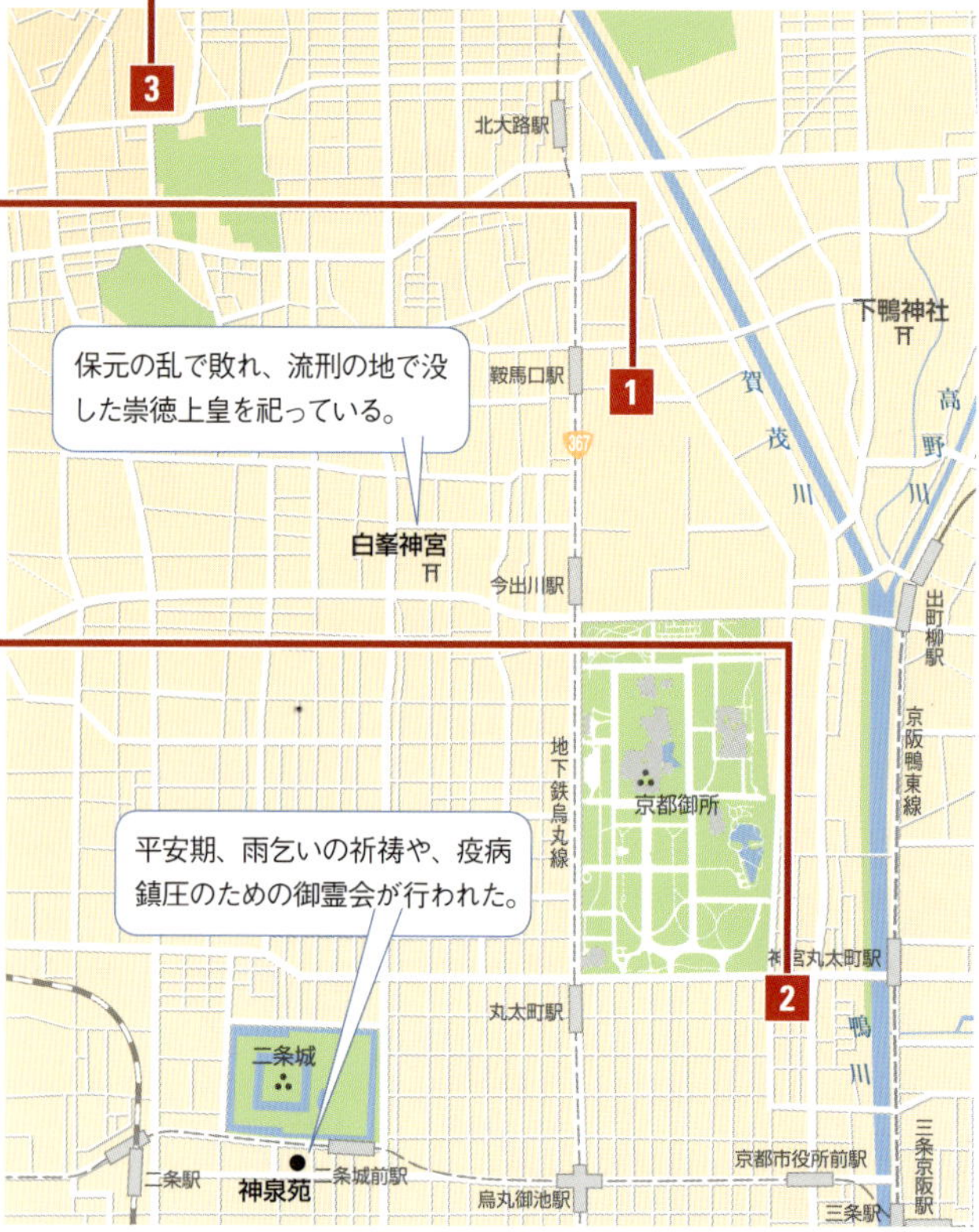
3
北大路駅
下鴨神社
1
鞍馬口駅
保元の乱で敗れ、流刑の地で没した崇徳上皇を祀っている。
367
賀茂川
高野川
白峯神宮
今出川駅
出町柳駅
地下鉄烏丸線
京都御所
京阪鴨東線
平安期、雨乞いの祈祷や、疫病鎮圧のための御霊会が行われた。
神宮丸太町駅
2
丸太町駅
鴨川
二条城
三条京阪駅
京都市役所前駅
二条駅
神泉苑
二条城前駅
烏丸御池駅
三条駅

上御霊神社
所在地●上京区上御霊前通烏丸東入上御霊竪町495
アクセス●地下鉄烏丸線「鞍馬口駅」から徒歩3分
下御霊神社
所在地●中京区寺町通丸太町下ル下御霊町
アクセス●地下鉄烏丸線「丸太町駅」から徒歩7分

古代の人々は、不遇のうちに死んだ人の恨みが霊となって、干ばつや大雨、落雷、疫病などの災いをもたらすと考えていた。**怨霊《おんりょう》思想**や**御霊《ごりょう》信仰**といわれるもので、とくに奈良時代から平安時代にかけて強く信じられている。御霊とは、祟りをもたらす怨霊が祀り上げられ、鎮められた状態のことである。

桓武天皇が長岡京を捨て、**風水思想によって平安京を造営**した（➡P54）のも、弟・**早良《さわら》親王**や**井上《いがみ》内親王**、**他戸《おさべ》親王**の怨霊から逃げようとしたからだといわれている。いずれも皇位継承争いの犠牲になった人々である。

さらに反乱を企てたとして伊豆へ流さ

1 上御霊《かみごりょう》神社

北に位置しているので通称、上御霊神社と呼ばれる。桓武天皇の勅願により創建された、平安時代の御霊社の1つ。

2 下御霊《しもごりょう》神社

上御霊神社の南にあったので下御霊社と呼ばれた。上御霊神社とともに平安時代、無実の罪で亡くなった人々の霊を鎮めるために祀られた。

3 今宮神社

長保3（1001）年に疫病が流行ったときの御霊会で、神殿などが造営されたのが始まりという。門前の「あぶり餅」は名物。下の写真はやすらい祭。

所在地●北区紫野今宮町21
アクセス●京都駅からバスで40分「船岡山」下車徒歩7分

れた**文屋宮田麻呂**《ふんやのみやたまろ》、**承和の変**（842年）の首謀者で流刑途中に死んだ**橘逸勢**《たちばなのはやなり》、**伊**《い》**予**《よ》**親王事件**（807年）で服毒自殺した**藤原吉子**《ふじわらのよしこ》、左遷されて悲運のうちに死んだ**吉備真備**《きびのまきび》など、朝廷に怨みを持つ人物は数多くいた。

権力者たちは、蹴落とした人々が怨霊となることを恐れていた。そんな怨霊を神として祀り鎮魂することで、彼らは災いをもたらすことをやめ、御霊となって護ってくれると考えていた。そこでつくられたのが上下二社の**御霊神社**である。

都に起こる厄災を防ぐために祀られた神社は多くあり、洛北の**今**《いま》**宮**《みや》**神社**は疫病除けの信仰があつく、御霊会の歴史が古い。4月に行われる**やすらい祭**は、厄災を振りまくとされた花を鎮める神事。**八坂神社**も疫病除け・厄除けの神で、有名な**祇園祭**は、貞観11（869）年に御霊会を催したのが始まりだとされる。

南禅寺法堂

足利義満の京都五山

禅寺を、中国に倣って格づけしたのが「**五山制度**」。日本では鎌倉時代、**後醍醐天皇**が**建武《けんむ》の新政《しんせい》**下で制定し、そのときには南禅寺と大徳寺を1位とした。

室町幕府を建てた**足利尊氏**は、京と鎌倉の混合で五山の制を定めた。3代将軍**足利義満**（➡P88）は、鎌倉と京都を分割し「**京都五山**」を選定。南禅寺を別格にし、自分が創建した相国寺を2位に入れたため次の6寺となった。

1 五山之上　南禅《なんぜん》寺

正応4（1291）年、亀山法皇が離宮であった禅《ぜん》林寺殿《りんじでん》を禅寺としたことに始まる。日本の禅寺のなかでもっとも格式が高い寺。応仁の乱で伽藍をすべて消失したが、徳川家康の信任を得た金地《こんち》院崇伝《いんすうでん》が伽藍を復興した。三門は「天下龍門」とも呼ばれる日本三大門のひとつ。国宝の方丈（住職の居室）、小堀遠州《こぼりえんしゅう》作と伝える方丈庭園、狩野探《かのうたん》幽《ゆう》筆の障壁画などがある。

所在地●左京区南禅寺福地町
アクセス●地下鉄東西線「蹴上駅」から徒歩10分

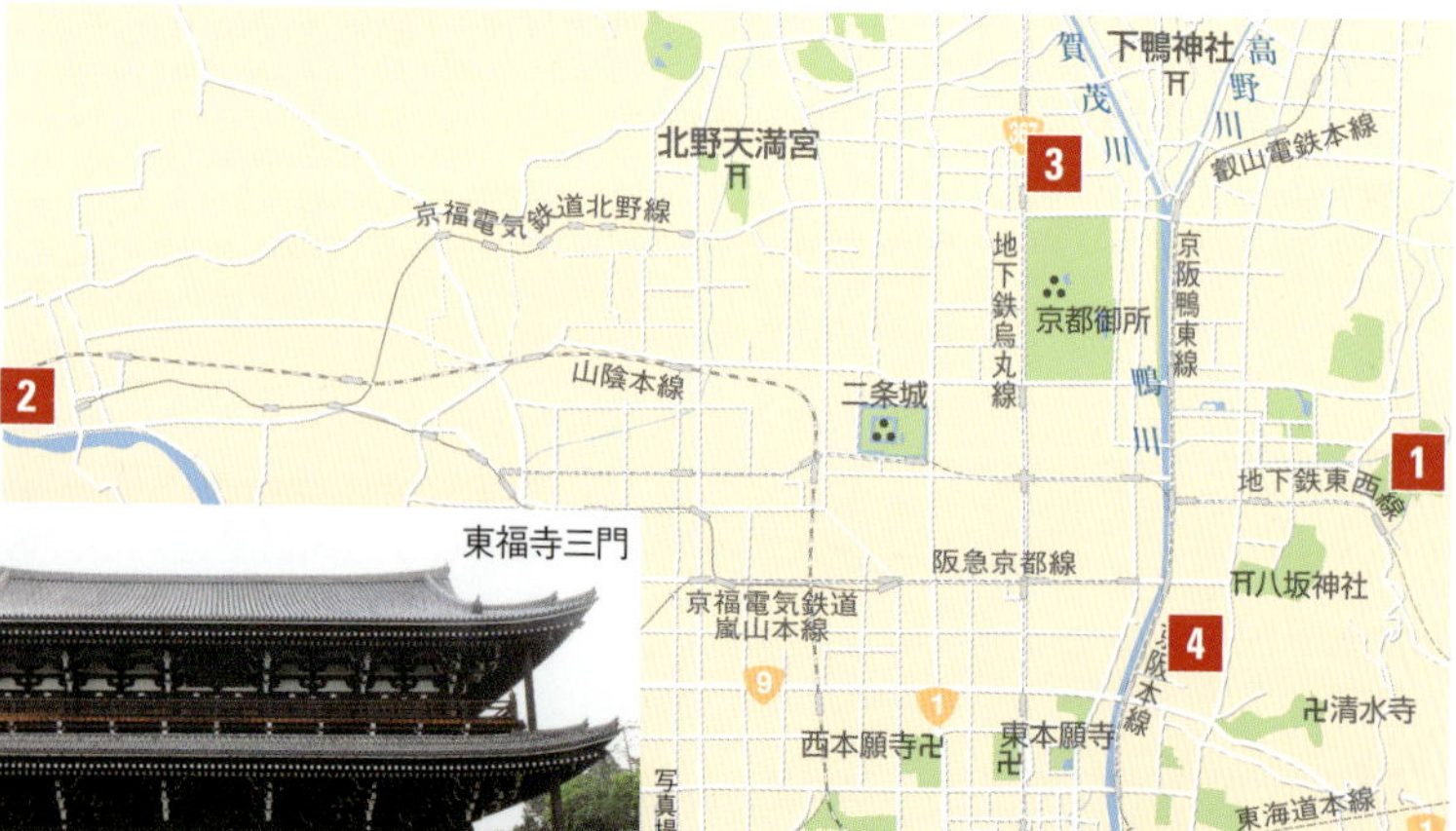

東福寺三門

写真提供／東福寺

相国寺法堂

世界遺産　天龍寺曹源池庭園

2　1位　天龍《てんりゅう》寺

鎌倉時代、後嵯峨上皇の離宮亀山殿跡に造られた。正式名・霊亀山天龍資聖禅寺《れいきざんてんりゅうしせいぜんじ》。暦応2(1339)年、足利尊氏が後醍醐天皇と南北朝の戦いで犠牲となった人々の霊を慰めるため、禅僧・夢窓疎石《むそうそせき》を開山として創建。天龍寺船で中国・元との貿易を行い、建立の財源を確保した。

夢窓疎石作庭の上の写真の曹源池庭園《そうげんちていえん》は嵐山や小倉山を借景とした屈指の名庭で、山水画のような幽玄な気配をたたえている。

所在地●右京区嵯峨天龍寺芒ノ馬場町68
アクセス●京福電鉄嵐山線「嵐山駅」からすぐ

3　2位　相国《しょうこく》寺

永徳2(1382)年、室町幕府3代将軍足利義満は室町殿(花の御所)東に禅宗寺院建立を発願。夢窓疎石を開山として万年山相国承天禅寺《まんねんざんしょうこくじょうてんぜんじ》が創建された。

当初は広大な敷地に高さ約100mもの七重塔などがある大禅刹だったが、応仁の乱などの兵火で焼失。豊臣家や徳川家、後水尾天皇らの援助により伽藍が再建された。法堂(重文)の天井には狩《か》野光信《のうみつのぶ》筆の蟠龍《ばんりゅう》図がある。

所在地●上京区今出川通烏丸東入ル
アクセス●地下鉄烏丸線「今出川駅」から徒歩7分

4　3位　建仁《けんにん》寺

➡P178

建仁2(1202)年、栄西《ようさい》禅師が創建。三門、法堂、方丈、大書院と禅宗建築が並ぶ。「風神雷神図屏風」など俵屋宗達《たわらやそうたつ》や長谷川等《はせがわとう》伯《はく》らの絵画作品の宝庫。

5　4位　東福《とうふく》寺

嘉禎2(1236)年、関白九条道家が創建。東大寺と興福寺から1字ずつとって名づけられた。日本最古という三門(国宝)や本堂(法堂兼仏殿)、禅堂などがあり、25の塔頭寺院が並ぶ。東から龍吟《りゅうぎん》庵《あん》に渡る偃月橋《えんげつきょう》、開山堂へ向かう通天橋《つうてんきょう》、境内通路の臥雲橋《がうんきょう》などの下は洗玉澗《せんぎょくかん》という渓谷で、一帯は紅葉の名所。

所在地●東山区本町15-778
アクセス●JR奈良線・京阪電鉄京阪本線「東福寺駅」から徒歩10分

6　5位　万寿《まんじゅ》寺

平安末期、白河上皇が六条内裏に建立した六条御堂が起こり。室町時代に十刹の4位になり、やがて五山に格上げされる。永享6(1434)年、火災で衰微し、東福寺の北にあった三聖寺隣に移転。明治時代に合併、東福寺の塔頭寺院となる。現在、非公開のため拝観はできない。

所在地●東山区本町
アクセス●JR奈良線・京阪電鉄京阪本線「東福寺駅」から徒歩3分

秀吉・家康と本願寺

西本願寺

京の人々から「お西さん」と親しまれている。桃山文化を代表する建造物や庭園が数多く残る。写真は飛雲閣。　写真提供／西本願寺

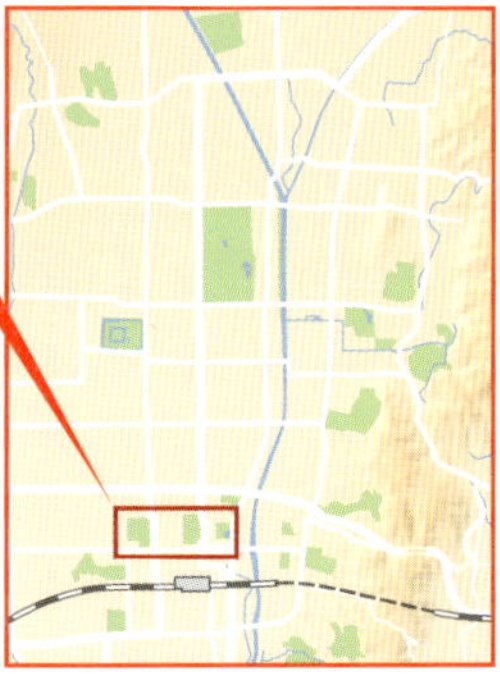

渉成園《しょうせいえん》

周囲に枳殻《からたち》が植えてあったことから別名、枳殻《きこく》邸という東本願寺の別邸。石《いし》川丈山《かわじょうさん》の作庭と伝える回遊式庭園がある。印月池《いんげつち》の周囲に漱枕居《そうちんきょ》と縮遠亭《しゅくえんてい》の茶室があり、東山を借景として伸びやかな風景が見られる。

西本願寺
所在地●下京区堀川通花屋町下ル
アクセス●京都駅から徒歩15分
東本願寺
所在地●下京区烏丸通七条上ル常葉町
アクセス●京都駅から徒歩5分

本願寺11世**顕如《けんにょ》**は、**織田信長**との和睦で**石山本願寺**を明け渡し、紀伊の鷺森《さぎのもり》に移った。ところが**本能寺の変**（➡P24）後の新権力者、**豊臣秀吉**は顕如に好意的で、大坂天満の地を与える。そこに本願寺を建てたが、天正19（1591）年、**秀吉の京都大改造**（➡P110）で空き地になった六条堀川に移転を実現。**山科本願寺焼失**からじつに約60年を経て、本願寺は京都に戻ってきたのである。

顕如の死後、長男の**教如《きょうにょ》**が門主となるが、秀吉は顕如の遺言だと、門主を三男の**准如《じゅんにょ》**に譲るように迫る。教如はやむなくその座を譲り、本願寺の北に隠居する。

秀吉の死後、**関ヶ原の戦い**が起こると、

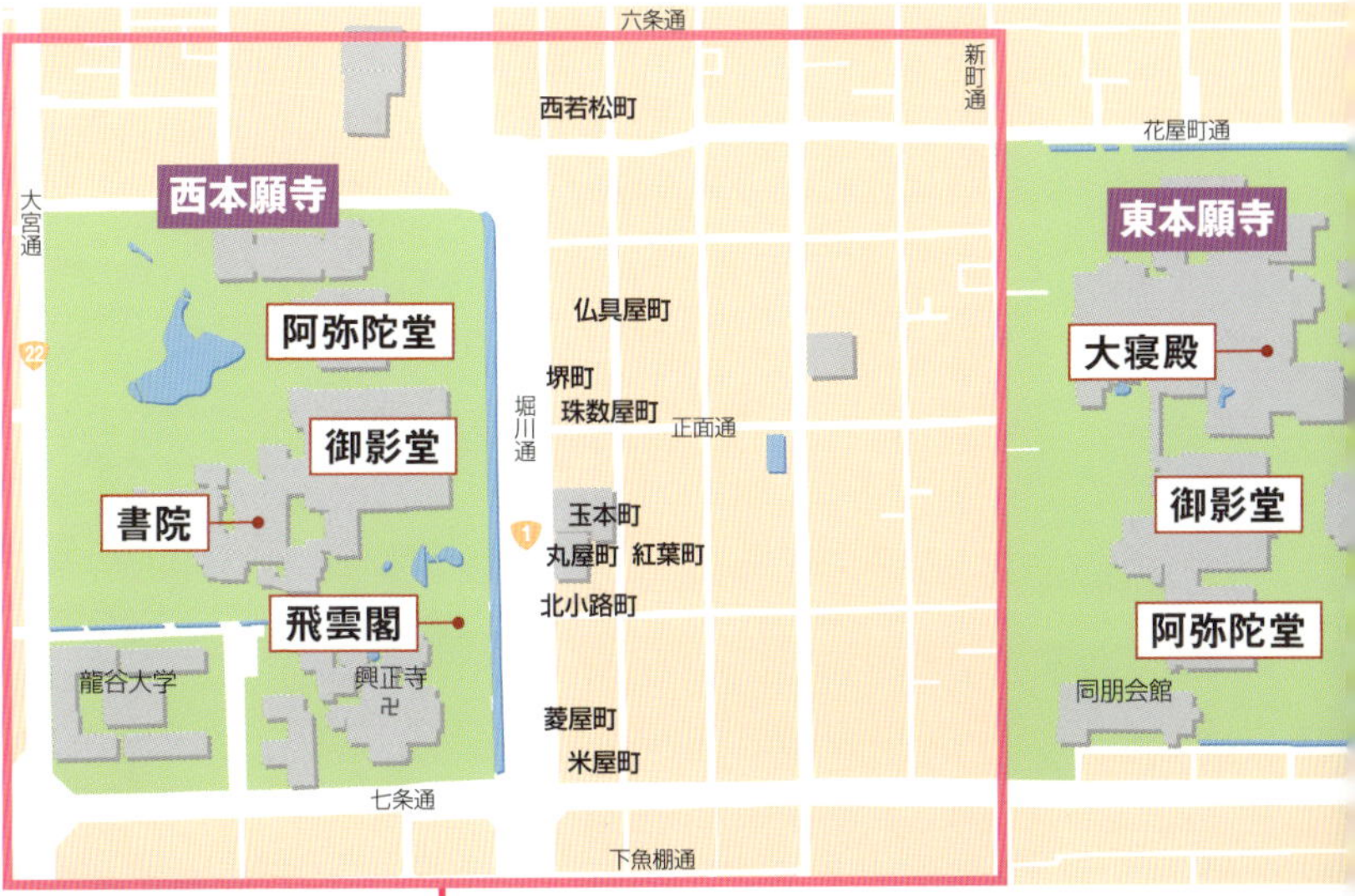

西本願寺寺内町

西本願寺の東、堀川通を挟んだ町は、本願寺が移転して来た際に大坂天満からともに移ってきた人々がつくったもの。北は六条通、南は下魚棚《しもうおのたな》通、東は新町通、西は大宮通の範囲で、かつて「古町」「由緒町」と呼ばれた格式の高い町が、艮《うしとら》町や仏具屋町など13町あったという。また全国からの本山参拝者用の宿泊施設を営む「客室12町」と呼ばれる町々もあった。現在も西本願寺門前の正面通には仏具屋が軒を連ね、寺内町の面影を残している。

教如はすぐに江戸の**徳川家康**に会いに行く。一方准如は江戸へ行く途中、**石田三成**と接し京へ戻った。そこで家康は慶長7（1602）年、本願寺の土地を分割して教如に烏丸七条の土地を与え、寺院を建てさせる。3代将軍**家光**の時代にも新たに土地を与えられ、広大な敷地となった。これが現在の**真宗大谷《おおたに》派の大本山東本願寺**で、正式には**真宗本廟《しんしゅうほんびょう》**という。幕末の**禁門の変**（➡P34）で御影堂と阿弥陀堂が全焼したが、維新後に再建された。

一方、六条堀川の本願寺は**浄土真宗本願寺派**の本山となり、西本願寺と呼ばれるようになった。広大な境内には御影堂、阿弥陀堂の大伽藍、黒書院、飛雲閣など国宝や重要文化財の建物を数多く有す。

本願寺が東西に分かれたのは、教団の規模が拡大し、強大な勢力になることを恐れた家康が、教団の後継者問題に乗じてとった策であったといわれている。

血天井の残る寺

源光庵血天井

源光庵悟りの窓（左）と迷いの窓（右）

養源院

1 源光庵《げんこうあん》

洛北鷹ヶ峯にある曹洞宗の寺。悟りの窓と迷いの窓が人気が高く、紅葉の名所として知られている。血天井は本堂の上にある。写真は血天井と悟りの窓と迷いの窓。

所在地●北区鷹峯北鷹峯町47
アクセス●北大路バスターミナルからバスで20分「鷹峯源光庵前」下車すぐ

2 養源院《ようげんいん》

秀吉の側室・淀《よど》殿が父浅井長政の供養のために建立。火災で焼失したが、淀殿妹の崇源院（お江）が再興した。本堂は伏見城の殿舎を移築したもので、廊下に生々しい血天井がある。俵屋宗達の杉戸絵やしだれ桜も見どころ。

所在地●東山区三十三間堂廻り町656
アクセス●京阪電鉄京阪本線「七条駅」から徒歩10分

慶長3（1598）年、豊臣秀吉が没すると、五大老の1人**徳川家康**がしだいに勢力を伸ばすが、豊臣体制の保持を目指す**石田三成**は、長州の毛利や会津の上杉と手を結び対立。慶長5年6月、家康は上杉に上洛を促し拒否されると、会津侵攻を始めようとする。三成らに大坂や京で事を起こさせようとする作戦である。**伏見《ふしみ》城**を守備する**鳥居元忠《とりいもとただ》**にあとを頼んで激励し、家康は江戸へと出陣。忠臣の元忠はすぐに家康の胸中を察し、城を枕に討ち死にする覚悟を決めた。

7月19日、三成ら**西軍の伏見城攻撃**が始まった。大将の**宇喜多秀家《うきたひでいえ》**はじめ**小早川秀秋《こばやかわひであき》**、**島津義弘《しまづよしひろ》**らが指揮する4万余りの西軍に対し、伏見城の元忠らは1800名の城兵が守るのみである。だが伏見城は城攻めの名人秀吉がつくった天下の名城、簡単には落ちない。激しい戦いが10日余り続いたが、ついに元忠ら380余名は力つき、城と運命をともにした。城内の廊下には死骸が横たわり、床は血を吸って黒く変色していた。

関ヶ原の戦いで勝利を収め、江戸幕府を開いた徳川家は、元忠らの霊を弔うために、血痕に染まった床板を用いて**仏堂**を建立した。現在も源光庵《げんこうあん》などに残る「**血天井**」がそれである。

天井板の血の痕跡は黒々と変色し、ただの染みのように見える。しかしそれは、徳川300年の太平の世をもたらした、壮絶な戦いの痕跡なのである。

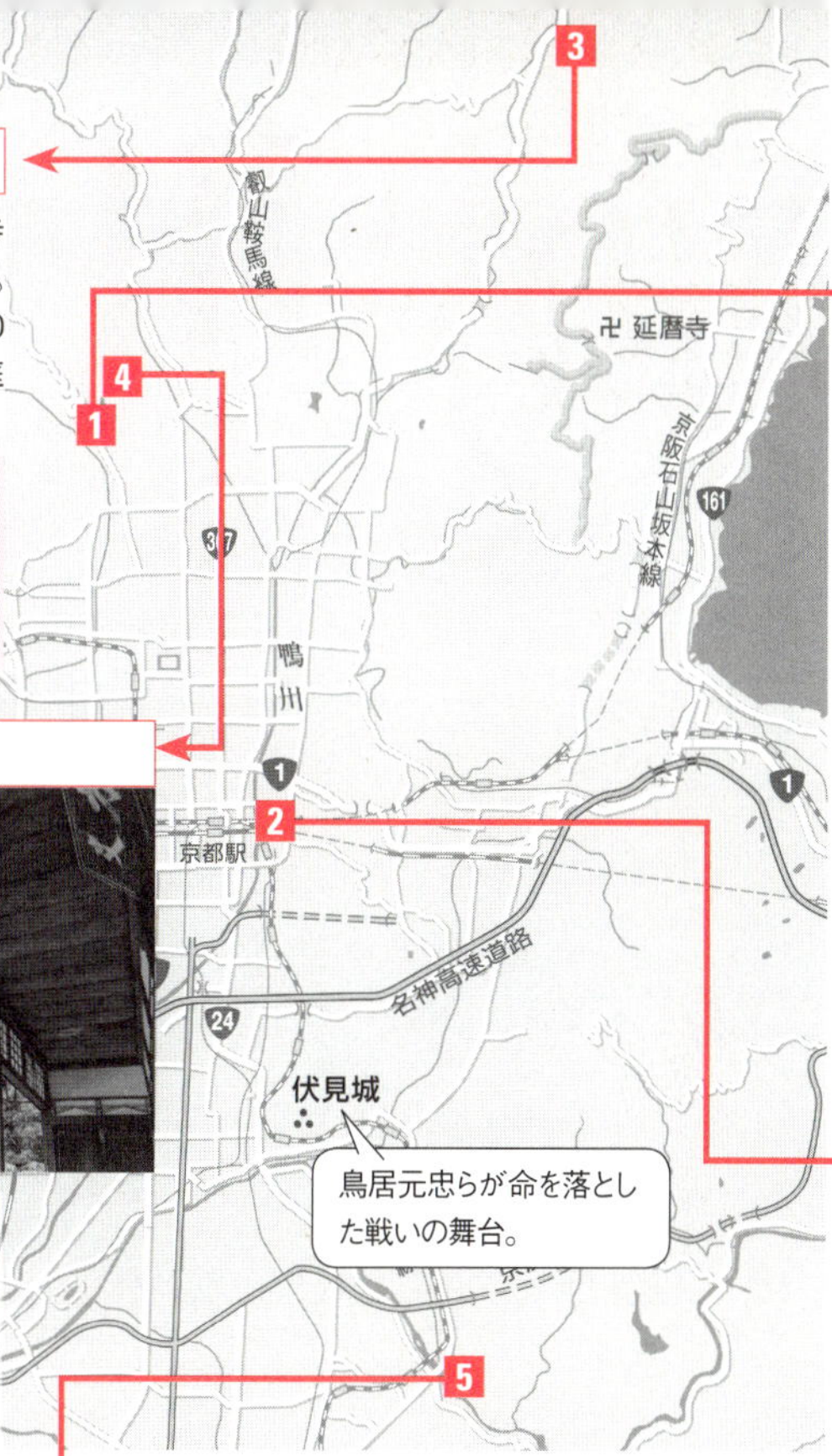
3
叡山鞍馬線
卍 延暦寺
4
1
京阪石山坂本線
161
367
鴨川
1
2
京都駅
1
名神高速道路
24
伏見城
鳥居元忠らが命を落とした戦いの舞台。
5

3 宝泉院《ほうせん》

大原三千院の北にある天台宗寺院。本堂の廊下に血天井がある。紅葉名所として名高く、樹齢700年という五葉松が見える額縁庭園が人気が高い。

所在地●左京区大原勝林院町187
アクセス●京都駅からバスで65分「大原」下車徒歩10分

4 正伝寺《しょうでん》

西賀茂の山懐にある臨済宗南禅寺派の禅寺。本堂前に比叡山を借景にする、白砂にさつきの刈り込みの端正な庭がある。明るい庭の近くにある血天井は、くっきりと様子が見える。

所在地●北区西賀茂北鎮守菴町72
アクセス●京都駅からバスで「神光院前」下車徒歩15分

5 興聖寺《こうしょう》 ➡P178

宇治川右岸にある道元《どうげん》禅師が創建した曹洞宗の古寺。琴坂《ことざか》という紅葉名所の参道と中国風の山門が調和し、本堂前の庭園も清々しい。本堂廊下に、手や足の形がわかる血天井がある。

所在地●宇治市宇治山田27
アクセス●京阪電鉄宇治線「宇治駅」から徒歩10分

通りと川をめぐる

平安京から続く大路小路、時代とともに変化してきた川。
都を構成するふたつの地理的要素を見てみよう。

「大路小路」

平安京の条坊制に始まる大路小路

「**都大路**《みやこおおじ》」という言葉はなじみ深いが、これは1本の道ではなく、**平安京**のころからある大通りの総称だ。大路《おおじ》だけでなく小路《こうじ》もある。これらは平安京が造営された際、東西南北に区画が整備されたことに始まる。

東西に一条から九条まで39本、南北に東京極から西京極まで33本の**大路小路**が、平安京に住む人々にとっての街路であった。

平安京は幅約85mの**朱雀大路**（現千本通）を中心に造営されたが、次に幅広な大路は大内裏のすぐ南にある幅約50mの**二条大路**で、ほかの大路は幅24m以上、小路は幅約12mだった。朱雀と、一条から九条の大路の名は初めからついていたが、ほかの大路小路は10世紀ころ、平安時代半ばに定着している。

上ル下ルの京の町

東西南北に通りが走る京都市内は、通り名を用いて「**上**《あが》**ル下**《さが》**ル**」「**東入**《ひがしいる》**西入**《にしいる》」で表現する。上ル下ルは豊臣秀吉の京都大改造後に使われるようになったが、これは北方向南方向のことだ。**北へ行くことを上ル、南へ行くことを下ル**という。「ル」の表記はひらがなもカタカナも使われている。通り名の表記は「烏《からす》

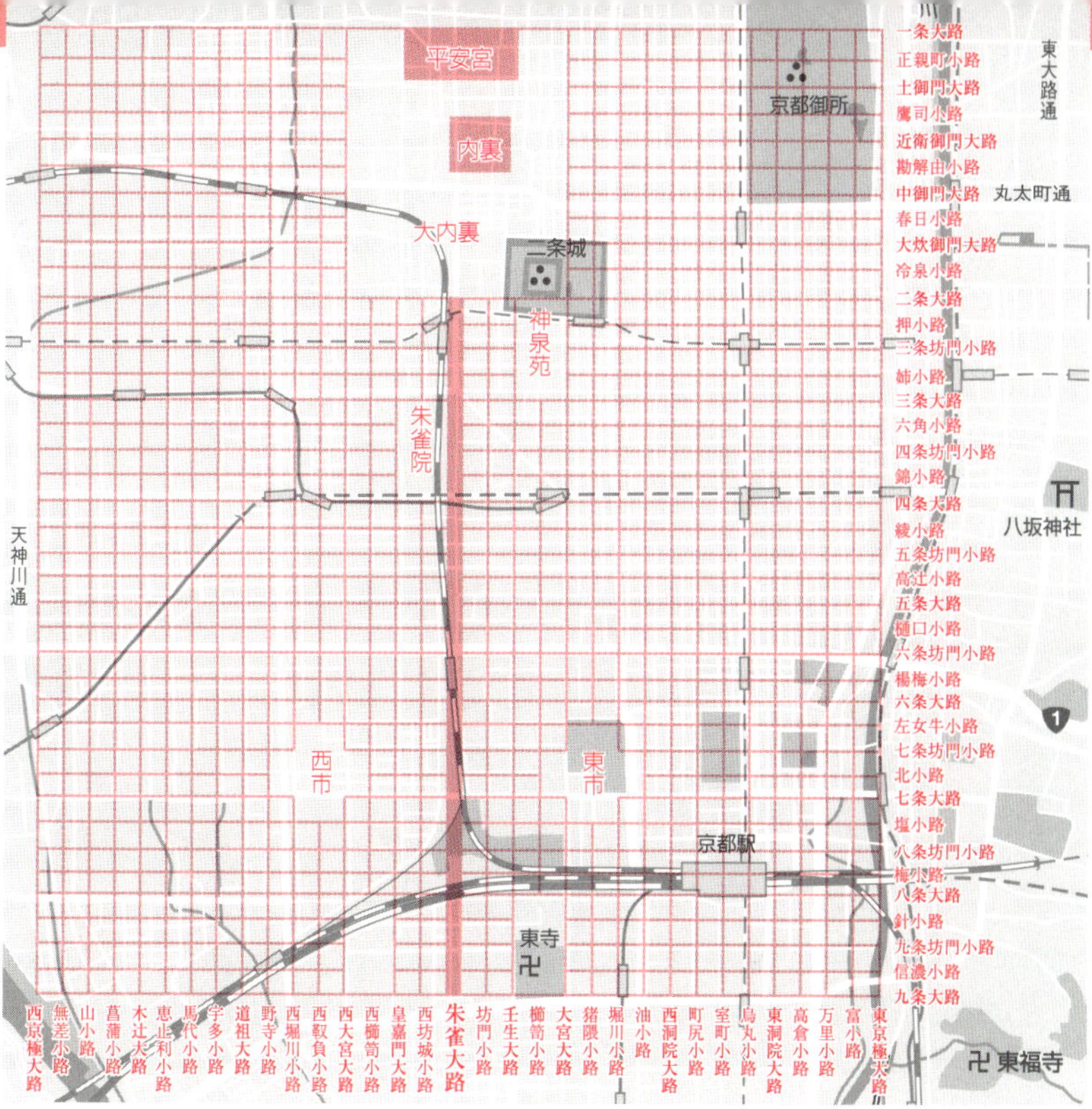

丸《ま》通」など、送り仮名の「り」はつかない。

交差する通りを組み合わせて場所を示すが、**面する通り名が先**になり、右図の❶の場合は、烏丸通四条上ル。後ろの通り名には「通」をつけずに「四条」とする。また、❶は錦小路下ルでもよいが、近いほうの通りを使うのが一般的。❷なら室町通蛸薬師下ル。❸なら三条通東洞院東入となる。

町中の路地と図子

京都でいう**路地**とは小さな通りという意味ではない。通りから一歩入って地割の中に入る通路で、袋小路で行き止まりになっていることが多い。入口に門が設けられたり、内の住民の表札が並ぶところもある。地元の人は「ろじ」ではなく「ろおじ」と発音する。

行き止まりの路地を突き抜かせたのが**図子**《ずし》で、これもまた京都ならではの通路だろう。背中合わせの路地をつないで、鍵の手に曲がった細い通路があちこちに見られる。

［通り名の歌］

マルタケエベスとは？

京都には「マルタケエベスニオシオイケ」とメロディをつけて唱う童歌がある。これは「丸太町《まるたまち》通、竹屋町《たけやまち》通、夷川《えびすがわ》通、二条《にじょう》通，押《おし》小路《こうじ》通、御池《おいけ》通」と東西の通り名を覚えやすいように北から南へ順に並べたもの。口伝えだからかエビスがエベスとなまっている。覚えると便利で、五条通までがよく知られ、諸説あるがもっと南まで続く。

それに対して南北の通りは「テラゴコフヤトミヤナギサカイ」とリズムに乗りにくく、判じ物のようでなじみが薄い。もちろん「寺《てら》町《まち》通、御幸《ごこ》町《まち》通、麩屋町《ふやまち》通、富小路《とみのこうじ》通、柳馬《やなぎのばん》場《ば》通、堺町《さかいまち》通」と東から順に並んでいて、西は千本通までが唱われ、「はては西陣」と地域名でしめられている。

南北の通り

南北の通り名の歌

寺《てら》御《ご》幸《こ》　麩《ふ》屋《や》富《とみ》　柳《やなぎ》堺《さかい》
高《たか》間《あい》東《ひがし》　車《くるま》屋《や》町《ちょう》
烏《からす》両《りょう》替《がえ》　室《むろ》衣《ころも》
新《しん》町《まち》釜《かま》座《んざ》　西《にし》小《お》川《がわ》
油《あぶら》醒《さめ》ケ《が》井《いで》　堀《ほり》川《かわ》の水
葭《よし》屋《や》猪《いの》黒《くろ》　大《おお》宮《みや》へ
松《まつ》日《ひ》暮《ぐらし》に　智《ち》恵《え》光《こう》院《いん》
浄《じょう》福《ふく》千《せん》本《ぼん》　はては西陣

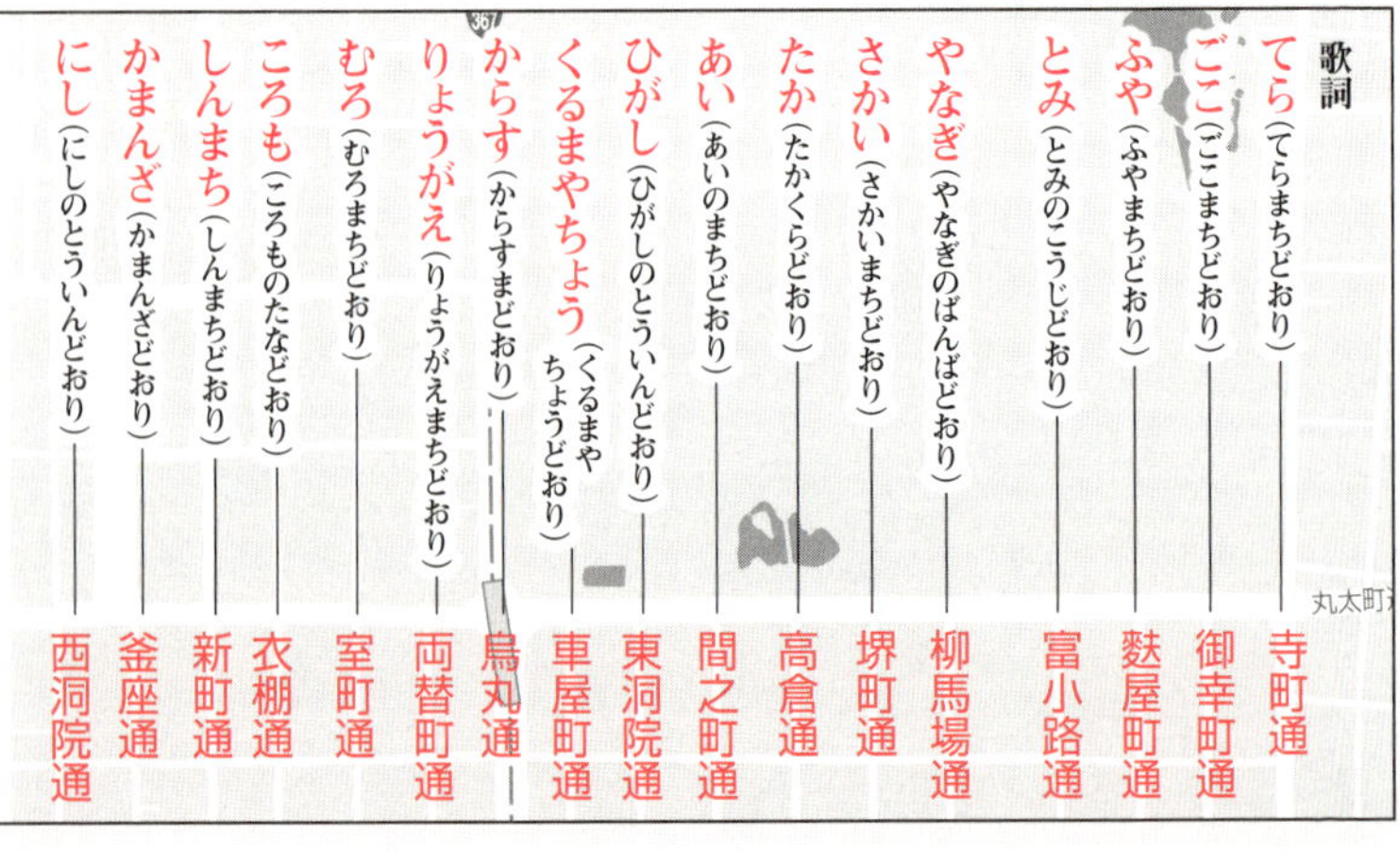
歌詞
てら（てらまちどおり）寺町通
ごこ（ごこまちどおり）御幸町通
ふや（ふやまちどおり）麩屋町通
とみ（とみのこうじどおり）富小路通
やなぎ（やなぎのばんばどおり）柳馬場通
さかい（さかいまちどおり）堺町通
たか（たかくらどおり）高倉通
あい（あいのまちどおり）間之町通
ひがし（ひがしのとういんどおり）東洞院通
くるまやちょう（くるまやちょうどおり）車屋町通
からす（からすまどおり）烏丸通
りょうがえ（りょうがえまちどおり）両替町通
むろ（むろまちどおり）室町通
ころも（ころものたなどおり）衣棚通
しんまち（しんまちどおり）新町通
かまんざ（かまんざどおり）釜座通
にし（にしのとういんどおり）西洞院通
丸太町

東西の通り

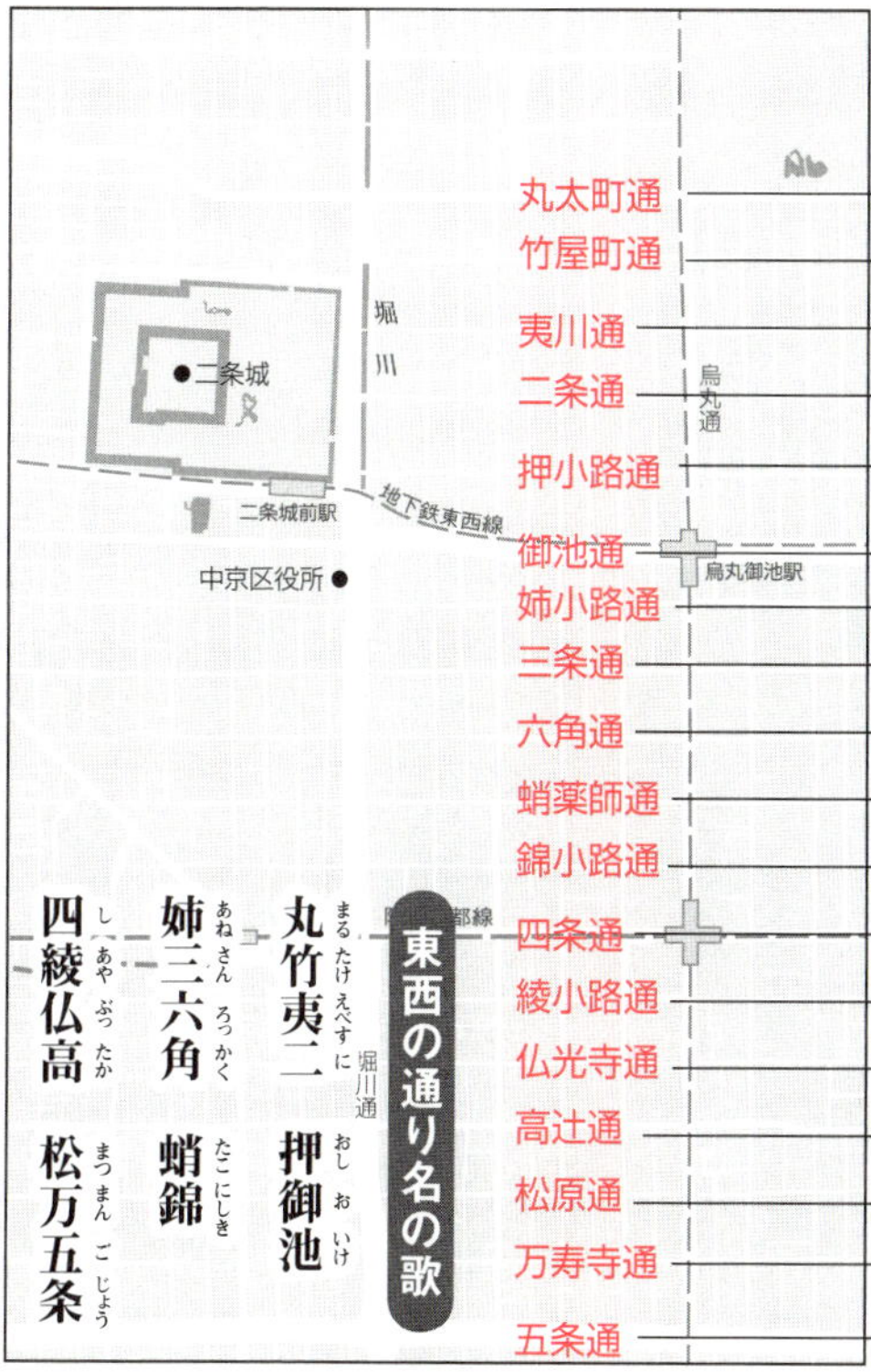

二条城
二条城前駅
地下鉄東西線
中京区役所
堀川
烏丸通
烏丸御池駅
堀川通
東西の通り名の歌
丸《まる》竹《たけ》夷《えべす》二《に》 押《おし》御《お》池《いけ》
姉《あね》三《さん》六角《ろっかく》 蛸《たこ》錦《にしき》
四《し》綾《あや》仏《ぶっ》高《たか》 松《まつ》万《まん》五条《ごじょう》

通り	歌詞
丸太町通	まる（まるたまちどおり）
竹屋町通	たけ（たけやまちどおり）
夷川通	えびす（えびすがわどおり）
二条通	に（にじょうどおり）
押小路通	おし（おしこうじどおり）
御池通	おいけ（おいけどおり）
姉小路通	あね（あねやこうじどおり）
三条通	さん（さんじょうどおり）
六角通	ろっかく（ろっかくどおり）
蛸薬師通	たこ（たこやくしどおり）
錦小路通	にしき（にしきこうじどおり）
四条通	し（しじょうどおり）
綾小路通	あや（あやのこうじどおり）
仏光寺通	ぶっ（ぶっこうじどおり）
高辻通	たか（たかつじどおり）
松原通	まつ（まつばらどおり）
万寿寺通	まん（まんじゅじどおり）
五条通	ごじょう（ごじょうどおり）

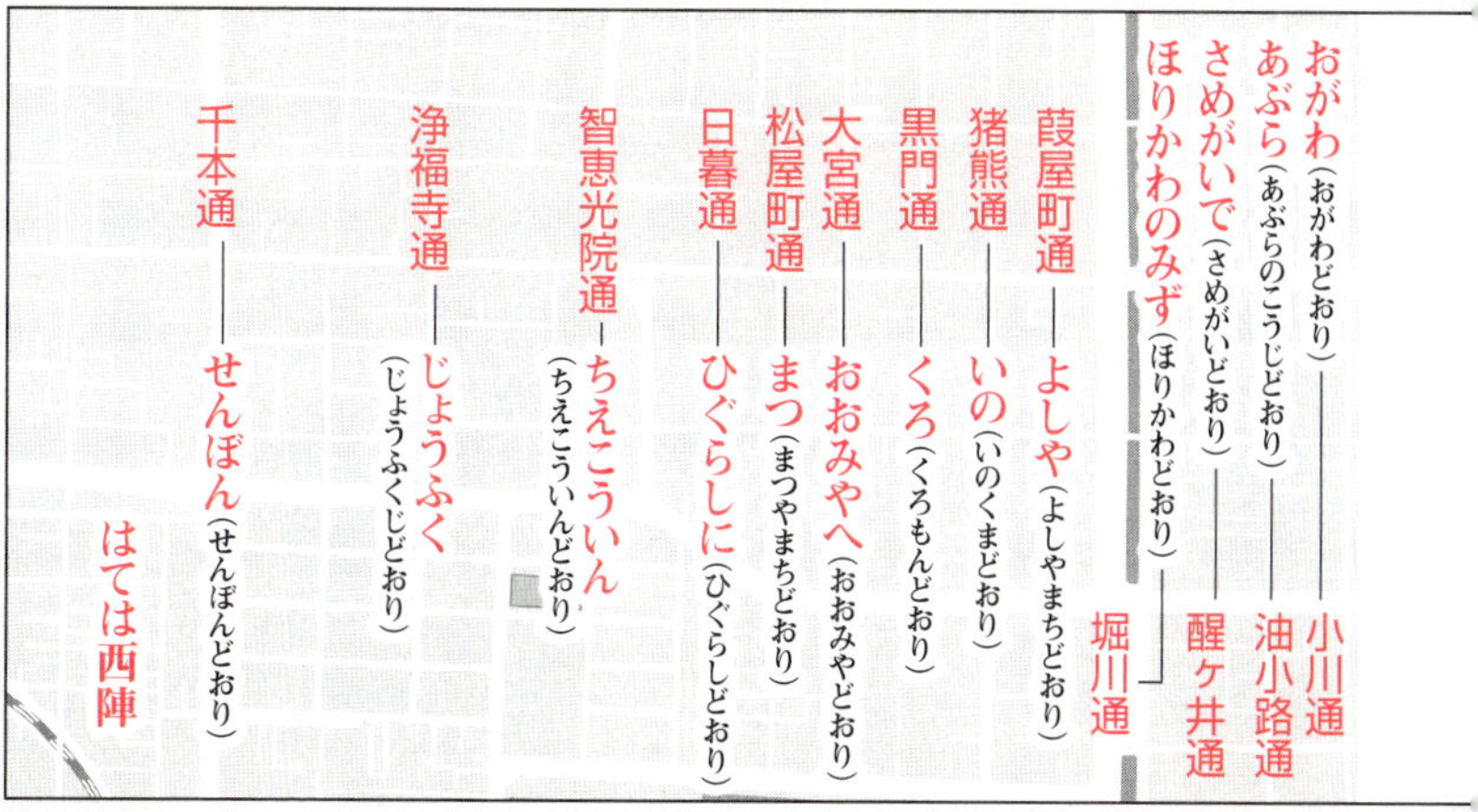

通り	歌詞
小川通	おがわ（おがわどおり）
油小路通	あぶら（あぶらのこうじどおり）
醒ケ井通	さめがいで（さめがいどおり）
堀川通	ほりかわのみず（ほりかわどおり）
葭屋町通	よしや（よしやまちどおり）
猪熊通	いの（いのくまどおり）
黒門通	くろ（くろもんどおり）
大宮通	おおみやへ（おおみやどおり）
松屋町通	まつ（まつやまちどおり）
日暮通	ひぐらしに（ひぐらしどおり）
智恵光院通	ちえこういん（ちえこういんどおり）
浄福寺通	じょうふく（じょうふくじどおり）
千本通	せんぼん（せんぼんどおり）

はては西陣

［通りと地名の由来］

東西の通り

① 御池通

① 御池通

平安京の三条坊門小路《さんじょうぼうもんこうじ》にあたり、東は川端通から西は太秦の天神川通までだが、二条駅で分断される。平安時代からの池泉であった神泉苑《しんせんえん》のそばを通るためこの名になったとの説が有力。

② 錦小路通

平安京の錦小路で、東は新京極通の錦天満宮《にしきてんまんぐう》から西は壬生通まで。平安時代は具足《ぐそく》小路と呼ばれ、なまって糞小路、しかし汚いので南にある綾小路と比して錦小路に改められたという。

③ 松原通

平安京の五条大路にあたり、豊臣秀吉《とよとみひでよし》が五条《ごじょう》大橋《おおはし》を2筋南に架けたので五条通の名前はそちらに移った。牛若丸《うしわかまる》と弁慶《べんけい》が戦った「五条の橋」が事実なら松原通にあったはず。神社の松並木があったことが通り名の由来という。

④ 正面通

大和大路通の方広寺《ほうこうじ》から千本通までだが、渉《しょう》成園《せいえん》（枳殻邸《きこくてい》）など東西本願寺《ほんがんじ》の敷地で中断している。秀吉が建立した方広寺の大仏殿の正面にあたる通りなのでこの名になった。

南北の通り

⑤ 大和大路通

北は三条から南は泉涌寺道までで、京都から奈良へ通じていた大和街道の一部にあたるためこの名がある。花街の宮川町や祇園を通り、四条から北は縄手通と呼ばれている。

⑥ 西洞院通

平安京の西洞院大路にあたり、西洞院川と呼ばれる河川が流れていたのが由来。蛸薬師通から南の道幅が広いのは、かつて塩小路と四条の間を京都市電の堀川線が通っていたためである。

⑦ 小川通

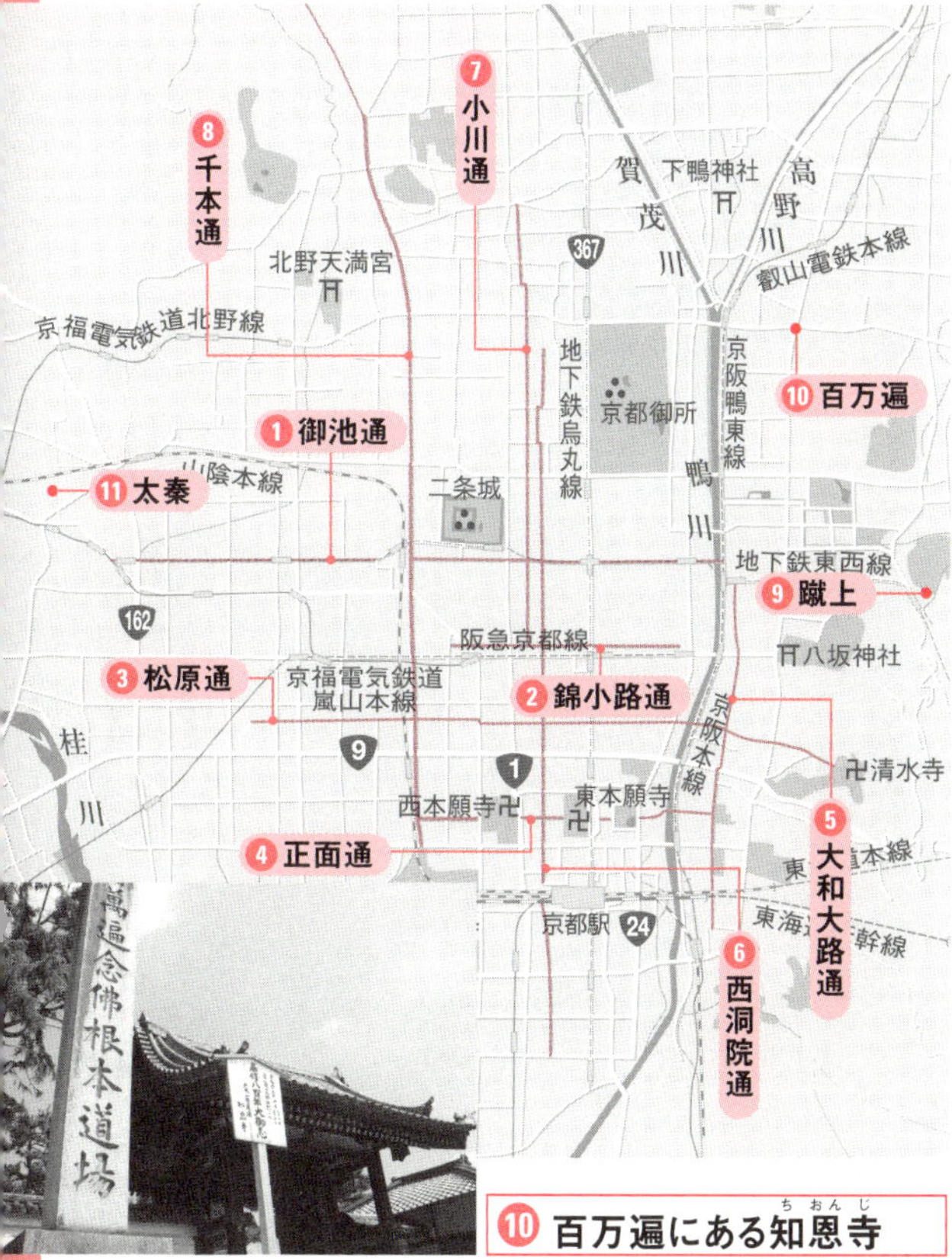

10 百万遍にある知恩寺《ちおんじ》

7 小川通

北は紫明通から南は錦小路通まで。南の延長線上を東中筋通（別名は天使突抜通）が走る。豊臣秀吉による京都大改造でつくられた通り。通りの名は小川にちなみ、今も本法寺《ほんぽうじ》前に石橋が残る。

8 千本通

もとは平安京のメインストリート・朱雀大路だったが、御所の場所が移って衰退。葬送の地・蓮《れん》台野《だいの》へつながる道で、卒塔婆《そとば》が千本立ち並んでいたことからの名称という。

地名

9 蹴上《けあげ》

七口（➡113）のひとつの粟田口から東へ、三条通がカーブする辺り。浄水場があり、南禅寺《なんぜんじ》にほど近い。昔、牛若丸が奥州平泉に下るときに、この辺りで馬が溜まり水を蹴上げて乱闘になったという伝説がある。

10 百万遍《ひゃくまんべん》

京都大学の北側一帯で町名を田中門前町というように、ここには浄土宗本山知恩寺《ちおんじ》がある。この寺の8世・善阿《ぜんな》上人が、都で流行った疫病退散のために「南無阿弥陀仏《なむあみだぶつ》」の念仏を百万遍唱えたところ、疫病が治まったという。そこから知恩寺は百万遍念仏道場となった。

11 太秦《うずまさ》

映画村があることで知られるようになったが、読みは難しい。平安京以前に先住した秦《はた》氏に由来するが、なぜ「うずまさ」と読むのかは定かでない。秦氏がもたらした絹がうず高く積まれたからという説がある。なお、近隣には蚕ノ社《かいこのやしろ》、帷子ノ辻《かたびらのつじ》、車折《くるまざき》などの難読地名・駅名が多い。

京を流れる川

飛び石が施され、渡れるようになっている賀茂川(左)と高野川(右)の合流地点。この先は鴨川となる。

鴨川と賀茂川

鴨川は京都盆地を貫いて流れる。北山の**桟**《さ》**敷**《じき》**ヶ**《が》**岳**《たけ》に源を発し、**貴**《き》**船**《ぶね》**川**を合わせ上賀茂へと流れ下る。さらに下鴨神社南で**高野川**と合流し京都の東を南下、やがて西へ向かい**桂川**と出会う。ふつう高野川合流点までを賀茂川、その南を鴨川と表す。

風水の思想によって造営された平安京では、鴨川は東の青龍にあたる（➡P56）。源流部には水の神である**貴船神社**が祀られ、都の人々にとってはいちばんなじみの深い川だった。鴨川の水で産湯を使うと美人になる、との言い伝えは、神のご加護があることを言ったものだという。

六条河原は源平の戦いでは戦場、戦国時代には刑場ともなった。**四条河原**では歌舞伎など遊芸が演じられ、清らかな流れは友禅流しなどの産業を興すなど、都の繁栄はこの川とともにあった。

宇治川と秀吉

宇治川は琵琶湖に源を発し、**木津川**、**桂川**と3本の川が合流する淀川本流である。琵琶湖を出て**瀬田川**、京都に入ると**宇治川**と名を変え、平等院や宇治橋のある歴史豊かな景勝地を流れる。そしてかつては桂川や木津川などの遊水池であった**巨**《お》**椋**《ぐら》**池**に流れ込んでいた。

ところが**豊臣秀吉**が伏見城を築き、伏見を繁栄させようと交通を整備。そのとき堤防「**太閤堤**」を築いて宇治川の流れを伏見の町へ向かわせ、大坂との水上交通を活性化した。さらに太閤堤の上に**大和**《やまと》**街道**を走らせ、陸路も整備した。

なお、茶の湯が好きだった秀吉は宇治橋の上から川の水を汲み上げて、伏見城でお茶を点てたと伝えられている。

▲桟敷ヶ岳
賀茂川
北山を源流地とし、2つの賀茂社のそばを流れる。
⛩貴船神社
堀川
船岡山を源流とし、平安京造営時に堀川小路に沿った運河とされた。現在は大部分が暗渠《あんきょ》。
⛩上賀茂神社
宝ヶ池
高野川
叡山電鉄
金閣寺卍
北野天満宮⛩
367
下鴨神社⛩
高瀬川(➡P202)
江戸初期の豪商角倉了以がつくった運河。
広沢池
京福電気鉄道北野線
嵯峨嵐山駅
山陰本線
卍広隆寺
嵐山駅
嵐山駅
京福電気鉄道嵐山本線
二条城
京都御所
162
9
東本願寺
卍
卍
西本願寺
鴨川
下鴨神社南の合流地点から表記が変わる。京の人々にもっともなじみの深い川。
京都駅
東寺卍
桂駅
桂川(➡P202)
上桂川、保津川、大堰川、桂川と名前を変える。鴨川、宇治川などと合流して淀川となる。
阪神高速
24
名神
宇治川
琵琶湖から流れ出る唯一の川。豊臣秀吉が流れを変えた。
伏見城
1
東海道本線
東海道新幹線
巨椋池
周囲約16kmもの淡水湖だったが、昭和初期に干拓された。この地図の池の形は豊臣秀吉の改修前の概略図。
京阪本線
京滋バイパス
24

角倉了以がつくった高瀬川

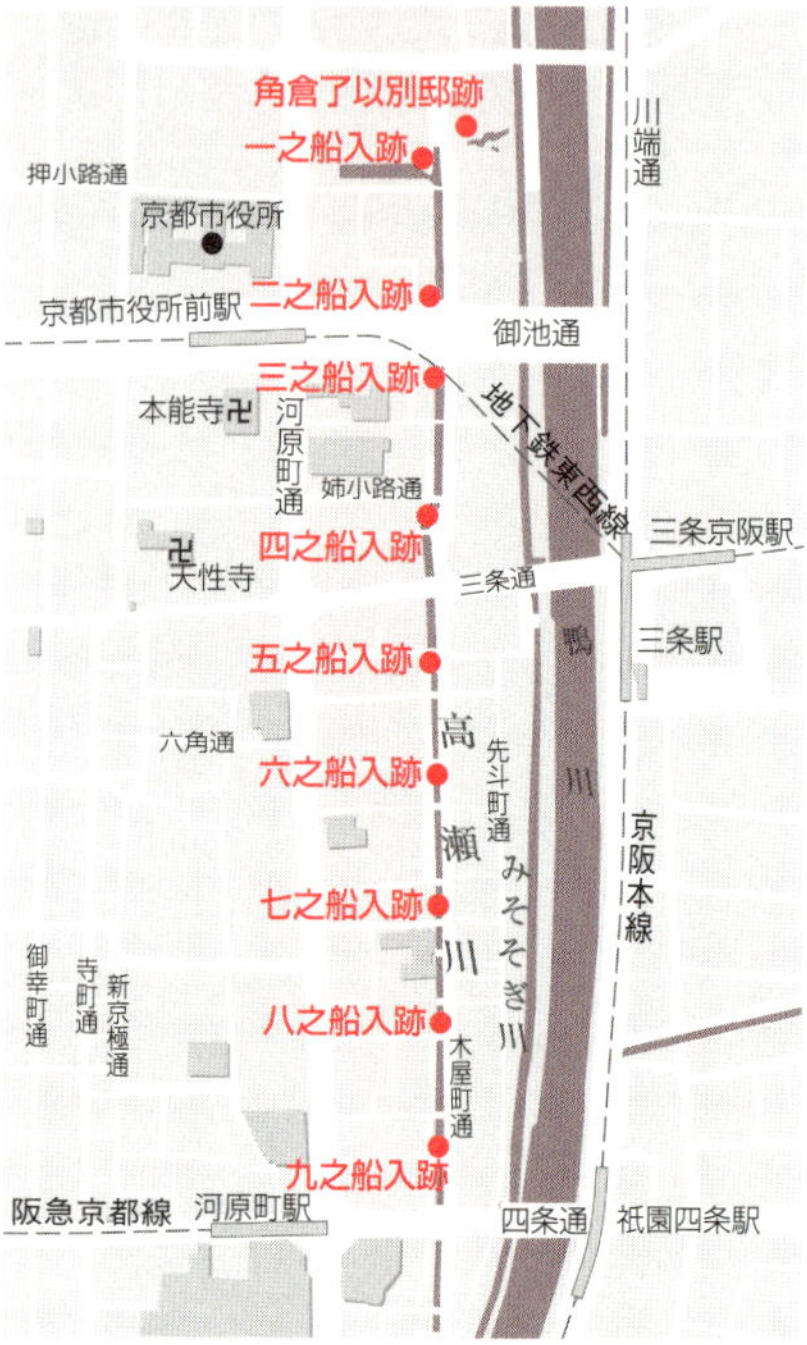

一之船入跡を出たところに浮かぶ、復元された高瀬舟。

桂川、高瀬川と角倉了以

桂川は京都市左京区に源を発し、曲流しながら南丹《なんたん》市や亀岡市を経て嵐山に至るが、**上桂《かみかつら》川**、**保津《ほづ》川**、**大堰《おおい》川**と名を変える。桂川と一般に呼ばれるのは**渡月橋《とげつきょう》**から下流である。この桂川は河川開削に縁が深い。平安京以前、葛野《かどの》川と呼ばれていた嵐山付近の桂川には、渡来の**秦氏**によって大きな堰《せき》がつくられ、土地改良が行われた。その後、秦氏の協力のもと、桓武天皇が平安京に遷都する。

そして慶長11（1606）年、江戸初期の有力豪商の**角倉了以《すみのくらりょうい》**が、**大堰川**の開削に手をつける。渓谷を流れる急流は、舟運が困難だった。了以は川幅を広げ、周囲や川中の岩石を爆破し、大工事の末に開削に成功。おかげで丹波から木材や米などが大量に京へ運ばれ、嵐山あたりは舟運で賑わった。

了以はその功績が評価され、幕府から許可を得、**高瀬《たかせ》川**の開通という新たな河川工事に着手する。鴨川右岸の二条あたりで水を引き入れ、現在の木屋町に沿うように流し、伏見へつなぐ**全長約10㎞の運河**を開通させた。水深30cm程度と浅い高瀬川には船底が平らな「**高瀬舟**」が行き来し、主に大坂からの物資を運び入れた。了以はこの通行料を幕府と折半したという。高瀬舟が荷の積み下ろしをした場所を「**船入《ふないり》**」といい、9つあったが、そのうち**一之船入**が史跡として残されている。

5章

文学をめぐる

王朝の作家ゆかりの地をめぐる

宮廷に花開いた文学

平安時代の中ごろから、**かな文字**が流行し、**和歌**が多く詠まれるようになる。それまでは漢詩が主流で、かな文字は私的な場合か女性が用いるものであった。だが、紀貫之《きのつらゆき》は女性に仮託し、かな文字で『**土佐日記**』を書き、その後の女流文学の発達に強い影響を与えた。

宮廷や貴族の間で盛んに歌会が催されるようになり、平安期には多くの**和歌集**が編まれている。男女間のやりとりにも和歌が用いられ、恋情の機微を表現するのにかな文字が適していたこともあり、多くの歌人たちによって技巧をこらした名歌が残されている。

また平安王朝の中で、宮廷を中心とした物語や日記、随筆、説話などが次々と書かれ、『**源氏物語**』を代表とするような後世に伝えられる作品が生まれた。

謎の美女歌人 小野小町《おののこまち》

小町は「六歌仙《ろっかせん》」の一人で、百人一首にも歌が選ばれている平安初期の最も有名な女流歌人。仁明《にんみょう》天皇から文徳《もんとく》天皇の時代にかけて実在したが、本名や生まれ、没地など一切が不明。しかし、絶世の美女という伝説が残されていることはあまりにも有名だ。

一説には、遣隋使小野妹《おののいも》子《こ》が出た小野氏の家系で、小野篁《たかむら》の孫として山科で生まれたという。生没地は京都市内各地、丹後、秋田など全国に広がり、小町伝説はさまざまに語られている。「卒塔婆《そとば》小町」など能や物語にも登場する。京都には山科の随心院《ずいしんいん》、小町寺と呼ばれる洛北の補《ふ》陀洛《だらく》寺、伏見墨染《ふしみすみぞめ》の欣浄寺《ごんじょうじ》、東福寺退耕庵などのゆかりの地がある。

❶ 随心院本堂

王朝の作家ゆかりの地

王朝時代を代表する5人の作家の伝説の地。洛中洛外に点在する。

小野小町の晩年の住まい
② 補陀洛寺

所在地●左京区静市市原町
アクセス●叡山電鉄鞍馬線「市原駅」から徒歩10分

和泉式部の住まい
⑦ 東北院

所在地●左京区浄土寺真如町
アクセス●京都駅からバス「錦林車庫前」下車徒歩10分

④ 紫式部の墓

所在地●北区堀川通鞍馬口上ル御所田町
アクセス●地下鉄烏丸線「北大路駅」から徒歩20分

紫式部の住まい
③ 廬山寺 ➡P206

和泉式部の墓がある
⑥ 誠心院 ➡P207

清少納言の晩年の住まい
⑤ 泉涌寺 ➡P206

在原業平の逢瀬の場
⑧ 大原野神社

所在地●西京区大原野南春日町1152
アクセス●阪急電鉄京都線「東向日駅」からバスで20分「南春日町」下車徒歩10分

欣浄寺は小野小町に思いを寄せた深草《ふかくさ》少将ゆかりの寺。「百日通ってくれれば」という随心院の小町のもとへ、ここから通い、99日目に倒れた。

在原業平の住まい
⑨ 十輪寺 ➡P207

小野小町の住まい
① 随心院

所在地●山科区小野御霊町35
アクセス●地下鉄東西線「小野駅」から徒歩5分

華麗なる王朝作家 紫式部《むらさきしきぶ》

曽祖父藤原兼輔《ふじわらのかねすけ》が著名な歌人で、父為時《ためとき》も優れた文人として宮廷に仕えていた。父為時の任官地・越前に滞在し、京へ戻ると藤原宣孝《ふじわらののぶたか》と結婚したが、宣孝は早々に死去。一条天皇の中宮・彰子《しょうし》のもとに宮仕えを始める。天賦の才を持つ彼女は、宮廷を舞台とした物語の執筆を開始した。

名前は父の官名の式部大《しきぶだい》丞《じょう》に由来。藤式部《とうしきぶ》と呼ばれていたが、『源氏物語』が宮廷で読まれると、登場人物「若紫」にちなんで紫式部といわれるようになる。

兼輔の邸跡があったとされる廬山寺《ろざんじ》には白砂と苔、桔梗の花のコントラストが美しい「源氏の庭」がある。

源氏の庭

本堂

③ 廬山寺

所在地●上京区寺町通広小路上ル北之辺町397
アクセス●京阪電鉄鴨東線・叡山電鉄叡山本線「出町柳駅」から徒歩15分

宮廷の才女 清少納言《せいしょうなごん》

歌人の清原元輔《きよはらのもとすけ》の娘として生まれ、父から歌や学問をみっちり伝授された。

最初の結婚相手の橘則光《たちばなののりみつ》との間には則長《のりなが》という男の子を得たが別れ、その後、一条天皇の中宮・定子《ていし》に仕える女房となった。定子は、中関白《なかのかんぱく》と称された藤原道隆《ふじわらのみちたか》の娘で、彼女の周囲には才学のある女房が大勢集められたのである。随筆の傑作として知られる『枕草子』は定子に仕えていた時代を描いたもので、四季折々の風物や宮廷の様子が見事に描かれている。

晩年、定子が埋葬された鳥《とり》辺《べ》野《の》陵にほど近い泉涌寺《せんにゅうじ》辺りの山荘で尼となって過ごしたと伝える。

⑤ 泉涌寺

所在地●東山区泉涌寺山内町27
アクセス●JR奈良線「東福寺駅」から徒歩10分

清少納言の歌碑

仏殿と舎利殿

協力／御寺泉涌寺

情熱的な恋愛歌人 和泉式部《いずみしきぶ》

平安王朝の代表的な女流歌人で、美人の誉れも高い。学問の家柄として由緒正しい文章生・大江雅致《おおえのまさむね》の娘として生まれ、少女のころから宮仕えをする。父が式部丞であったので式部、結婚した橘道《たちばなのみち》貞《さだ》が和泉守に任じられたため、官名をとって和泉式部と呼ばれるようになった。

道貞との間には歌人として知られる小式部内侍《こしきぶのないし》が生まれたが、為尊《ためたか》親王や敦道《あつみち》親王と浮き名を流し、破局。炎のような情熱で男から男へと業の深い恋愛を遍歴し、藤原道長から「浮かれ女」とまで称された。新京極の繁華街にある誠心院《せいしんいん》は、和泉式部を初代住職とする。

誠心院

和泉式部供養塔

❻ 誠心院

所在地●中京区新京極通六角下ル中筋町487
アクセス●阪急電鉄京都本線「河原町駅」から徒歩８分

王朝きっての色男 在原業平《ありわらのなりひら》

平安時代前期の代表的歌人で、情熱的な歌を数多く残した美男として知られる。気品ある美しさを持ち、二条后・藤原高子《ふじわらのたかいこ》などと女性遍歴を重ねる姿が、歌物語の『伊勢物語』に描かれている。薬子《くすこ》の変により出家させられた平城《へいぜい》天皇の孫にあたり、学識も歌才もありながら、政治的には不遇だった。

晩年、小塩《おしお》山の麓の十輪《じゅうりん》寺《じ》で暮らしたと伝えられ、「大原や小塩の山も今日こそは 神代《かみよ》のことも思ひいづらめ」と詠った。そして大原野《おおはらの》神社（➡P205）へ参詣に来る高子への思いを込めて、裏山の竈で塩を焼いて煙を流したとされている。

❾ 十輪寺

所在地●西京区大原野小塩町481
アクセス●阪急電鉄京都線東向日駅からバスで20分「小塩」下車すぐ

本堂

在原業平の墓

『源氏物語』をめぐる

紫式部と藤原道長

世界最古の小説といわれる『**源氏物語**』は、平安王朝の全盛期を背景に、主人公の**光源氏**や多くの女性たちが繰り広げる愛と哀しみの物語である。紫式部が書いたこの物語は、現在の京都御所内東にあった土御門《つちみかど》殿《どの》（➡P67）での**藤原道長**《ふじわらのみちなが》の栄耀栄華なしでは成立しなかった。

道長の娘・**彰子**《しょうし》は一条天皇の中宮となるが、彼女に教養と知性を身につけるためのいわば家庭教師として紫式部は仕える。道長は光源氏のモデルの一人であり、書き進めるうえでの援助協力をしたともいわれている。

紫式部は宮廷や道長邸で見聞きしたことをもとに、大原や嵯峨野など京都の景勝地を舞台として、壮大なロマンを綴ったのである。

光源氏と多くの女性たち

主人公の光源氏は帝の子に生まれ、亡き母の面影を求めて義理の母・**藤壺**《ふじつぼ》と密通し、のちの**冷泉帝**《れいぜいてい》が生まれる。光源氏はその罪を背負いながらも、**六条御息所**《ろくじょうのみやすんどころ》、**紫の上**、**夕顔**、**花散里**《はなちるさと》、**明石の君**、**空蝉**《うつせみ》など多くの女性たちと恋愛を続ける。やがて**朧月夜**《おぼろづきよ》との禁じられた恋が露見し、須磨・明石へ退去する。再び戻った都では新しく営んだ**六条院**で華やかな日々を送る。

４００字詰め原稿用紙にすると約２４００枚にもおよぶとされるこの54帖にわたる長い物語は、当時の平安京と周辺を舞台に描かれ、登場人物にもそれぞれモデルらしき人物がいる。光源氏は嵯峨天皇の皇子・**源　融**《みなもとのとおる》とするのが最も有力で、彼が営んだ河原院が六条院として書かれたという。

『源氏物語』のおもな登場人物

光源氏と、その人生を彩ったおもな女性たち。みな、悲哀に満ちている。

光源氏	物語の主人公で、3歳で母・桐壺《きりつぼ》の更衣を亡くし、父・帝の手で育てられるが、8歳のころに皇族を離れ、源の姓を賜る。義理の母になる藤壺を慕うが葵の上と結婚。その後、紫の上と暮らすが51歳のときに先立たれ、翌年に出家する。藤壺との間に冷泉院、葵の上との間に夕霧、明石の君との間に明石の中宮がいる。
六条御息所	元皇太子妃で皇太子没後、光源氏と恋愛関係となるがやがて二人の間は冷えきる。葵祭の日、葵の上と車争いを起こし、生き霊となって取り憑き死に至らしめる。伊勢から帰京後、没するが物の怪となり紫の上らに取り憑く。
紫の上	藤壺の姪にあたり若紫といったころに、光源氏に見出され4年後に結婚し、終生の伴侶となる。光源氏に女三宮が降嫁したことで、本当の正妻ではなかったことに気づかされ、苦悩の日々を送り没する。
明石の君	明石の入道の娘で、光源氏が明石にいる27歳のときに結婚。光源氏が帰京後、京へ出て嵯峨野で娘の明石の中宮を生むが、3歳のとき紫の上に預ける。自分が置かれた立場を理解していた賢明な女性。
朧月夜	右大臣の娘で弘徽殿女御《こきでんのにょうご》の妹。桐壺帝と姉の間の皇子（のちの朱雀帝）と結婚する予定が、光源氏と結ばれたことでとりやめになる。尚侍《ないしのかみ》として仕えた朱雀帝と光源氏の二人に愛された。光源氏は彼女とのことが原因で須磨へ退去する。
夕顔	光源氏のライバルの頭中将の恋人であったが、正妻に邪魔されて身を隠す。そのころに光源氏と知りあうが、廃院に出る物の怪に取り憑かれて死去する。頭中将との間の娘がのちの玉鬘《たまかずら》である。

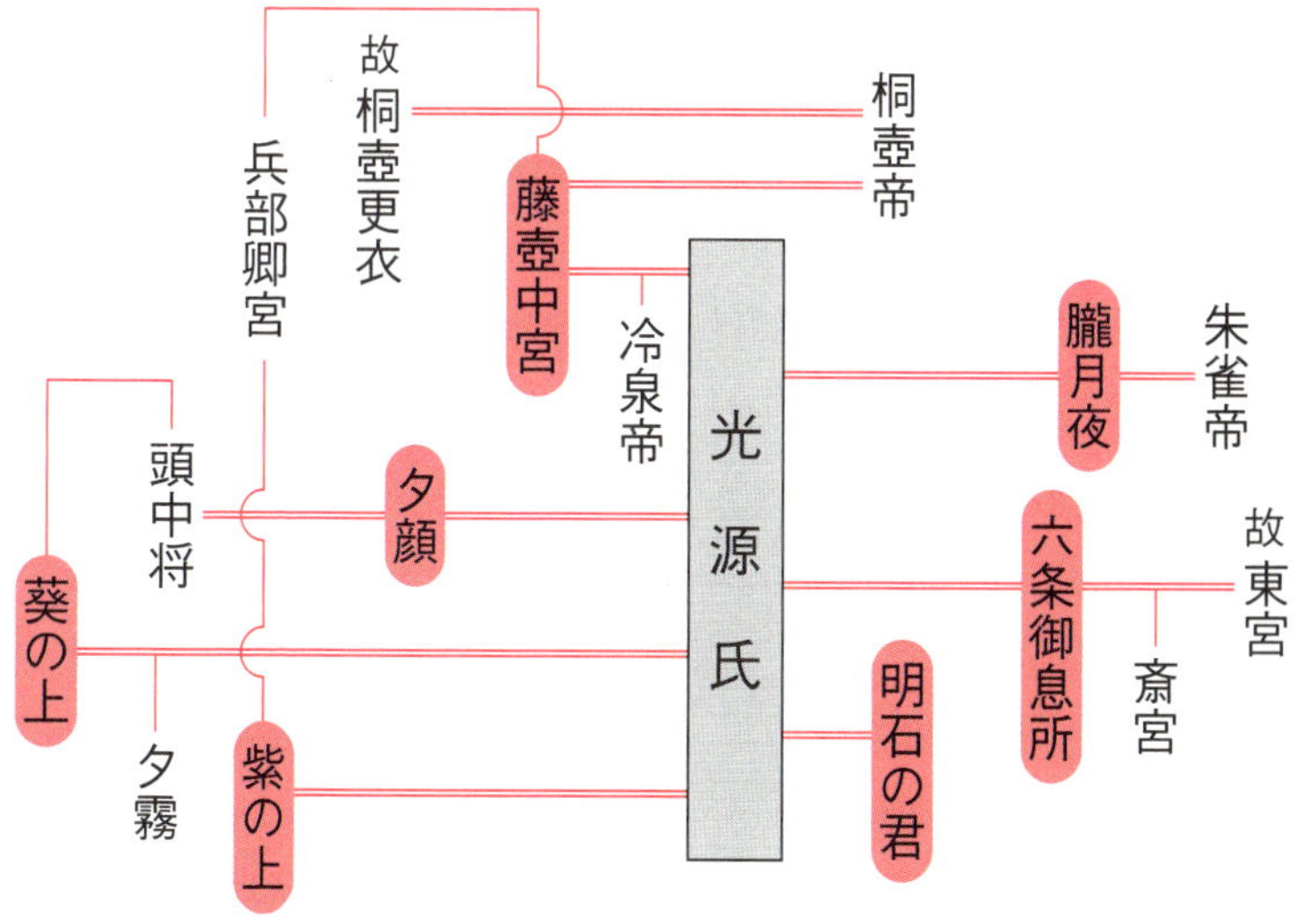

大徳寺
金閣寺
船岡山
地下鉄烏丸線
賀茂川
下鴨神社
高野川
龍安寺
367
北野天満宮
仁和寺
出町柳
京福電気鉄道北野線
京阪鴨東線
舞台の中心である内裏の面影を今に伝える京都御所。
162
山陰本線
鴨川
二条城
二条駅
烏丸御池駅
大学寮跡の碑。源氏の子・夕霧もここで勉学していた。
京福嵐
涉成園（➡P190）。六条院のモデルとなった源融の河原院があった。
八坂
京阪本線
桂川
9
1
西本願寺
東本願寺

洛中・洛西	いわれなど	所在地／アクセス
❶下鴨神社 糺の森	六条御息所と葵の上の「車争い」が起こったことで知られる葵祭が行われる。	左京区下鴨泉川町59／京都駅からバスで35分「下鴨神社前」下車すぐ
❷雲林院	藤壺への恋慕に悩む光源氏が救いを求めて参籠した。	北区紫野雲林院町／京都駅からバスで40分「大徳寺前」下車すぐ
❸櫟谷《いちいだに》七野神社	賀茂斎院の跡。光源氏のいとこ、朝顔の姫君は斎王で、ここを出たあと光源氏に求愛される。	上京区上御霊前通智恵光院東入ル／京都駅からバスで25分「天神公園前」下車徒歩10分
❹廬山寺	紫式部邸跡といわれ、空蝉の仮住まいや花散里の邸もこの付近とされる。	上京区寺町通広小路上ル北之辺町397／京阪電鉄鴨東線・叡山電鉄叡山本線「出町柳駅」から徒歩15分
❺清凉寺	光源氏のモデル・源融の山荘跡。光源氏が薬師仏供養を行った嵯峨の御堂はここととされる。	右京区嵯峨釈迦堂藤ノ木町46／JR嵯峨野線「嵯峨嵐山駅」から徒歩15分
❻野宮神社	斎宮となる娘とここにいる六条御息所のところへ、光源氏が別れを告げに来る。	右京区嵯峨野宮町１／京福電鉄嵯峨野線「嵐山駅」から徒歩８分
❼夕顔の碑	夕顔の宿の地とされる。このあたりはその名も夕顔町。	下京区堺町通高辻下ル／地下鉄烏丸線「五条駅」から徒歩10分

『源氏物語』ゆかりの地

当時の貴族たちが好んで足を運んだ景勝地が、物語の舞台となっている。

嵯峨野の清らかな地に建てられた野宮神社は、伊勢神宮へ仕える斎宮が伊勢へ行く前に身を清める聖域だった。最も原始的な鳥居、黒木の鳥居でも知られる。

洛北	いわれなど	所在地／アクセス
❽三千院	夕霧が慕う落葉宮《おちばのみや》が移り住んだ山荘の候補地。	左京区大原来迎院町540／京都駅からバスで60分「大原」下車徒歩10分
❾鞍馬寺	「若紫」巻の「北山のなにがし寺」の有力候補。由岐神社側に、光源氏の歌にちなむ涙の滝がある。	左京区鞍馬本町1074／叡山電鉄鞍馬線「鞍馬駅」から徒歩1分
❿大雲寺跡	「若紫」巻の「北山のなにがし寺」の候補地。	左京区岩倉上蔵町305／叡山電鉄鞍馬線「岩倉駅」から徒歩10分

音無の滝。「夕霧」巻で落葉宮が滝音になぞらえ歌を詠む。

大雲寺を江戸期に復興したのが実相院。床紅葉が有名。

横川の僧都《そうず》が建立した往生極楽院を思わせる三千院境内。三千院のある大原の里は「手習」の巻の舞台で、浮舟が隠れ住んだ地ともなっている。

宇治川と宇治十帖の世界

『源氏物語』54帖の終わりの5分の1ほどを**宇治十帖**という。この宇治での物語が始まる少し前に、「**雲隠**《くもがくれ》」という巻名だけで本文がない巻がある。この巻は、光源氏が嵯峨野に出家・隠棲し、やがて死んだことの暗示だとされている。こののち物語は、光源氏の子孫たちが主人公となって続けられていく。宇治川のほとりに主な舞台を移して、宇治橋の守り神にちなむ「**橋**《はし》**姫**《ひめ》」の巻から始まり、最終章の「**夢浮橋**《ゆめのうきはし》」の巻までストーリーが展開する。

舞台となる宇治は、平安時代初めにはすでに貴族らの山荘の地となっていた。宇治川がつくり出す穏やかな風景のなか、光源氏の子とされる**薫**《かおる》（実は光源氏の政敵・頭中将の子息・柏木の子）と孫・**匂宮**《におうのみや》と、**大君**、**中**《なか》**の君**《きみ》の姉妹とその異母妹の**浮舟**《うきふね》との恋物語が繰り広げられる。最終的に、薫と匂宮の間で思い悩む浮舟が宇治川に入水。横川僧都に助けられ、比叡山の麓で出家したところで、この壮大な物語は幕を閉じる。

京を歩く

江戸時代の石碑

宇治十帖の古蹟めぐり

『源氏物語』はフィクションだが、江戸時代に宇治十帖の題名を当てた古蹟（碑）が好事家によって作られた。それらを回ると、宇治名所めぐりの格好のコースとなる。

宇治橋西詰に「夢浮橋」碑が紫式部像と並んである。そこから平等院近くの橋姫神社にある「橋姫」の碑、宇治川左岸にある「宿木《やどりぎ》」の碑を、さらに中の島から対岸へ渡って宇治神社横の「早蕨《さわらび》」の碑を訪れるとよい。「さわらびの道」をたどって宇治上神社の先の「総《あげ》角《まき》」の碑から「蜻蛉《かげろう》」の碑へ。三室戸寺の参道をたどり境内の「浮舟」の碑、そして「手習《てならい》」の碑、「椎本《しいがもと》」の碑、「東屋《あずまや》」の碑とめぐるのがおすすめだ。

「宿木」の碑。ほかの古跡と少し離れて、平等院から宇治川の上流へ行った川沿いにある。

宇治十帖関連地

源氏物語の地として、宇治にはさまざまな見どころがある。

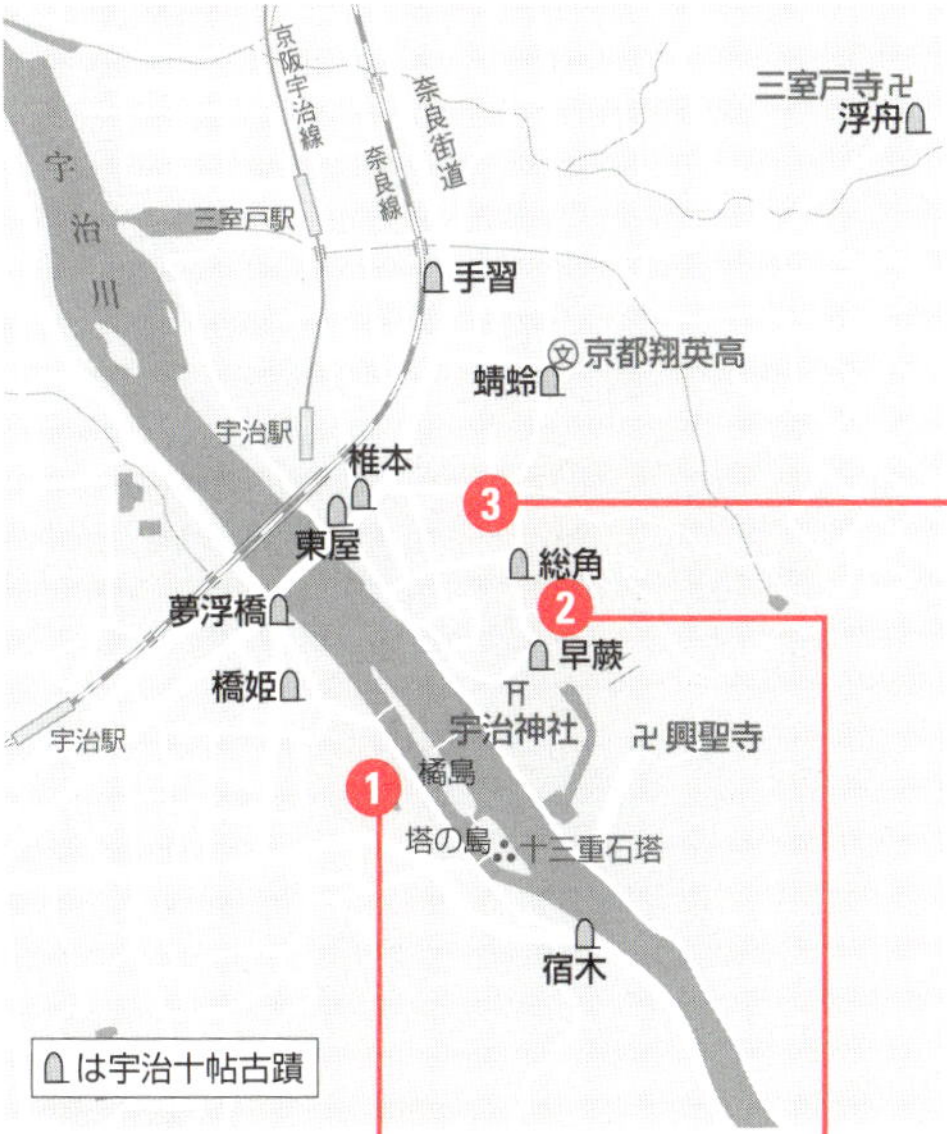

❶ 平等院

➡P71

藤原道長の山荘だった平等院。宇治十帖では夕霧の別荘の場所にあてられている。平等院の前を流れる宇治川にある塔の島、橘島は、「浮舟」巻に登場する。匂宮に連れ出された浮舟が、小舟の中で自らの思いを託した歌を詠んでいる。

❸ 宇治市源氏物語ミュージアム

寝殿造を現代風にアレンジした建物。六条院を100分の1のサイズで再現した模型や、「橋姫」の場の模型などが展示されている。

所在地●宇治市宇治東内45-26
アクセス●京阪電鉄宇治線「宇治駅」から徒歩8分

❷ 宇治上神社

国宝指定の流造の本殿が山際にひっそりとあり、『源氏物語』にふさわしい雰囲気が漂う。現存する日本最古の神社建築で世界遺産。薫君が訪れる八の宮の山荘があった場所とされている。

所在地●宇治市宇治山田
アクセス●京阪電鉄宇治線「宇治駅」から徒歩10分

『小倉百人一首』をめぐる

王朝時代の終わりと百人一首

小倉山のある**嵯峨野**《さがの》は、風光明媚な土地として**嵯峨天皇**が離宮を造営。貴族や文人たちが好んで山荘や寺院を建てた風雅な地である。『**小倉百人一首**』は、**後**《ご》**鳥羽**《とば》**上皇**による『**新古今和歌集**』にも撰者として携わっていた**藤原定家**《ふじわらのさだいえ》が、息子為家《ためいえ》の義父、**宇都宮頼綱**《うつのみやよりつな》から小倉山の山荘の障子に貼る色紙のために依頼され、選んだものが始まりといわれる。

7世紀半ばの大化改新《たいかのかいしん》から13世紀初めまでの優れた歌の集大成で、第1番の**天智**《てんじ》**天皇**から第100番の**順**《じゅん》**徳院**《とくいん》まで、100人の歌人から1首ずつ選ばれている。天智天皇は大化改新を行った天皇であり、順徳院は鎌倉幕府に流罪された上皇である。小倉百人一首は、動乱に始まり戦乱に終わった王朝時代を象徴している。

源平争乱時代と定家

藤原定家は応保2（1162）年に歌道、御子左家《みこひだりけ》の家系に藤原俊成《ふじわらのとしなり》の子として生まれた。若いころから才能を発揮し、18歳から73歳までの56年にわたる日記、『**明月記**《めいげつき》』でも知られる。

定家は、平安末期の源平争乱を経て鎌倉幕府ができるという、**王朝時代から武家社会への変遷期**に生きた。そのような激動の時代のなかでも**宮廷歌人**としての評価を高めていったのは、血筋に加え父俊成の指導、それに親交のあった歌人・***西行**《さいぎょう》の存在も大きかったといわれている。

定家は西行と同じ小倉山の山すそに庵を結んだ。その**時雨亭**《しぐれてい》跡は、常寂光寺《じょうじゃっこうじ》、北隣の二尊院《にそんいん》、東に離れた厭離庵《えんりあん》と、小倉山麓の界隈に3カ所も候補がある。

＊西行＝平安末期の歌人。文武に優れた北面の武士だったが、23歳で出家。旅をしながら和歌を詠んだ。死後成立した『新古今和歌集』に最多の94首が選ばれている。

藤原定家ゆかりの地

百人一首を選んだ小倉山のほか、御所近くには定家の子から始まった冷泉家がある。

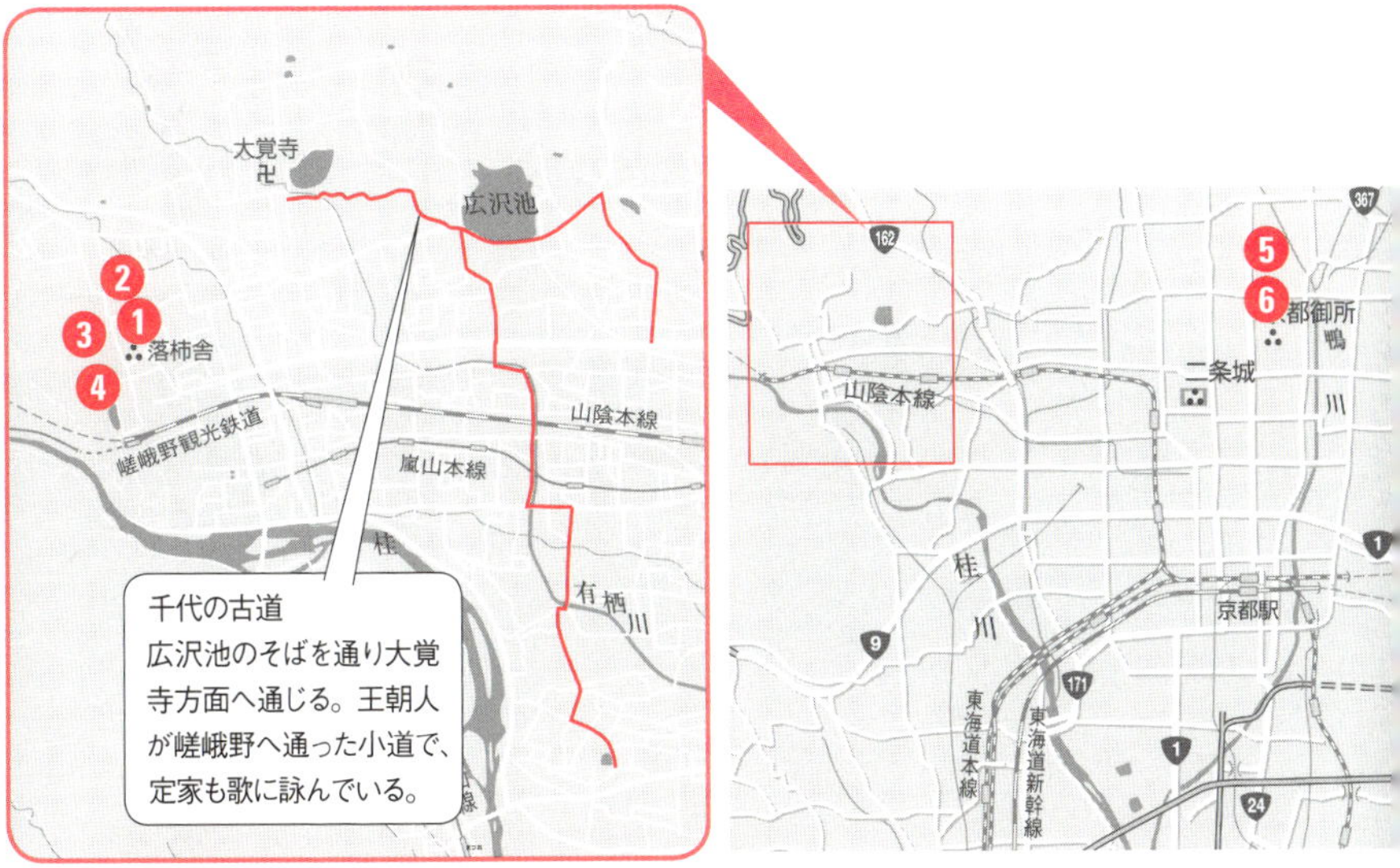
大覚寺
広沢池
2
1
3
落柿舎
4
嵯峨野観光鉄道
山陰本線
嵐山本線
桂
有栖川
千代の古道
広沢池のそばを通り大覚寺方面へ通じる。王朝人が嵯峨野へ通った小道で、定家も歌に詠んでいる。
162
山陰本線
367
5
6
都御所
鴨
川
二条城
1
京都駅
桂
川
9
171
東海道本線
東海道新幹線
1
24

名称	いわれなど	所在地／アクセス
❶中院山荘跡	定家と親交のあった宇都宮頼綱が出家し、蓮生《れんしょう》となって結んだ庵の跡。小倉百人一首はここの障子に貼る色紙のために選ばれたといわれる。	右京区嵯峨二尊院門前善光寺山町／ＪＲ山陰本線「嵯峨嵐山駅」から徒歩15分
❷厭離庵	定家の時雨亭跡といわれ、定家塚や茶室時雨亭がある。天龍寺派の禅寺で、紅葉シーズンに特別公開される。	右京区嵯峨二尊院門前善光寺山町2／ＪＲ山陰本線「嵯峨嵐山駅」から徒歩15分
❸二尊院	境内には西行が営んだ庵跡や時雨亭跡、定家の歌にちなんだ軒端《のきば》の松などがある。桜と紅葉の名所。	右京区嵯峨二尊院門前長神町27／ＪＲ山陰本線「嵯峨嵐山駅」から徒歩20分
❹常寂光寺	仁王門からの石段参道は紅葉が見事。多宝塔の上に藤原定家と家隆を祀った歌遷祠《かせんし》、時雨亭跡の石碑がある。	右京区嵯峨小倉山小倉町３／ＪＲ山陰本線「嵯峨嵐山駅」から徒歩20分
❺相国寺	足利義満が創建した臨済宗相国寺派の本山。境内墓地に、足利義政、伊藤若冲らの墓と並んで定家の墓がある。	上京区今出川通烏丸東入ル／地下鉄烏丸線「今出川駅」から徒歩７分
❻冷泉家住宅	冷泉家は定家の子孫の家柄で、冷泉流歌道を伝承している。公家屋敷の貴重な建物として重要文化財に指定されている。	上京区今出川通烏丸東入玄武町／地下鉄烏丸線「今出川駅」からすぐ

『方丈記』をめぐる

下鴨の社家に生まれた長明

『**方丈記**』の作者・**鴨長明**《かものちょうめい》は久寿2（1155）年、下鴨神社に仕える禰宜《ねぎ》、鴨長継《ながつぐ》の次男に生まれた。和歌や琵琶にも秀でていた才能豊かな人物で、とくに和歌では**後鳥羽上皇**に歌才を高く評価され、**藤原定家**とともに**和歌所**《わかどころ》**の寄人**《よりゅうど》に任じられた。それでも禰宜になりたかったが、賀茂社総官で一族の実力者・鴨祐兼《すけかね》の反対にあい、願いは叶わなかった。

元久元（1204）年、49歳になった長明は、寄人を辞め、洛北の大原に隠棲した。そして承元2（1208）年、大原からさらに人気のない、日野《ひの》の山中の地に移り住む。そこは「岩間を伝ひ、草を分けて上る事三町*ばかり」というような、山の奥深いところであった。

大原から日野の山奥へ

居住したのは広さ一丈四方、四畳半ほどの木造組立式の質素な庵で、この建物を「**方丈**」という。「今、さびしき住まひ、一間の庵、みづからこれを愛す」と孤独を友としつつも、長明には快適な住空間だったようだ。

長明が生きたのは、平家が隆盛となり滅亡していく激動の時代。平安王朝から鎌倉幕府へと権力が移りゆく大転換期であり、また安元《あんげん》の大火、清盛の福原《ふくはら》遷都、養和《ようわ》の大飢饉、宇治橋が落ちたほどの大地震と、大きな災害や事件が次々に起こったときでもあった。

「ゆく河の流れは絶えずして」と冒頭は移ろうはかなさ、続いて厄災の様子、そして日野の庵での生活を長明は『方丈記』に記している。時代の激変が、長明の隠遁と『方丈記』執筆の動機になったと考えられている。

＊三町＝330mほど。

鴨長明ゆかりの地

生家と隠遁の地が知られ、どちらも『方丈記』をしのばせる趣に富んでいる。

❶ 河合神社

長明の生家の河合神社は下鴨神社の摂社（本社に属する、その祭神と縁故の深い神を祀った神社）で、正式な名称を鴨河合坐小社宅神社という。下鴨神社の糺の森の中にある。

所在地●左京区下鴨泉川町
アクセス●京阪電鉄鴨東線、叡山電鉄叡山本線「出町柳駅」から徒歩5分

河合神社にある方丈の庵

方丈とは、折り畳んですぐに移動できる簡易住宅のようなものだった。河合神社には、復元された長明の方丈の庵がある。このような庵で書かれたため『方丈記』という。

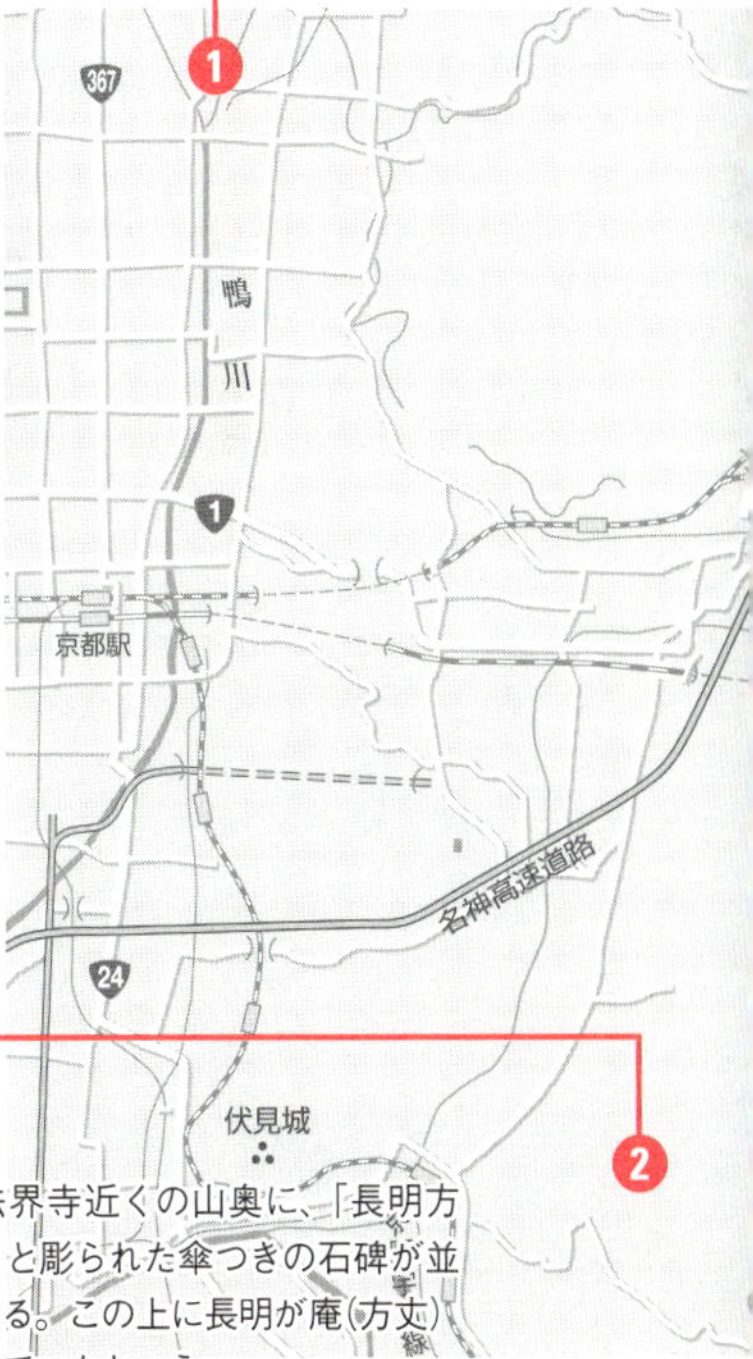

❷ 方丈石

日野法界寺近くの山奥に、「長明方丈石」と彫られた傘つきの石碑が並んでいる。この上に長明が庵(方丈)を建てていたという。

所在地●伏見区日野
アクセス●地下鉄東西線「石田駅」から徒歩40分

『徒然草』をめぐる

つれづれなるままの世相を写す

吉田兼好《よしだけんこう》の『**徒然草**《つれづれぐさ》』は、鴨長明の『**方丈記**』とともに**隠者**《いんじゃ》**文学の傑作**で、清少納言の『**枕草子**』を入れて**三大随筆**とされている。

「つれづれなるままに」と始まる244段には、人間観察だけでなく、世の無常と出家の勧め、王朝への憧れ、世の教訓、自然賛歌、*有職故実などが柔軟な思考と多角的な視点で記されている。

吉田兼好は洛東の吉田山にある吉田神社神職の卜部《うらべ》家に生まれ、出家遁世したことから兼好法師と呼ばれる。本名は卜部兼好《かねよし》。生年は弘安6（1283）年前後、文和元（1352）年ころに70歳くらいで死んだとされるが、実のところ没地も不確かである。『徒然草』が知られている割には、素顔は謎に包まれている。

双ヶ丘の麓で筆をとる兼好

仁和寺《にんなじ》の仁王門前から南へしばらく歩くと、双ヶ丘《ならびがおか》東麓に生け垣と石積みに囲まれた寺院がある。門のそばに「兼好法師旧跡」という石碑が立つ**長泉寺**《ちょうせんじ》である。

双ヶ丘は御室《みむろ》にある丘陵地で、北から南へ一ノ丘、二ノ丘、三ノ丘と並ぶ。兼好は40代の終わりに二ノ丘麓に庵を結び、ここで『徒然草』を書いていたという。観察力の鋭さに加えて*老荘《ろうそう》思想にも通じ、やがて無常観を前面に打ち出した随筆を書き綴っていく。

『徒然草』には仁和寺のある法師が訪れる石清水《いわしみず》八幡宮、化野《あだしの》、上賀茂神社、亀山殿（天龍寺付近）など、京都のさまざまな場所が登場する。とくに「あだし野の露消ゆるときなく」と、常ならぬ世の宿命をテーマに書いた7段は、教科書にも掲載される有名な一節だ。

*有職故実＝古来の先例に基づいた、朝廷や武家のさまざまなしきたり。
*老荘思想＝紀元前中国の思想家、老子と荘子の思想を総合したもの。

吉田兼好ゆかりの地

京の町のさまざまな場所を歩いて書き記した兼好。仁和寺の界隈を拠点としていた。

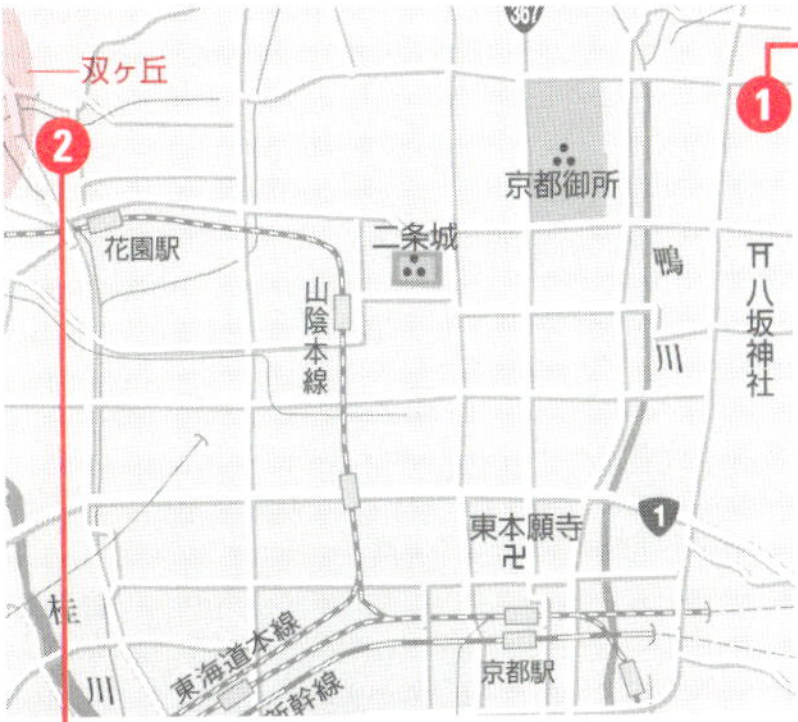

❶ 吉田神社

吉田兼好の生家。平安時代に始まるが室町末期、吉田兼倶《かねとも》が吉田神道を唱え、境内に末社・斎場所大元宮を建立した。

所在地●左京区吉田神楽岡町30
アクセス●京阪電鉄鴨東線、叡山電鉄叡山本線「出町柳駅」から徒歩20分

❷ 長泉寺

兼好は晩年をここで過ごした。境内墓地の一角に、桜の老木の根元に自然石でつくられた兼好法師の墓碑と歌碑がある(非公開)。

所在地●右京区御室岡の裾町44
アクセス●JR山陰本線「花園駅」から徒歩５分

京 ミニ知識

室町から続く 吉田神社の節分祭

吉田神社は節分祭で知られている。２月２日の疫神祭《えきじんさい》と追儺式《ついなしき》、３日の火炉祭《かろさい》と、儀式が続けて行われる。２日の午後６時からの追儺式は「鬼やらい」とも呼ばれる平安時代に始まる宮中儀式で、古式にのっとり行われる。

追儺式は４つの黄金の目の面をかぶった方相氏《ほうそうし》が、暴れ回る疫鬼を追い払うもので迫力満点。

豊臣秀次　とよとみひでつぐ……………106
豊臣秀吉　とよとみひでよし
…24、28、97、101、104、106、140、185、190、198、200
豊臣秀頼　とよとみひでより……………108、185
な　中岡慎太郎　なかおかしんたろう…38、42、134
永倉新八　ながくらしんぱち……………122
に　二条天皇　にじょうてんのう……………17
仁和寺宮嘉彰親王
にんなじのみやよしあきしんのう……………46
は　羽柴秀吉　はしばひでよし………→豊臣秀吉
畠山政長　はたけやままさなが………20、89
畠山義就　はたけやまよしなり……………20
原田左之助　はらださのすけ………40、122
ひ　土方歳三　ひじかたとしぞう………30、122
一橋慶喜　ひとつばしよしのぶ……→徳川慶喜
ふ　藤原伊周　ふじわらのこれちか……………66
藤原定家　ふじわらのさだいえ………214、216
藤原忠通　ふじわらのただみち……………16
藤原信頼　ふじわらののぶより……………18
藤原秀衡　ふじわらのひでひら……………82
藤原道長　ふじわらのみちなが…64、66、176、208、213
藤原通憲　ふじわらのみちのり………→信西
藤原頼長　ふじわらのよりなが……………16
藤原頼通　ふじわらのよりみち…65、66、70、176
古高俊太郎　ふるたかしゅんたろう……………30
へ　弁慶　べんけい……………82、198
ほ　法然　ほうねん……………176
細川勝元　ほそかわかつもと……………20
ま　増田長盛　ましたながもり……………110
松平容保　まつだいらかたもり…47、121、124、126、139
み　源為朝　みなもとのためとも……………17
源為義　みなもとのためよし……………17
源融　みなもとのとおる……………208
源義経　みなもとのよしつね…76、78、80、198
源義朝　みなもとのよしとも………17、74、76
源義仲　みなもとのよしなか……………78
源義平　みなもとのよしひら……………18
源義康　みなもとのよしやす……………17
源頼朝　みなもとのよりとも………18、72、76
明恵　みょうえ……………181
む　夢窓疎石　むそうそせき……………92、189
紫式部　むらさきしきぶ……66、205、206、208
村田珠光　むらたじゅこう……………94
や　山内一豊　やまうちかずとよ……………103
山内容堂　やまうちようどう………132、138
山名宗全　やまなそうぜん……………20
山南敬助　やまなみけいすけ……………122
よ　栄西　ようさい……………178、181、189
横井小楠　よこいしょうなん……………144
吉田兼好　よしだけんこう……………168、218

本書の写真提供

伊藤浩子、愛知県図書館、愛宕神社、宇治市源氏物語ミュージアム、京都市歴史資料館、京都市埋蔵文化財研究所、京都府立総合資料館、国際日本文化センター、国立国会図書館、堺市博物館、聖徳記念絵画館、酢屋、知恩院、東京大学史料編纂所、東福寺、西本願寺、平安神宮、平等院、妙法院、山口県立山口博物館、吉田神社、米沢市上杉博物館、六波羅蜜寺

参考文献／資料

『幕末京都』『魔界京都』『源平京都』川端洋之（光村推古書院）／『京都歩きの愉しみ』川端洋之（淡交社）／『京を彩った女たち』川端洋之（学習研究社）／『新選組始末記』子母沢寛（中央公論社）／『龍馬と新選組の京都』武山峯久（創元社）／『新選組決定録』伊東成郎（河出書房新社）／『図説　新選組史跡紀行』（学習研究社）／『京都の古寺Ⅰ・Ⅱ』（JTBパブリッシング）／『大系　日本の歴史』（小学館ライブラリー）／『京都伝説の旅』竹村俊則（駸々堂）／『京都発見』梅原猛（新潮社）／『平家物語』（岩波文庫）／『義経伝説』高橋富雄（中公新書）／『義経伝説をゆく』（京都新聞出版センター）／『平家物語の女性たち』永井路子（文春文庫）／『日本女性史事典』円地文子監修（三省堂）／『おんなの史跡を歩く』（京都新聞社）／『歩く源氏物語』瀬戸内寂聴（講談社）／『源氏物語の京都案内』（文春文庫）／『安倍晴明読本』豊島泰國（原書房）／『京都魔界案内』小松和彦（光文社）／『羅城門の怪』志村有広（角川選書）／『逆説の日本史』井沢元彦（小学館文庫）／『京都・近江　戦国時代をゆく』津田三郎（淡交社）／『京都五花街』溝縁ひろし（光村推古書院）／『描かれた戦国の京都』小島道裕（吉川弘文館）／『ビジュアル・ワイド京都の大路小路』森谷尅久監修（小学館）／『別冊太陽　京都古地図散歩』（平凡社）／『新説　戦国の日本史30　平清盛　保元・平治の乱』（小学館）／『週刊　絵で知る日本史11　山崎合戦図屏風・19　平治合戦図屏風・23　洛中洛外図屏風（上杉本）・29　戊辰戦争絵巻・蛤御門合戦屏風ほか』（集英社）／『山川　詳説日本史図録』（山川出版社）／『京都・観光文化時代MAP』『京都時代MAP　安土桃山編』『京都時代MAP　幕末・維新編』（光村推古書院）／『新潮古典文学アルバム　方丈記・徒然草』稲田利徳・山崎正和（新潮社）／『平安京図会』（(財) 京都市生涯学習復興財団）／『光源氏が見た京都』朧谷壽・福嶋昭治・中田昭（学習研究社）／『平安京の風景』井上満郎、上田正昭監修（文英堂）／『源氏物語と平安京』（京都生涯学習総合センター）／『歴史地図本　知って訪ねる　京都』歴史探訪研究会（大和書房）／『歴史雑学BOOK　図解　地図と写真でめぐる京都の歴史』（綜合図書）／『文藝春愁　増刊　くりま1月号　坂本龍馬がゆく』（文藝春秋）／『一冊でわかる　イラストでわかる　図解幕末・維新』（成美堂出版）／『龍馬が歩いた幕末地図』木村幸比古監修（朝日新聞出版）

龍安寺　りょうあんじ……87、93
れ　冷泉家住宅　れいぜいけじゅうたく……215
蓮華王院(三十三間堂)
れんげおういん(さんじゅうさんげんどう)…73、77、109
ろ　鹿苑寺(金閣)　ろくおんじ(きんかく)…87、93
六条河原　ろくじょうがわら……73
六道珍皇寺　ろくどうちんのうじ……69
六波羅蜜寺　ろくはらみつじ…19、72、77、180
廬山寺　ろざんじ……205、206、210

人名索引

あ　明智光秀　あけちみつひで……24、98、102
足利義昭　あしかがよしあき……96、98
足利義尚　あしかがよしひさ……20
足利義政　あしかがよしまさ……20、86、92
足利義視　あしかがよしみ……20
足利義満　あしかがよしみつ……86、88、188
安倍晴明　あべのせいめい……65、68
在原業平　ありわらのなりひら……205、207
い　池坊専慶　いけのぼうせんけい……94
石田三成　いしだみつなり……191、192
和泉式部　いずみしきぶ……205、207
一休　いっきゅう……181
伊東大蔵(伊東甲子太郎)
いとうたいぞう(いとうかしたろう)……128
井上源三郎　いのうえげんざぶろう……122
岩倉具視　いわくらともみ……46、138
隠元　いんげん……178
う　牛若丸　うしわかまる……→源義経
お　大久保利通　おおくぼとしみち…46、138、140、143
大村益次郎　おおむらますじろう……42、144
沖田総司　おきたそうじ……122
織田信忠　おだのぶただ……26、160
織田信長
おだのぶなが……24、96、98、154、160、190
小野小町　おののこまち……204
か　勝海舟　かつかいしゅう……130、132
桂小五郎
かつらこごろう……32、38、42、134、140、142
狩野永徳　かのうえいとく……154
狩野正信　かのうまさのぶ……94
鴨長明　かものちょうめい……216、218
観阿弥　かんあみ……94
桓武天皇　かんむてんのう…52、54、174、186
き　祇王　ぎおう……85
木曽義仲　きそよしなか……→源義仲
木戸孝允　きどたかよし……→桂小五郎
清河八郎　きよかわはちろう……122
く　空海　くうかい……176
空也　くうや……180
久坂玄瑞　くさかげんずい…35、42、126、132
け　袈裟御前　けさごぜん……85
兼好法師　けんこうほうし……→吉田兼好
建礼門院　けんれいもんいん……84
こ　孝明天皇　こうめいてんのう……174
小督局　こごうのつぼね……84
後白河上皇(天皇・法皇)
ごしらかわじょうこう……16、74、76
後醍醐天皇　ごだいごてんのう……188
後藤象二郎　ごとうしょうじろう……138、144
後鳥羽上皇　ごとばじょうこう……214、216
小松帯刀　こまつたてわき……135、138、144
近藤勇　こんどういさみ……30、120、122、140
さ　西行　さいぎょう……214
西郷隆盛　さいごうたかもり…44、130、134、140、143
西光　さいこう……76
最澄　さいちょう……176
嵯峨天皇　さがてんのう……214
坂上田村麻呂　さかのうえのたむらまろ……182
坂本龍馬　さかもとりょうま……38、42、130、132
三条実美　さんじょうさねとみ……34、134
し　斯波義廉　しばよしかど……20、89
斯波義敏　しばよしとし……20
白河上皇(天皇)
しらかわじょうこう……16、74
信西　しんぜい……17、74
親鸞　しんらん……179
す　菅原道真　すがわらのみちざね……184
崇徳上皇(天皇)
すとくじょうこう……16、74
角倉了以　すみのくらりょうい……202
世阿弥　ぜあみ……90、94
せ　清少納言　せいしょうなごん…66、205、206、218
雪舟　せっしゅう……94
芹沢鴨　せりざわかも……120、122、140
千利休　せんのりきゅう……116
そ　宗祇　そうぎ……94
た　平清盛　たいらのきよもり……17、72、74、76
平重盛　たいらのしげもり……18
平忠正　たいらのただまさ……17
平頼盛　たいらのよりもり……18
高杉晋作　たかすぎしんさく……42、140、144
武市瑞山　たけちずいざん……144
と　道元　どうげん……178、193
藤堂平助　とうどうへいすけ……122、128
常盤御前　ときわごぜん……76、80、85
徳川家康
とくがわいえやす……101、108、118、190、192
徳川慶喜　とくがわよしのぶ……44、126、138
鳥羽上皇　とばじょうこう……16、74

瀬田橋　せたばし……28
泉涌寺　せんにゅうじ……205、206
千本通　せんぼんどおり……199
そ　僧正ガ谷不動堂　そうじょうがだにふどうどう……81
た　大雲寺跡　だいうんじあと……211
大将軍神社　だいしょうぐんじんじゃ……59
大聖寺　だいしょうじ……86
大将軍八神社　だいしょうぐんはちじんじゃ……59
大徳寺　だいとくじ……93、107、117、181
大徳寺総見院　だいとくじそうけんいん……97
大報恩寺　千本釈迦堂
だいほうおんじ　せんぼんしゃかどう……22
高杉晋作寓居跡
たかすぎしんさくぐうきょあと……144
高瀬川　たかせがわ……201、202
高松神明神社　たかまつしんめいじんじゃ……75
武市瑞山寓居跡
たけちずいざんぐうきょあと……144
ち　知恩院　ちおんいん……176
中院山荘跡　ちゅういんさんそうあと……215
長泉寺　ちょうせんじ……219
つ　梅雨の井跡　つゆのいあと……107
て　寺田屋　てらだや……130
天龍寺　てんりゅうじ……35、87、93、189
と　東寺　とうじ……53、99、177
東福寺　とうふくじ……189
東北院　とうほくいん……205
土佐藩邸跡碑　とさはんていあとひ……38、48
鳥羽伏見戦跡の碑
とばふしみのたたかいあとのひ……47、48
豊国神社　とよくにじんじゃ……105、109
な　中岡慎太郎寓居跡
なかおかしんたろうぐうきょあと……39、48
南禅寺　なんぜんじ……188
南蛮寺跡　なんばんじあと……97
に　錦小路通　にしきこうじどおり……198
西洞院通　にしのとういんどおり……198
西本願寺　にしほんがんじ……107、179、190
二条御所跡　にじょうごしょあと……97、101
二条御新造跡　にじょうごしんぞうあと……26、99、101
二条城　にじょうじょう……101
二尊院　にそんいん……215
若一神社　にゃくいちじんじゃ……17、77
仁和寺　にんなじ……19、48
の　野宮神社　のみやじんじゃ……210
は　蛤御門　はまぐりごもん……36、48
ひ　比叡山　ひえいざん……53
東三条大将軍神社
ひがしさんじょうだいしょうぐんじんじゃ……59
東三条殿址　ひがしさんじょうどのあと……64
東本願寺　ひがしほんがんじ……179、190
百万遍　ひゃくまんべん……199
平等院　びょうどういん……65、71、213
兵部大輔大村益次郎公遺址
ひょうぶだゆうおおむらますじろうこういし……144
平野御土居　ひらのおどい……113
ふ　伏見薩摩藩邸跡碑
ふしみさつまはんていあとひ……137
伏見奉行所跡　ふしみぶぎょうしょあと……46、48
藤森神社　ふじもりじんじゃ……35、59
藤原氏塋域　ふじわらしえいいき……70
不審菴　ふしんあん……117
補陀洛寺　ふだらくじ……205
船岡山　ふなおかやま……22、57
古高俊太郎邸跡
ふるたかしゅんたろうていあと……30、48
へ　平安神宮　へいあんじんぐう……63、174
弁慶石　べんけいいし……83
ほ　方広寺　ほうこうじ……109
宝積寺　ほうしゃくじ……35
法住寺陵　ほうじゅうじのみささぎ……75
寶樹寺　ほうじゅじ……85
法成寺址　ほうじょうじあと……64
方丈石　ほうじょうせき……217
宝泉院　ほうせんいん……193
堀川　ほりかわ……201
本圀寺跡　ほんこくじあと……96
本能寺　ほんのうじ……26、48
本能寺跡　ほんのうじあと……97、99
ま　松原通　まつばらどおり……198
万寿寺　まんじゅじ……189
萬福寺　まんぷくじ……178
み　壬生寺　みぶでら……120
明王院不動寺　みょうおういんふどうじ……59
妙覚寺　みょうかくじ……107
妙覚寺跡　みょうかくじあと……99
妙喜庵　みょうきあん……117
妙顕寺城跡　みょうけんじじょうあと……105
妙法院　みょうほういん……109
む　紫式部の墓　むらさきしきぶのはか……205
や　八木邸　やぎてい……121
八坂神社　やさかじんじゃ……77、170
山住神社　やまずみじんじゃ……59
大和大路通　やまとおおじどおり……198
山名宗全邸址　やまなそうぜんていあと……21、48
ゆ　夕顔の碑　ゆうがおのひ……210
よ　養源院　ようげんいん……192
横井小楠遭難の地
よこいしょうなんそうなんのち……144
吉田神社　よしだじんじゃ……219
淀城　よどじょう……44、48
り　龍雲寺　りゅううんじ……46、48

地名索引

あ 秋の山　あきのやま……47、48
明智藪　あけちやぶ……28、48
明保野亭　あけぼのてい……133
愛宕神社　あたごじんじゃ……25、48
油小路七条　あぶらのこうじしちじょう……129
い 幾松　いくまつ……142
池田屋跡　いけだやあと……30、48
櫟谷七野神社　いちいだにななのじんじゃ…210
一条戻橋　いちじょうもどりばし……69、117
新熊野神社　いまくまのじんじゃ……77、95
今宮神社　いまみやじんじゃ……187
う 宇治上神社　うじがみじんじゃ……213
宇治川　うじがわ……201
宇治川先陣の碑　うじがわせんじんのひ……79
宇治市源氏物語ミュージアム
うじしげんじものがたりみゅーじあむ……213
太秦　うずまさ……199
雲林院　うんりんいん……210
え 栄春寺　えいしゅんじ……119
越前藩邸跡　えちぜんはんていあと……131
厭離庵　えんりあん……215
延暦寺　えんりゃくじ……177
お 御池通　おいけどおり……198
近江屋跡　おうみやあと……38、131
大久保利通邸跡　おおくぼとしみちていあと…143
大原野神社　おおはらのじんじゃ……205
大宮御土居　おおみやおどい……113
小川通　おがわどおり……199
巨椋池　おぐらいけ……201
乙訓寺　おとくにでら……55
か 桂川　かつらがわ……201、202
首途八幡宮　かどではちまんぐう……83
上賀茂神社　かみがもじんじゃ……166
上御霊神社　かみごりょうじんじゃ……20、186
鴨川　かもがわ……201
賀茂川　かもがわ……201
河合神社　かわいじんじゃ……217
官休菴　かんきゅうあん……117
菅大臣神社　かんだいじんじんじゃ……185
き 祇王寺　ぎおうじ……85
北野天満宮　きたのてんまんぐう…105、113、115、184
吉祥院天満宮　きっしょういんてんまんぐう…185
旧前川邸　きゅうまえかわてい……30、48
京都霊山護国神社
きょうとりょうぜんごこくじんじゃ……41、42
清水寺　きよみずでら……83、182
く 九條邸跡　くじょうていあと……36、48
鞍馬寺　くらまでら……73、211
け 蹴上　けあげ……199
月真院　げっしんいん……129
源光庵　げんこうあん……192
建仁寺　けんにんじ……178、189
こ 高山寺　こうざんじ……181
興聖寺　こうしょうじ……178、193
御香宮神社　ごこうのみやじんじゃ…46、48、119
五条大橋　ごじょうおおはし……73、83
五条天神社　ごじょうてんじんしゃ……83
後藤象二郎寓居跡
ごとうしょうじろうぐうきょあと……144
小松帯刀寓居参考地
こまつたてわきぐうきょさんこうち……144
金戒光明寺　こんかいこうみょうじ……121
金蔵寺　こんぞうじ……59
今日庵　こんにちあん……117
さ 西寺跡　さいじあと……53
西芳寺(苔寺)　さいほうじ(こけでら)……93
三条大橋　さんじょうおおはし……105
三千院　さんぜんいん……211
し 慈照寺(銀閣)　じしょうじ(ぎんかく)…87、93
島原大門　しまばらおおもん……125
下鴨神社　しもがもじんじゃ……166
下鴨神社糺の森
しもがもじんじゃただすのもり……210
下御霊神社　しもごりょうじんじゃ……187
寂光院　じゃっこういん……84
十輪寺　じゅうりんじ……205、207
聚楽第址　じゅらくだいあと……104
聚楽屋敷　じゅらくやしき……117
相国寺　しょうこくじ……21、189、215
常寂光寺　じょうじゃっこうじ……215
渉成園　しょうせいえん……190
浄禅寺　じょうぜんじ……85
正伝寺　しょうでんじ……193
城南宮　じょうなんぐう……46、48
浄妙寺跡　じょうみょうじあと……65
正面通　しょうめんどおり……198
松林寺　しょうりんじ……107
神泉苑　しんせんえん……53
す 随心院　ずいしんいん……205
菅原院天満宮神社
すがわらいんてんまんぐうじんじゃ……185
朱雀門址　すざくもんあと……61
角屋　すみや……121
酢屋　すや……38、131
せ 清閑寺　せいかんじ……84、143
誠心院　せいしんいん……205、206
晴明神社　せいめいじんじゃ……65、69
清涼寺　せいりょうじ……210
赤山禅院　せきざんぜんいん……59

●著者紹介―― 川端 洋之
[かわばた ひろゆき]
出版社勤務の後、『月刊京都』編集長を経て編集事務所を設立。京都の歴史・文化に関する執筆撮影および出版企画・編集を手がける。カルチャー講座で「花暦で歩く京都」など京都探訪の講師を数多く務める。著書に『古寺歩きの愉しみ』『京都歩きの愉しみ』(淡交社)、『幕末京都』(光村推古書院)、『京を彩った女たち』(学習研究社)など多数。

●写真――川端編集事務所
●デザイン――HANA＊Communications
●地図・図版――株式会社ジェオ
●DTP――株式会社明昌堂
●編集協力――株式会社スリーシーズン(奈田和子　藤門杏子)

地図《ちず》と写真《しゃしん》から見《み》える！
京《きょう》の都《みやこ》　歴史《れきし》を愉《たの》しむ！

●著　者――川端 洋之 [かわばた ひろゆき]
●発行者――若松 和紀
●発行所――株式会社西東社《せいとうしゃ》
〒113-0034 東京都文京区湯島 2-3-13
営業部：TEL（03）5800-3120　FAX（03）5800-3128
編集部：TEL（03）5800-3121　FAX（03）5800-3125
URL：http://www.seitosha.co.jp/

ISBN978-4-7916-1972-6